Stan Smith
Die große Zeichenschule

Stan Smith

Die große Zeichenschule

urania

Inhalt

EINFÜHRUNG 6

Werkzeug und Material

DAS MANNIGFALTIGE SCHWARZ 14
STIFTE UND KREIDEN 16
PINSEL UND FEDERN 18
TUSCHE UND FARBE 20
DAS PAPIER 22
STAFFELEI UND ZEICHENBRETT 24
SKIZZENBÜCHER 26

Grundlagen der Zeichenkunst

WIE WIR DAS WERKZEUG HALTEN 30
DEN BLICK SCHÄRFEN 32
DAS ABC DER KOMPOSITION 34
DER MASSSTAB 36
DIE LINEARPERSPEKTIVE 40
DIE STRUKTUR 44
EINFACHE GEOMETRISCHE FORMEN 46
KONTURENZEICHNEN 48
MIT DEM RADIERGUMMI ZEICHNEN 50
DIE ROLLE DES LICHTS 52
DIE GESTALTUNG DER FIGUR 54
FIGURENSTELLUNGEN 56
DER BLICKPUNKT 58
DER MENSCHLICHE KOPF 60
DER GETÖNTE ZEICHENGRUND 64
VON DEN MEISTERN LERNEN 66

Die im Buch veröffentlichten Ratschläge wurden von dem Verfasser und dem Verlag sorgfältig erarbeitet und geprüft. Eine Garantie kann dennoch nicht übernommen werden, ebenso ist eine Haftung des Verfassers bzw. des Verlages und seiner Beauftragten für Personen-, Sach- und Vermögensschäden ausgeschlossen.

Die Originalausgabe erschien erstmals 1994 in Großbritannien unter dem Titel: »The Complete Drawing Course«
© 1994 by Collins & Brown Ltd., London

www.dornier-verlage.de
www.urania-verlag.de

6. Auflage Februar 2003
© Urania Verlag, Berlin
Der Urania Verlag ist ein Unternehmen der Verlagsgruppe Dornier.
Rechte der deutschen Ausgabe:
© Buchgemeinschaft Donauland Kremayr & Scheriau, Wien;
Bertelsmann Club GmbH, Gütersloh
und die angeschlossenen Buchgemeinschaften
Lizenzausgabe für Urania Verlag, Berlin 2001
Übersetzung: Renate Bieber
Umschlaggestaltung: P. Agentur für Markengestaltung, Hamburg
Lektorat und Herstellung: VerlagsService Dr. Helmut Neuberger & Karl Schaumann GmbH, Heimstetten
Satz: Fotosatz Völkl, Puchheim
Druck: Printer industria gráfica
Printed in Spain

Bibliografische Information Der Deutschen Bibliothek
Die Deutsche Bibliothek verzeichnet diese Publikation in der Deutschen Nationalbibliografie; detaillierte bibliografische Daten sind im Internet über http://dnb.ddb.de abrufbar.
ISBN 3-332-00947-8

Themen und Motive

EINFACHE STILLEBEN 70
STILLEBEN IN MISCHTECHNIK 72
BLUMEN UND PFLANZEN IM HAUS 74
PFLANZEN IN DER NATUR 76
EINFACHE LANDSCHAFTEN 78
PANORAMEN 80
WOLKEN UND HIMMEL 82
SEESTÜCKE 84
INTERIEURS 86
STÄDTEANSICHTEN 88
ARCHITEKTUR 90
PLASTIK AM BAU 92
DAS SELBSTBILDNIS 94
PORTRÄTS MIT GITTERRAHMEN 96
FREIES PORTRÄTZEICHNEN 98
KINDER 100
FIGÜRLICHES ZEICHNEN 102
DIE BEKLEIDETE FIGUR 106
HÄNDE 108
VÖGEL 110
TIERE 112
INSEKTEN 114
EINFACHE MECHANISMEN 116
KOMPLIZIERTE MECHANISMEN 118

Fortgeschrittene Techniken

DIE ABKLATSCHTECHNIK 122
SPIEGELUNGEN 124
ZEICHNEN AUF GETÖNTEM GRUND 126
TILGEN IN KOHLEZEICHNUNGEN 128
BEWEGUNG FESTHALTEN 130
DAS LINIENZEICHNEN 134
DIE EINFACHE MONOTYPIE 136
DIE ANSPRUCHSVOLLE MONOTYPIE 138
BEARBEITUNG DER
PAPIEROBERFLÄCHE 140
DAS WACHSABDECKVERFAHREN 142
ANGERAUHTES PAPIER 144
DIE PERSPEKTIVISCHE VERKÜRZUNG 146
MISSGLÜCKTES RETTEN 148
DAS RICHTIGE FINISH 152

GLOSSAR 154
INDEX 156
BILDNACHWEIS 160
DANKSAGUNG 160

DIE GROSSE ZEICHENSCHULE

Einführung

Schon in prähistorischer Zeit haben Höhlenbewohner mit Erdfarben und Holzkohlestücken Linien auf die Felswände gezeichnet, die als dreidimensionale Formen wahrgenommen werden können. Diese Tierdarstellungen sind von erstaunlicher Genauigkeit und Ausdruckskraft. Von jeher hat der Mensch sich in der Fertigkeit der linearen Darstellung seiner Umgebung und von Gegenständen geübt; ständig ersann er neue Mittel und Wege, um

Momentaufnahme einer Bewegung
Ein Tänzer beim Training, Kohlezeichnung. Mit wenigen geschickten Strichen ist hier die kraftvolle Bewegung des Tänzers aufs Papier gebannt – ein faszinierender Vorgang.

seine Eindrücke für andere festzuhalten. Das ist eine erstaunliche Fähigkeit. Stellen Sie sich einmal eine Aktzeichnung von Henri Matisse oder eine Karikatur von Wilhelm Busch vor: Einige kräftige Federstriche, und wir sehen ein Bild, obwohl wir nichts anderes vor Augen haben als ein paar Linien auf einem Blatt Papier.

Doch Kunst beschränkt sich nicht allein auf die genaue bildnerische Wiedergabe unserer Umgebung. Der Künstler kann darüber hinaus unsere Aufmerksamkeit auf Dinge lenken, die wir sonst übersehen würden. Mit seinem ganz persönlichen Stil und einer individuellen Deutung der Motive kann er erreichen, daß wir sie mit anderen Augen sehen. Gute Künstler besitzen sogar die Gabe, beim Betrachter Gefühlsregungen auszulösen. Darin liegt der Zauber des Zeichnens.

Gezeichnet wird aus vielerlei Gründen. Aus dem Plan des Architekten entsteht ein Gebäude; der Entwurf des Konstrukteurs ist die Arbeitsanleitung für den Bau einer Brücke; der Filmregisseur benutzt ein Storyboard, um die szenische Abfolge seines Films festzulegen; der Modezeichner bringt eine neue Kreation mit Strichen zu Papier. Für viele künstlerische Berufe ist das Zeichnen die handwerkliche Grundlage. Maler entwerfen eine Skizze auf der Leinwand, bevor sie zu malen beginnen. Auch Bildhauer fertigen eine Studie an, ehe sie ans Modellieren gehen. Und zu alldem macht Zeichnen einfach Spaß.

Im 18. und 19. Jahrhundert gehörte Zeichnen zur Bildung. Man porträtierte die Familie, die Freunde; man brachte Reiseskizzen mit nach Hause, sei es zur Erinnerung, sei es um zu zeigen, was man erlebt hat. Im 19. Jahrhundert erschienen in Zeitungen und Journalen Zeichnungen, die von allen möglichen Orten und Ereignissen berichteten. Seit die Fotografie diese Aufgabe übernommen hat, ist Zeichnen zu einem Hobby geworden und gilt als etwas Besonderes. Die Leute glauben, man müsse eine Begabung dafür haben. Dabei ist es mit dem Zeichnen wie mit Lesen, Schreiben, Kochen oder Autofahren – man kann es lernen.

Womit fangen wir also an? Zunächst brauchen wir zweierlei: etwas zum zeichnen und etwas, worauf wir zeichnen. Widerstehen Sie der Versuchung, in einem Geschäft für Künstlerbedarf für viel Geld das Beste

EINFÜHRUNG

»Im Omnibus« von Mary Cassatt
Zeichnungen können koloriert werden. Hier sind einzelne Partien dünn mit Wasserfarbe übermalt, doch die weichen Umrisse der Figuren und der gebauschten Gewänder werden durch ein paar einfache Linien bestimmt. Dieser hohe Stellenwert der Linie unterscheidet die Zeichnung vom Gemälde.

vom Besten einzukaufen. Bedenken Sie: Ein noch so reichlich mit Federn, Stiften, Zobelhaarpinseln ausgestattetes Atelier macht aus Ihnen noch keinen Künstler. Das Schöne am Zeichnen ist unter anderem, daß man alles mögliche an Werkzeugen und Materialien dazu verwenden kann: vom ganz gewöhnlichen Kugelschreiber oder Filzstift und irgendeinem Fetzen Papier bis hin zu einem Blatt alten, handgeschöpften Pergamentpapiers.

Begnügen Sie sich also fürs erste mit einer Standardausrüstung: Bleistifte in verschiedenen Härtegraden und Radiergummi. Sobald Sie mehr Übung haben, können Sie es mit Kohle, Tusche, Farbstiften, Aquarell- und Pastellfarben versuchen. Jedes dieser Materialien hat andere Eigenschaften und reagiert entsprechend verschieden in Ihrer Hand. Oder mit anderen Worten: Jedes Material verlangt eine andere Anwendungsweise.

Jede zusätzliche Zeichentechnik verschafft Ihnen neue Möglichkeiten, sich auszudrücken. Zum Beispiel können Sie eine Kohlezeichnung schattieren, indem Sie die Umrißlinien mit dem Finger verreiben. Um dieselbe Wirkung bei einer Tuschezeichnung zu erzielen, müssen Sie eine der Schraffierungstechniken anwenden, die auf Seite 44 und 45 beschrieben sind.

Erwarten Sie nicht auf Anhieb umwerfende Ergebnisse. Um eine olympische Medaille zu gewinnen oder die Hauptrolle in einem Theaterstück zu bekommen, muß man vorher üben. Viele Leute vergessen diese alte Lebensweisheit, wenn's ums Zeichnen geht. Offenbar ist

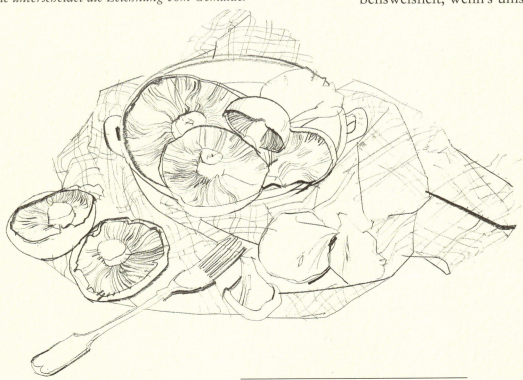

Eine mit leichter Hand hingeworfene Bleistiftstudie: Pilze auf einem Teller. Obwohl weder Farbe noch Schattierung eingesetzt wurden, wirkt das Bild dreidimensional. Sie können diesen Eindruck erzielen, indem Sie beim Zeichnen den Bleistift unterschiedlich stark aufs Papier drücken. Dadurch entstehen an- und abschwellende Linien, die für eine räumliche Wirkung sorgen. Überlegen Sie also gut, welche Gegenstände auf diese Weise hervorgehoben, das heißt in den Vordergrund geholt werden sollen.

EINFÜHRUNG

Farbiges Papier
Sie müssen nicht nur weißes Papier nehmen. Schwach graustichiges Papier, wie Sie es hier sehen, dämpft die Kontraste zwischen hellen und dunklen Flächen und vermittelt eine romantische, beschauliche Stimmung.

Schatten und leere Flächen
Achten Sie auf Schatten und leere Flächen zwischen den einzelnen Darstellungen Ihrer Zeichnung. Sie sind genauso wichtig wie die Gegenstände selbst.

Unterschiedliches Werkzeug
Jedes Zeichenutensil hat besondere Eigenschaften und bringt andere Ergebnisse hervor. Experimentieren Sie mit allen so lange, bis Sie sich mit ihrer Wirkungsweise vertraut gemacht haben.

der Irrglaube nicht auszurotten, daß Künstler – ob Schriftsteller, Musiker oder Maler – ihre Werke allein aufgrund göttlicher Inspiration schaffen. Doch das stimmt nicht. Jeder Künstler muß hart an sich arbeiten. Machen Sie sich also vor allem und zuallererst mit den Grundlagen vertraut. Technische Übungen sind keine Erfindungen von Lehrern, die Ihnen den Spaß verderben und Sie von interessanteren Dingen abhalten wollen, sondern sie haben ihre Berechtigung. Genauso wie ein Pianist Tonleitern und Arpeggios spielen muß, müssen Sie die Grundzüge der Zeichenkunst einstudieren, um sich eine gute Technik anzueignen. Auf dieses Fundament stützt sich Ihre gesamte spätere Arbeit. Versuchen Sie, sich jeden Tag etwas Zeit fürs Zeichnen zu nehmen, und wenn es nur zehn Minuten sind. Wenn Sie nur eine oder zwei Stunden in der Woche dafür aufwenden, werden Sie vermutlich in der zweiten Woche schon wieder vergessen haben, was sie in der ersten gelernt haben. Mit regelmäßigem Üben kommen Sie schneller voran. Wohin Sie auch gehen – nehmen Sie immer ein kleines Skizzenbuch mit und zeichnen Sie, wann immer sich die Gelegenheit bietet: auf dem Weg zur Arbeit, im Zug oder Bus oder während der Mittagspause.

Denken Sie immer daran, daß verschiedene Dinge auch unterschiedliche Eigenschaften haben und eine individuelle Betrachtungsweise verlangen. Zu wissen, welche Methode im Einzelfall die jeweils angebrachte ist, schützt vor Fehleinschätzungen und Enttäuschungen. Mit der Zeit werden Sie lernen, solche Entscheidungen weitgehend unbewußt zu treffen. Das ist sehr wichtig. Denn wenn man erst lange nachdenken muß, welcher Bleistift der richtige wäre oder wo in einem Gesicht die Augen liegen müssen, geht das auf Kosten der Dynamik Ihrer Zeichnung.

Doch die Aneignung dieser Grundkenntnisse ist nur ein Mittel zum Zweck. Kein Künstler nimmt sich vor: »Heute zeichne ich mit Tusche und laviere mit Wasserfarben«, sondern er sucht sich zuerst ein Motiv aus, das ihm gefällt, und überlegt dann, welche Akzente er setzen und welche Stimmung er vermitteln möchte. Sobald Sie also die Grundlagen des Zeichnens beherrschen, werden Sie eine Arbeit mit der Überlegung beginnen, welches Material und welche Technik dem Bildgegenstand am besten gerecht werden. Sind zarte

DIE GROSSE ZEICHENSCHULE

Ausgefallene Techniken
Ein Farbtupfer bringt Leben in diese Zeichnung. Acrylfarben (wie hier verwendet) haben eigentlich in Zeichnungen nichts zu suchen, aber es gibt keine festen Regeln, was erlaubt ist und was nicht.

Bleistift- oder Federstriche angebracht, oder eignen sich breite Schwünge mit dem Kohlestift besser? Wie ausgeprägt müssen Strukturen und Schattenpartien sein? Denken Sie nach, welche Möglichkeiten und Fähigkeiten Sie haben, und entscheiden Sie sich für das, was Ihren Absichten am meisten entgegenkommt.
Natürlich hat jeder Künstler seinen ganz persönlichen Stil. Führen Sie sich einige Beispiele vor Augen: ein mit dünnen Strichen gezeichnetes Porträt von Ingres, die dicken Kreidestriche in Tintorettos Zeichnungen, die markanten Federzeichnungen eines Picasso oder Hockney, die Kompositionsmerkmale bei Goya oder Rembrandt. All diese Künstler haben eines gemeinsam: Sie schauen sich ihr Motiv genau an. Es ist ein häufig zu beobachtender Fehler, daß mehr auf das geachtet wird, was auf dem Papier entsteht, als auf die Vorlage, das Motiv. Wie will man etwas nachbilden, noch dazu in einer persönlichen Interpretation, wenn man es zuvor nicht gründlich studiert hat?
Genau hinschauen – nur so lernt man Zeichnen. Wenn Sie sich darin üben, die Dinge richtig anzusehen, bei jedem Detail zu verweilen, wird alles andere von selbst kommen. Gewöhnen Sie sich an, überall nach Motiven Ausschau zu halten. Sie werden bald feststellen, daß Ihre visuelle Aufnahmefähigkeit zunimmt und Sie mehr Dinge bemerken als andere Leute.
»Was soll ich denn zeichnen?« ist eine oft gestellte Frage. Die Antwort heißt: Was Sie wollen. Es gibt keine richtigen oder falschen Motive. Wenn etwas Sie interessiert, dann zeichnen Sie es. Ab und zu sollten Sie auch etwas völlig Belangloses oder Unscheinbares zeichnen, bloß um festzustellen, was Sie daraus machen können. Wenn Sie sich mit solch einem Motiv näher beschäftigen, werden Sie Dinge entdecken, die Ihnen zunächst entgangen sind. Künstler finden ihre Themen häufig dort, wo andere sie nicht vermuten. Das heißt nicht, daß Künstler die Welt mit anderen Augen sehen; sie haben nur einen offeneren Blick. Schönheit findet man auch im Alltag.
Werfen Sie die Flinte nicht ins Korn, wenn Ihre ersten Zeichnungen enttäuschend ausfallen. Versuchen Sie herauszufinden, was Sie falsch gemacht haben, und konzentrieren Sie sich beim nächsten Mal auf diese kri-

Schärfen Sie den Blick
Beide Hände sind selbstverständlich gleich groß, aber die Hand im Vordergrund erscheint größer als die im Hintergrund.

EINFÜHRUNG

Die Abstimmung von Technik und Material
Für flächenfüllende Pünktchen und Schraffierungen ist der Pinsel nicht geeignet; mit einer Stahlfeder und Tusche hingegen gelingen Ihnen interessante Tonwerte und Strukturen.

tischen Punkte. Schließlich zeichnen Sie zu Ihrem eigenen Vergnügen und können soviel Zeit aufwenden und so oft von vorn anfangen, wie Sie wollen. Sie werden zwangsläufig Fehler machen; das passiert jedem. Wichtig ist nur, daß man sich bemüht, daraus zu lernen.

Um zeichnen zu lernen, brauchen Sie vor allem zwei Fähigkeiten: zum einen die Hingabe an Ihre Arbeit, denn ohne Fleiß und Eifer stellt sich nirgendwo Erfolg ein, auch nicht beim Zeichnen; und zum zweiten das Verständnis der handwerklichen Grundlagen, auf denen die Zeichenkunst beruht. Die Einteilung dieses Buches berücksichtigt das. In Kapitel 1, »Werkzeug und Material«, finden Sie aufgelistet, was es an Ausrüstung gibt und was man damit machen kann. Das nächste Kapitel, »Grundlagen der Zeichenkunst«, legt den Grundstein für den übrigen Teil des Buches und alles, womit Sie sich vielleicht einmal beschäftigen werden. Es zeigt auf, wie Sie sich Grundkenntnisse erwerben können: das Übertragen von Gegenständen in einfache geometrische Formen, die Bildkomposition, Maßstabsysteme, Standpunkt und Perspektive, Schattierung, räumliche Illusion, die Proportionen der menschlichen Gestalt. Kapitel 3, »Themen und Motive«, beschäftigt sich mit einer großen Auswahl beliebter Bildgegenstände und leitet Sie an, Ihre Zeichnungen auszuarbeiten und vollendete Kunstwerke daraus zu machen. Das letzte Kapitel wendet sich fortgeschrittenen Zeichenmethoden zu, die teilweise technisch anspruchsvoll sind (Darstellung von Bewegung, perspektivisches Zeichnen) oder Sie mit ungewöhnlichen Arbeitsweisen vertraut machen (Oberflächenbehandlung, Drucke), die Ihrer Arbeit neue Dimensionen eröffnen.

Dieses Buch ist in Form eines Lehrganges aufgebaut und will Ihnen die erforderlichen Kenntnisse vermitteln, um Ihre Umgebung zeichnen zu können. Die Demonstrationen sollen Ihnen zeigen, wie man sich eine gute Arbeitsweise und mit deren Hilfe nach und nach die Fähigkeit aneignet, jedes Thema mit guten Erfolgsaussichten anzugehen. Die Illustrationen werden Ihnen auch die Augen für manchen Kunstgriff öffnen, den Sie anwenden können, wenn Schwierigkeiten auftreten. Doch das ist nur als Vorschlag gedacht und soll Sie nicht daran hindern, auf eigene Faust zu experimentieren. Sobald Sie die Grundlagen beherrschen, können Sie Ihre Zeichnungen ohne fremdes Zutun erstellen und in der Auswahl des Gegenstandes und des Zeichenmaterials ganz Ihrem eigenen Geschmack folgen. Dieses Buch will Ihnen den Weg weisen, aber es ist kein Ersatz für Eigeninitiative und praktische Erfahrung.

DIE GROSSE ZEICHENSCHULE

Werkzeug und Material

DAS MANNIGFALTIGE SCHWARZ 14

STIFTE UND KREIDEN 16

PINSEL UND FEDERN 18

TUSCHE UND FARBE 20

DAS PAPIER 22

STAFFELEI UND ZEICHENBRETT 24

SKIZZENBÜCHER 26

DIE GROSSE ZEICHENSCHULE

Das mannigfaltige Schwarz

In einem Brief an seinen Bruder Theo berichtet Vincent van Gogh, er habe im Museum die Bilder des niederländischen Malers Franz Hals studiert. »Bei Hals gibt es nicht weniger als siebenundzwanzig verschiedene Arten von Schwarz«, berichtet er. Diese Feststellung könnte auch auf die vielen Blei- und Filzstifte zutreffen, die wir heute für Schwarzweißzeichnungen benutzen. Bei Graphit, Blei, Kohle und Pastell reicht die Tonwertskala von Mittelgrau bis Tiefschwarz.

Kohle zum Zeichnen war schon in prähistorischer Zeit bekannt. Heute wird sie hauptsächlich aus Rebholz und Weidenholz gewonnen und ist in allen Längen und Stärken erhältlich. Kohlenstaub ist ein nützliches Nebenprodukt der Kohlestifte; man verwendet ihn für Grundierungen oder um einzelne Partien zu tönen. Ein Wischer aus zusammengerolltem Löschpapier ist gut geeignet, um die Kohle zu zerreiben und zu mischen.

Bleistifte verwendete man erst in der Neuzeit. Man sollte eigentlich Graphitstift dazu sagen, denn aus diesem Material besteht die Mine. Doch früher hielt man Graphitvorkommen für Bleivorkommen – und daher kommt der Name. Bleistifte gibt es in unterschiedlichen Härtegraden, von 8B (sehr weich) bis 10H (sehr hart). Sie eignen sich besonders für Details oder sehr genaue Arbeiten. Feine Spitzen erzielt man mit Hilfe von Schmirgel- oder Sandpapier. Ein Vorgänger des heutigen Bleistifts mittlerer Härte war der Silberstift, den auch Leonardo und Botticelli benutzten. Es war ein dünner Stab aus Blei und Zinn, mit dem man sehr feine Linien und eine weite Skala von Tönen hervorbringen konnte. Kohlestifte, Wachs- und Aquarellstifte, Preßkohle, Pastellfarben und Graphitpuder sind überall erhältlich. Die Qualität ist sehr unterschiedlich, was man beim Kauf beachten sollte.

Graphitstifte, Contéstifte und Kohlestifte sind wichtige Zei-

WERKZEUG UND MATERIAL

chenwerkzeuge. Je nach Art des verwendeten Papiers, kann man damit verschiedene charakteristische Linien und Tonwerte erzeugen. Von den Kohlespuren, die beim Verwischen von Korrekturen übrigbleiben, bis zu dem sanften Schimmer von Bleistiftstrichen auf Papier spannt sich ein weiter Bogen. Gewöhnen Sie sich an, mehr als ein Werkzeug zu benutzen. Kombinieren Sie zum Beispiel Wachs mit Graphit und Kohle oder Graphitpuder mit Preßkohle. Die Vielfalt an Zeichenwerkzeugen macht es möglich, die verschiedenen Elemente einer Zeichnung mit verschiedenen Arten von Zeichen (Strichen, Punkten usw.) zum Ausdruck zu bringen. Für manche Arbeiten, die auf feinen Punkten basieren, ist der Bleistift erforderlich. Um hingegen eine Szene aus dem Zoo oder dem Theater in breiten Strichen zu skizzieren, brauchen Sie Kohle-, Conté-, Wachs- oder Pastellstifte. Erforschen Sie die mannigfaltigen Nuancen der Farbe Schwarz. Schauen Sie sich ganz genau das helle oder mittlere Grau von Bleistiftstrichen und das tiefe, kalt und streng wirkende Blauschwarz von Kohlestrichen an, vergleichen Sie die glänzende Spur des Wachsstiftes mit der matten Spur der Kohle.

Das richtige Zeichengerät
Hier erhalten Sie einen Überblick über die große Auswahl an schwarzen Zeichenstiften. Lassen Sie es nicht bei einem Werkzeug bewenden, sondern probieren Sie es mit so vielen wie möglich, um alle Ihre Fähigkeiten auszuloten.

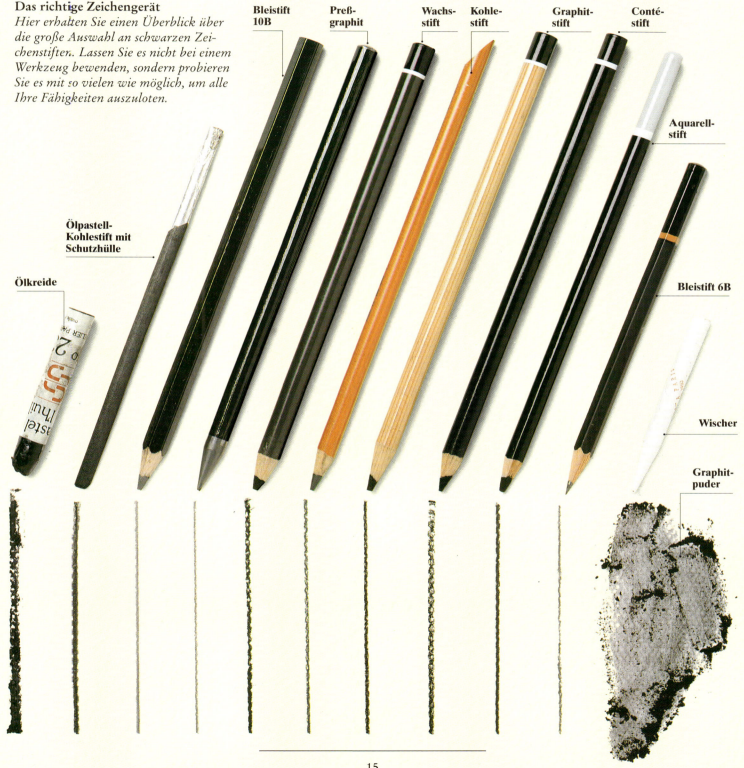

15

DIE GROSSE ZEICHENSCHULE

Stifte und Kreiden

Wenn Sie in ein Geschäft für Künstlerbedarf gehen, sehen Sie sich einer verwirrenden Fülle verschiedenster Zeichenmittel gegenüber. Jedes davon hat besondere Eigenschaften, mit denen man sich nur durch Experimentieren vertraut machen kann.

Der Graphitstift ist eines der vielseitigsten Zeichenwerkzeuge, obgleich er noch nicht lange verwendet wird. Reiner Graphit wurde erst im 16. Jahrhundert entdeckt, und Graphitstifte gibt es erst seit dem 18. Jahrhundert. Sie sind mit weichen, mittelharten oder harten Minen zu haben, die Skala reicht von 8B bis zu 9H. HB ist ein mittlerer Härtegrad, der Härte F ähnlich, aber mit einem etwas anderen Grauton. Harte Stifte erzeugen dünne, graue Striche, mit weichen Stiften gezogenen Linien sind breiter und dunkler.

Farbstifte sind noch neueren Datums und haben einen Farbkörper anstelle der Graphitmine. Sie werden meistens im Sortiment verkauft, sind jedoch auch einzeln erhältlich. Es gibt sie in vielen farblichen Abstufungen, nicht aber in verschiedenen Härten.

Aquarellstifte sind eine weitere Bereicherung des Repertoires an Zeichenutensilien. Sie erzeugen genauso feine Linien wie Graphit- oder Farbstifte. Zudem kann man die Farben ineinanderzeichnen und miteinander vermischen, indem man mit dem Pinsel Wasser darüberstreicht. Die Begriffe »Kreide«, »Pastell«, »Stift« sind etwas unscharf. Kreiden sind Naturprodukte aus Eisenoxid (rot), Kreide oder Gips (weiß) und Kohle (schwarz). Sie sind seit dem 15. Jahrhundert allgemein in Gebrauch.

Pastellfarben wurden im 18. Jahrhundert eingeführt. Sie bestehen aus Farbstoffen, die mittels Gummi oder Harz zu einer festen Paste gebunden werden, wie der Name besagt. Man gibt der Paste die Form eines Stiftes und läßt sie trocknen. Pastellstifte hinterlassen einen weichen, feinkörnigen Strich, ähnlich wie Kreide, und die Farbauswahl ist groß. Man kann sie einzeln oder in verschieden umfangreich sortierten Packungen kaufen. Nach Gebrauch sollte man sie in die Packung zurückgeben, denn sie brechen leicht. Es gibt auch Ölkreiden zu kaufen (mit Öl gebundener Farbstoff in Stiftform) und Pastellfarben in Bleistiftform, die beide weniger brüchig sind als die üblichen Künstlerpastellfarben.

Farbige Kreide ist härter als Pastellkreide. Sie besteht aus Kohle, Wachs, Ton oder Kalk und verschiedenen Pigmenten.

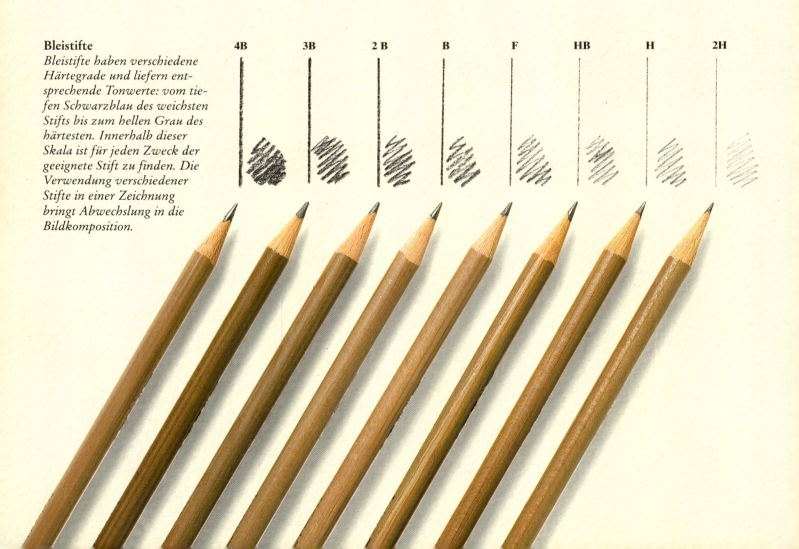

Bleistifte
Bleistifte haben verschiedene Härtegrade und liefern entsprechende Tonwerte: vom tiefen Schwarzblau des weichsten Stifts bis zum hellen Grau des härtesten. Innerhalb dieser Skala ist für jeden Zweck der geeignete Stift zu finden. Die Verwendung verschiedener Stifte in einer Zeichnung bringt Abwechslung in die Bildkomposition.

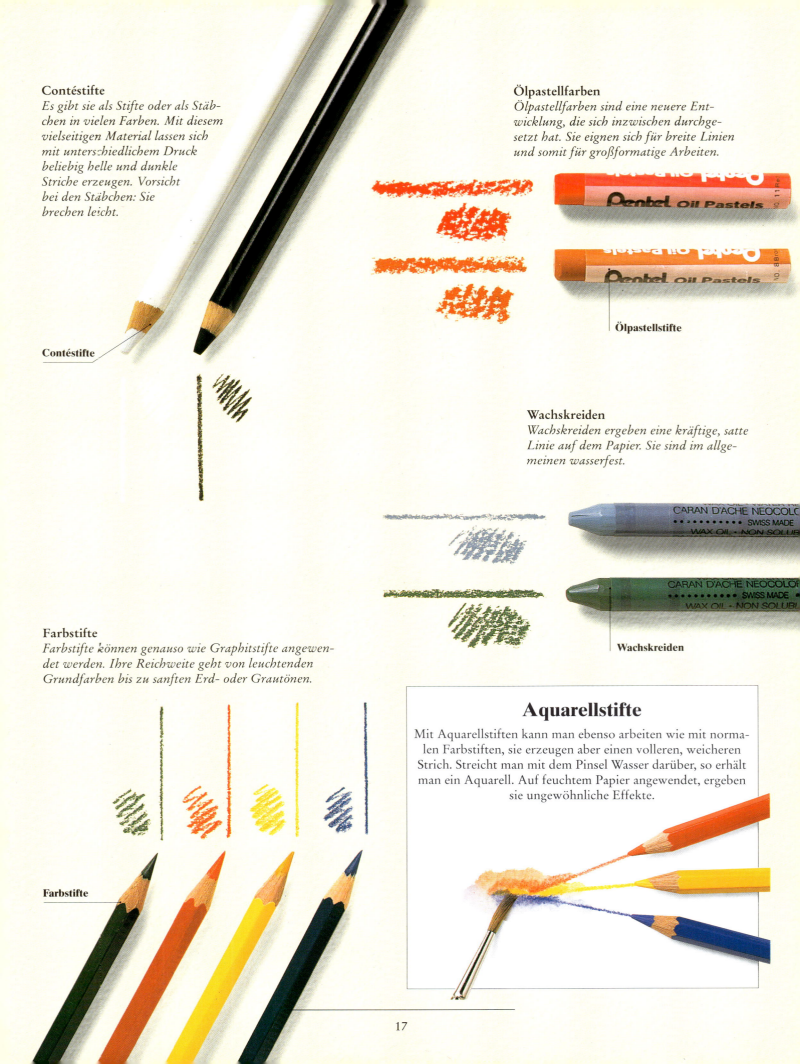

Contéstifte
Es gibt sie als Stifte oder als Stäbchen in vielen Farben. Mit diesem vielseitigen Material lassen sich mit unterschiedlichem Druck beliebig helle und dunkle Striche erzeugen. Vorsicht bei den Stäbchen: Sie brechen leicht.

Contéstifte

Ölpastellfarben
Ölpastellfarben sind eine neuere Entwicklung, die sich inzwischen durchgesetzt hat. Sie eignen sich für breite Linien und somit für großformatige Arbeiten.

Ölpastellstifte

Wachskreiden
Wachskreiden ergeben eine kräftige, satte Linie auf dem Papier. Sie sind im allgemeinen wasserfest.

Wachskreiden

Farbstifte
Farbstifte können genauso wie Graphitstifte angewendet werden. Ihre Reichweite geht von leuchtenden Grundfarben bis zu sanften Erd- oder Grautönen.

Farbstifte

Aquarellstifte

Mit Aquarellstiften kann man ebenso arbeiten wie mit normalen Farbstiften, sie erzeugen aber einen volleren, weicheren Strich. Streicht man mit dem Pinsel Wasser darüber, so erhält man ein Aquarell. Auf feuchtem Papier angewendet, ergeben sie ungewöhnliche Effekte.

DIE GROSSE ZEICHENSCHULE

Pinsel und Federn

Pinsel werden aus Haar oder Borsten gemacht, die sorgfältig ausgesucht und zu einem Büschel zusammengefaßt werden. Dieses wird mit einer Blechzwinge an der Spitze eines hölzernen Stiels befestigt. Bei guten Pinseln hält die Zwinge das Haarbüschel fest zusammen; bei billigeren Pinseln rutschen die Haare heraus und bleiben auf dem Papier kleben. Für Aquarellpinsel, die am häufigsten zum Zeichnen verwendet werden und biegsam sein sollen, nimmt man weiches, geschmeidiges Haar. Die beste Qualität besitzt das Schwanzhaar des Zobels. Zwar sind Zobelpinsel teuer, aber bei guter Pflege halten sie viele Jahre. Außerdem werden Rinderhaar oder Eichhörnchenhaar verwendet und neuerdings auch synthetisches Haar, das man mit tierischen Haaren mischt. Generell gilt, daß man sich den besten Pinsel zulegen sollte, den man sich leisten kann, vor allem, wenn es um dünne Pinsel geht. Locker sitzende oder beschädigte Haare stören sehr bei der Ausführung feiner Details.

Federn haben jahrhundertelang als Zeicheninstrumente gedient, und es gibt sie in großer Auswahl. Einfache Federhalter und Füllfederhalter sind mit austauschbaren Federn verschiedenster Art und Größe zu haben. Füllfederhalter kosten etwas mehr, doch dank ihres guten Tintenflusses ist es eine Freude, damit zu arbeiten. Rapidographen, wie man sie zum technischen Zeichnen benötigt, erzeugen eine schnurzügige Linie. Man kann mit ihnen nicht schnell arbeiten, weil der Tintenfluß reduziert und die Spitze sehr empfindlich ist. Davon abgesehen können auch ganz alltägliche Schreibgeräte wie Kugelschreiber und Filzschreiber zum Zeichnen benutzt werden. Freilich, man muß damit experimentieren und sich die Ergebnisse ansehen.

Rundpinsel
Nach ihren runden Zwingen benannt, laufen sie spitz auf einen Punkt zu. Mit der Längsseite werden größere Flächen angelegt, während die Spitze, selbst bei dicken Pinseln, ganz feine Linien ziehen kann.

Nr. 12   Nr. 8   Nr. 6   Nr. 0

Flachpinsel
Größere Exemplare eignen sich vorzüglich, um breite Flächen mit Farbe anzulegen und in senkrechter Pinselführung saubere Linien und Konturen zu ziehen. Für Ecken nimmt man möglichst kleine Flachpinsel.

¾ in (18 mm)   ½ in (12 mm)   ¼ in (6 mm)

Chinesische Pinsel

Chinesische Pinsel
Ursprünglich dienten sie zum Malen von Kalligraphie. Sie nehmen viel Farbe auf, und man kann lange damit malen, ohne eintunken zu müssen. Mit ihnen lassen sich feine Linien zeichnen, aber auch stärkere, breitere Pinselstriche ausführen.

WERKZEUG UND MATERIAL

Wie man einen Federkiel zurechtschneidet

1 Große Federn – von Gans, Truthahn oder Schwan – sind am besten geeignet. Frische Federn müssen erst trocknen.

2 Schneiden Sie die Fahne auf beiden Seiten zurück und schaben Sie alle Hautreste vom Schaft ab.

3 Schneiden Sie mit einer dünnen Klinge den Kiel entlang der natürlichen Krümmung des Federkiels schräg ab.

4 Schneiden Sie dicht über der Schräge eine Kerbe in den Kiel. Das macht die Spitze elastisch.

5 Als letztes schlitzen Sie die Feder in Längsrichtung, und spitzen das Ende an.

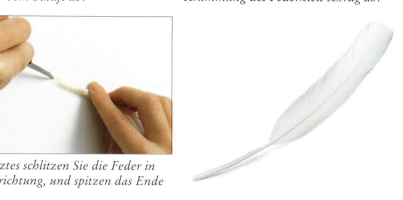

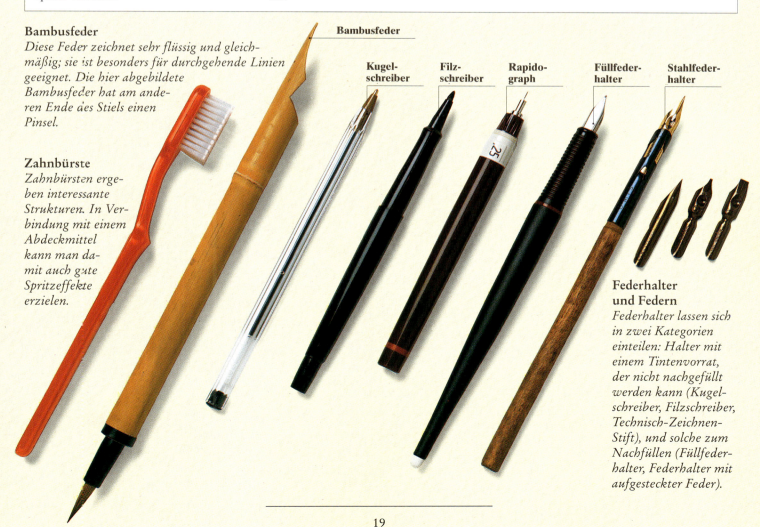

Bambusfeder
Diese Feder zeichnet sehr flüssig und gleichmäßig; sie ist besonders für durchgehende Linien geeignet. Die hier abgebildete Bambusfeder hat am anderen Ende des Stiels einen Pinsel.

Zahnbürste
Zahnbürsten ergeben interessante Strukturen. In Verbindung mit einem Abdeckmittel kann man damit auch gute Spritzeffekte erzielen.

Federhalter und Federn
Federhalter lassen sich in zwei Kategorien einteilen: Halter mit einem Tintenvorrat, der nicht nachgefüllt werden kann (Kugelschreiber, Filzschreiber, Technisch-Zeichen-Stift), und solche zum Nachfüllen (Füllfederhalter, Federhalter mit aufgesteckter Feder).

DIE GROSSE ZEICHENSCHULE

Tusche und Farbe

Es gibt mehrere Möglichkeiten, Farbe in Ihre Zeichnungen zu bringen. Sie können eine farbige Grundierung für das Motiv anlegen (siehe S. 112/113), eine Feder- oder Bleistiftzeichnung farbig lavieren oder mit Farbe bestimmte Akzente setzen. Malfarbe ist Farbstoff in Pulverform, der mit Bindemitteln zu einer Flüssigkeit oder Paste verarbeitet wird. Nach Bedarf werden eindickende oder verdünnende Wirkstoffe zugesetzt. Aquarell-, Öl- und Acrylfarben sind die gängigsten Malmittel, von denen jedes seine besonderen Eigenschaften hat.

Das Geheimnis der Aquarellmalerei liegt in der Transparenz und der flüssigen Form des Mediums. Weil Wasserfarben durchsichtig sind, muß der farbliche Aufbau von Hell zu Dunkel erfolgen: eine helle Farbe kann eine dunkle nicht abdecken. Aquarellfarbe kann mit einem trockenen Pinsel aufgetragen werden, was eine körnige Farbstruktur ergibt, oder mit Wasser zu einer Lasur verdünnt werden. Man kann Gouache zugeben und so eine deckende Wirkung erzielen. Auch um Lichter auf dunkle Partien zu setzen, kann Gouache aufgetragen werden. Ölfarbe trocknet langsam, besitzt aber hohe Deckkraft und kann mit Leinöl oder anderen Ölen und Terpentin (zum Malen auf Papier reicht reines Terpentin) verdünnt werden. Acrylfarbe vereinigt die Eigenschaften von Aquarell- und Ölfarbe: Sie deckt gut ab, ist aber gleichzeitig wasserlöslich und zum Lavieren geeignet.

Tusche ist ideal für saubere Linien und exakte Details (wie bei technischen Zeichnungen). Doch kann man damit auch überraschend feine und zarte Effekte erzielen. Tusche läßt sich mit destilliertem oder Leitungswasser verdünnen, so daß man beliebige Tonwerte erhält, deren Wirkung in einer Zeichnung oft sehr reizvoll sein kann. Zartes Lavis kann auf einzelne Partien oder, falls ein einheitlicher farbiger Hintergrund erwünscht ist, auf die gesamte Fläche aufgetragen werden. Im Gegensatz zu Aquarellfarben ist Tusche im allgemeinen wasserfest; man kann sie unbesorgt mit Farben oder Tusche übermalen. Probieren Sie einmal, Tusche auf angefeuchtetes Papier aufzutragen: Sie wird an den Rändern ausfließen und leicht verschwommene Konturen hinterlassen, was sehr reizvoll sein kann.

Es gibt, ebenso wie bei den Farben, ein erstaunlich breitgefächertes Angebot an verschiedenfarbigen Zeichentuschen. Wenn man Schellack hinzugibt, wird Tusche glänzend. Man trägt sie mit dem Lappen, dem Pinsel oder mit der Feder auf. Einfache Stahlfedern haben gegenüber Füllern den Vorzug, daß man sie auswechseln kann, um verschiedene Effekte zu erzielen.

Schwarze Tusche
Schwarze Tusche wird mit der Stahlfeder aufgetragen. Nach dem Trocknen bekommt sie einen schwachen Glanz. Man kann auch Pinsel verwenden: dünne für fließende Linien und dicke für größere Flächen. Die Zugabe von etwas destilliertem Wasser macht Tusche flüssiger und hellt sie auf, so daß sie einen Sepiaton annimmt.

Farbige Zeichentusche
Es gibt eine große Vielfalt an farbigen Zeichentuschen, weil jeder Hersteller eine eigene Farbskala anbietet. Die Grundfarben sind die gleichen wie bei den Malfarben: Rot, Braun, Blau, Grün, Gelb. Weil der Farbstoff sich auf dem Flaschenboden absetzt, ist es ratsam, die Flasche vor Gebrauch zu schütteln.

Chinatusche
Schwarze Tusche in fester Form wird als Chinatusche bezeichnet. Durch Reiben auf dem Tintenstein (erhältlich in Geschäften für Künstlerbedarf) erhält man ein Pulver, das man mit Wasser verdünnt, bis die Tusche den gewünschten Tonwert angenommen hat.

Acrylfarbe
Acrylfarbe ist eine Suspension von Pigment in Kunstharz, gewöhnlich in Polyvinylacetat. Sie trocknet schnell, was sich aber durch spezielle Zusätze hinauszögern läßt. Direkt aus der Tube angewandt, hat Acrylfarbe eine ähnliche Konsistenz wie Ölfarbe. Meist wird sie jedoch auf eine Palette aufgetragen und kann dann mit Wasser oder einem Malmittel bis zur Konsistenz von Aquarellfarben verdünnt werden.

Umbra gebrannt, Acrylfarbe

Lichter Ocker, Acrylfarbe

Aquarellfarben
Es gibt sie in Tuben und in Näpfchen. Wenn Sie Tubenfarben verwenden, so geben Sie eine kleine Menge Farbe auf eine saubere Palette und verdünnen Sie sie nach Bedarf. Die Palette sollte weiß sein, damit die Farbe beim Anmischen nicht anders wirkt als auf dem Papier. Trockene Farbe können Sie direkt aus dem Näpfchen mit Pinsel und Wasser aufnehmen.

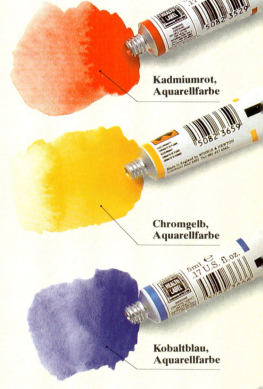

Kadmiumrot, Aquarellfarbe

Chromgelb, Aquarellfarbe

Kobaltblau, Aquarellfarbe

Deckweiß

Weiteres Zubehör

Terpentin
Ölfarben sind nicht wasserlöslich, deshalb ist für die Reinigung der Pinsel Terpentin unentbehrlich. Man sollte nach Möglichkeit nur beste Qualität kaufen.

Lappen
Mit sauberen Lappen lassen sich mit Terpentin verdünnte Ölfarbe oder mit Wasser verdünnte Acrylfarbe schnell und großflächig auf das Papier auftragen.

Schwamm
Damit wird Wasserfarbe aufgetragen, Schattierung erzeugt und Farbe weggewischt. Naturschwämme hinterlassen gegenüber Kunststoffware eine weiche Flächenstruktur.

Ölfarbe
Bei Ölfarben wird das Pigment mit Öl, meistens Leinöl, gebunden. Sie sind sehr kräftig in Farbe und Auftrag, trocknen aber langsam. Ihr Wirkungsgrad reicht von transparent (dafür ist eine starke Verdünnung mit Terpentin nötig) bis opak. In Zeichnungen werden sie nur stark verdünnt, in ähnlicher Konsistenz wie Aquarellfarben, verwendet; dennoch sind sie unverkennbar in der Wirkung. Geben Sie die Ölfarbe auf eine Palette und mischen Sie sie nach Bedarf mit Leinöl oder einem anderen Öl.

Siena natur, Ölfarbe

Paynesgrau, Ölfarbe

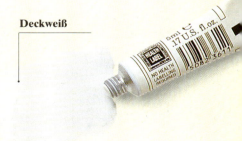

Deckweiß
Besteht aus kalziniertem Zinkoxid, das mit Gummi gebunden wird, und besitzt starke Deckkraft. Es ist flüssiger und feiner als Plakafarbe oder Gouacheweiß.

DIE GROSSE ZEICHENSCHULE

Das Papier

Der Malgrund, den der Künstler bearbeitet, wird auch als Bildträger bezeichnet. Der übliche Bildträger für Zeichnungen ist Papier. Papier aus Hadern herzustellen war eine geheimgehaltene Erfindung der Chinesen; die Araber erlernten sie von chinesischen Gefangenen und brachten sie nach Europa. Heute wird Papier vorwiegend aus Holz hergestellt, das man zu einer faserigen Masse verarbeitet, auf Drahtsieben entwässert und auf einer Filzunterlage preßt und trocknet. Anschließend wird die Oberfläche des Papiers auf unterschiedliche Art bearbeitet, je nach seiner Bestimmung. Dem Künstler steht es in vielerlei Stärken, eingeprägten Texturen und Dichten zur Verfügung, und die Auswahl des richtigen Materials für die jeweilige Zeichnung ist ein Teil des Arbeitsprozesses. Für eine frei gezeichnete Bleistiftskizze ist grobkörniges Papier gut geeignet, während genaues, feines Arbeiten am Detail eine glatte Oberfläche verlangt. Wie bei allem, was mit Zeichnen zu tun hat, sollte man ruhig eine Weile experimentieren, um herauszufinden, was sich am besten eignet.

Papiermaße werden als Kilogewicht je 480 bzw. 500 Blatt (= 1 Ries) oder 1000 Blatt (= 1 Neuries) angegeben. Je schwerer ein Ries, desto dicker das Papier. Um die Oberfläche weniger durchlässig zu machen, wird das meiste Papier mit einer Appretur versiegelt. Unversiegeltes Papier ist als Wasserpapier bekannt und hat ähnliche Eigenschaften wie Löschpapier.
Manche Papierarten sind für bestimmte Malmaterialien besonders geeignet. Für Schwarzweißarbeiten in Bleistift, Graphit, Kohle und Kreide können Sie ganz normales Zeichenpapier nehmen, weder zu körnig noch zu glatt; es nimmt die Zeichnung gut an. Für Arbeiten mit Feder oder Pinsel und für Lavierungen tut Aquarellpapier bessere Dienste.
Aquarellpapier kommt meist in drei Standardversionen aus der Fabrik. Heißgepreßtes Papier wird wohl am häufigsten für aquarellierte und lavierte Zeichnungen verwendet; es ist ziemlich glatt und nimmt Pinsel-, Kohle- und Bleistiftstriche gut an. Kaltgepreßtes Papier hat eine strukturierte Oberfläche mit einem leichten »Biß«, was besonders für Lavierungen günstig ist. Wenn Sie eine solche Oberfläche zum Zeichnen benutzen, müssen Sie mit breiten Bleistiftstrichen und sehr genau arbeiten. Spannen Sie Aquarellpapier immer auf, bevor Sie mit der Arbeit beginnen, damit es sich nicht wirft, wenn Sie Farbe und Lavierung auftragen.
Handgeschöpftes Papier wird im allgemeinen aus Hadern gewonnen. Es wird Blatt für Blatt einzeln angefertigt, ist dünn und hat ausgefranste Ränder. Vorder- und Rückseite sind verschieden; das Wasserzeichen des Herstellers hilft, die Fabrikate zu unterscheiden.

Verschiedene Papierstrukturen

Wie Ihre Zeichnung ausfällt, hängt von der Struktur des verwendeten Papiers ab. Ein Strich auf rauhem, gekörntem Papier sieht ganz anders aus als der gleiche Strich auf einer glatten Oberfläche.

Rauh	Normal	Kalt gepreßt
Kohle		
Kreide		
Weicher Bleistift		
Feder		
Pinsel		

Die gebräuchlichsten Papiersorten

Feines Korn

Mittleres Korn

Grobes Korn

WERKZEUG UND MATERIAL

Das Spannen des Papiers

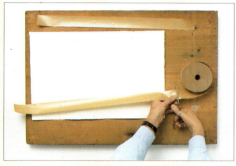

1 Schneiden Sie das Papier auf die gewünschte Größe zu und legen Sie es auf das Zeichenbrett. Das Brett darf nicht zu dünn sein. Lassen Sie an den Rändern Platz frei für das Abdeckband.

2 Schneiden Sie je zwei Streifen Abdeckband für die Papierränder zu, die etwas länger als das Papier sein sollten. Legen Sie die Streifen in Reichweite und befeuchten Sie sie mit einem Schwamm.

3 Tauchen Sie das Papier einige Minuten lang in sauberes Wasser. Wenn es ganz durchtränkt ist, heben Sie es vorsichtig heraus und lassen die überschüssige Nässe abtropfen.

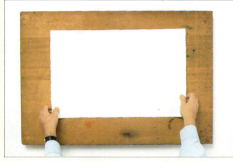

4 Legen Sie das nasse Papier kantenparallel auf das Brett. Achten Sie darauf, daß es ganz glatt aufliegt. Nehmen Sie, wenn nötig, einen Schwamm oder einen Lappen, um es glattzustreichen.

5 Nehmen Sie einen der beiden langen Streifen und legen Sie ihn über die obere Papierkante. Verfahren Sie ebenso mit der Unterkante und den beiden Seitenrändern. Lassen Sie das Papier trocknen.

6 Damit das Papier beim Trocknen das Abdeckband nicht anhebt, befestigt man die vier Streifen an ihren Ecken mit Reißnägeln auf der Unterlage. Papier und Abdeckstreifen können so nicht rutschen.

Schwarzes Ingrespapier   Farbiges Ingrespapier   Dickes Skizzenpapier   Mittelstarkes Skizzenpapier   Bristolkarton

DIE GROSSE ZEICHENSCHULE

Staffelei und Zeichenbrett

Sofern Sie nicht schnell etwas in Ihrem Skizzenbuch festhalten wollen, brauchen Sie für Ihr Zeichenpapier eine stabile Unterlage. Dazu dient gewöhnlich ein Zeichenbrett, das man kaufen oder selbst anfertigen kann.

Sie können das Zeichenbrett auf die Oberschenkel legen, doch das ist weder bequem noch praktisch. Denn Sie müssen hin und wieder, was auch immer Sie zeichnen, vom Bild zurücktreten, um zu schauen, wie die Arbeit vorangeht. Die billigste Lösung wäre, ein paar dicke Bücher auf den Tisch zu legen und das Brett dagegen zu lehnen. Doch es ist nicht einfach, den richtigen Neigungswinkel beizubehalten und zu verhindern, daß der ganze Aufbau ins Rutschen kommt oder völlig zusammenfällt, wenn Sie fest aufs Papier drücken.

Überlegen Sie, ob Sie sich nicht doch eine Staffelei leisten sollten. Es gibt sie in vielen Ausführungen, so daß Sie sicher etwas Passendes und Erschwingliches finden. Eine gute Staffelei hält ein Leben lang und ist ihr Geld wert.

Bedenken Sie auch, welche Art von Staffelei Sie brauchen. Manche sind stufenlos verstellbar, andere haben nur eine begrenzte Anzahl von Einstellungen. Falls Sie viel mit Wasserfarben oder Tusche arbeiten, sollte Ihr Zeichenbrett nur einen geringen Neigungswinkel haben, damit die Farbe nicht abläuft. Wenn Künstler im Stehen arbeiten, stellen sie das Zeichenbrett in der Regel fast senkrecht auf. Für die Arbeit im Sitzen ist ein geneigtes Brett vorzuziehen. Die meisten Staffeleien sind für beide Arbeitsweisen eingerichet, man kann sowohl die Höhe als auch die Neigung beliebig verstellen.

Die Staffelei muß stabil sein. Das ist ganz wichtig, denn Sie haben nichts davon, wenn das Ding beim ersten Gebrauch zusammenbricht. Wenn Sie hauptsächlich in der Wohnung arbeiten und einen eigenen Raum oder ein Atelier haben, sollten Sie eine starre Konstruktion wählen, die an Ort und Stelle bleibt. Für die Arbeit im Freien ist natürlich eine kompakte, transportable Staffelei erforderlich.

Die meisten Staffeleien bestehen aus Holz. Es gibt jedoch auch zusammenklappbare Staffeleien aus Metall, meist Aluminium, die ideal für Arbeiten unter freiem Himmel sind. Sie sind standfest, aber auch leicht, so daß man sie mühelos, zum Beispiel beim Landschaftszeichnen, über größere Strecken transportieren kann.

Zeichenbrett
Zeichenbretter sind entsprechend den gebräuchlichen Papierformaten in verschiedenen Größen im Handel. Sie bestehen aus einem Holz, das einerseits fest genug ist, um sich beim Bespannen mit feuchtem Papier nicht zu verziehen, andererseits aber doch so weich, daß man das Papier mit Reißnägeln befestigen kann. Sie können sich ein Zeichenbrett auch zuschneiden lassen, zum Beispiel in einem Baumarkt. Achten Sie darauf, daß die Oberfläche sauber und glatt ist. Am besten, man schleift sie ab und lasiert sie mehrmals.

Klemmen und andere Befestigungsmittel
Reißnägel und Abdeckband sind das billigste Material, um Zeichenpapier auf dem Brett zu befestigen. Ihr Nachteil ist, daß sie Löcher hinterlassen und das Papier zerreißen können. Auch Klammern sind geeignet. Gleitclips haben den Vorteil, daß sie das Papier schonen.

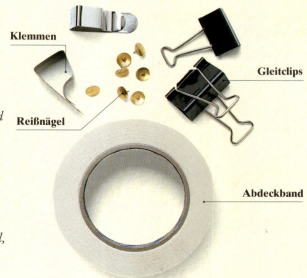

WERKZEUG UND MATERIAL

Feldstaffelei
Die meisten Staffeleien lassen sich zu einem handlichen Paket zusammenlegen und leicht transportieren und lagern (Abb. links). Die Beine einer Feldstaffelei sind länger als die einer Atelierstaffelei und können auf verschiedene Höhen eingestellt werden, um Unebenheiten des Geländes auszugleichen (Abb. rechts). Achten Sie darauf, daß alle Teile stets gut verschraubt sind, damit nicht die Staffelei einknickt und das Zeichenbrett herunterrutscht.

Auf diesen Vorsprung wird das Zeichenbrett gestellt.

Mit Hilfe einer Flügelschraube, mit der die bewegliche Brettstütze an den drei Stativbeinen befestigt ist, läßt sich die gewünschte Schräglage des Zeichenbretts einstellen.

Flügelmuttern halten die ausziehbaren Beine in der erforderlichen Länge.

Da die Teleskopbeine hohl sind, ist die Staffelei leicht und läßt sich überall hin mitnehmen.

Tischstaffelei
Eine Tischstaffelei (Abb. links) kann auf mehrere vorgegebene Neigungen eingestellt werden, von völlig flach bis beinahe senkrecht. Sie ist stabil und sehr gut für die Arbeit zu Hause geeignet.

Die Unterkante des Zeichenbretts ruht mit der ganzen Breite auf einer vorspringenden Leiste.

25

DIE GROSSE ZEICHENSCHULE

Skizzenbücher

Skizzenbücher sind für Künstler ungemein wichtig. Man kann in ihnen flüchtige Eindrücke festhalten – einen Gesichtsausdruck, einen dramatischen Lichteffekt –, die man später in einer Zeichnung oder einem Gemälde in größerem Maßstab ausführen möchte. Man kann verschiedene Blickpunkte ausprobieren oder mit Kompositionen experimentieren und sich später überlegen, was man verwerten möchte, ehe man sich auf eine bestimmte Sicht festlegt. Auch wenn man eine Zeichnung ohne Staffelei anfertigen will, tut das Skizzenbuch gute Dienste.

Die Größe Ihres Skizzenbuchs bestimmt die Art des Zeichenmaterials, das Sie verwenden können. Für ein sehr kleines Format eignen sich am besten spitze Bleistifte und spitze Federn, mit denen sich sehr dünne Linien ziehen lassen. Es ist allerdings nicht ganz einfach, in kleinem Maßstab zu arbeiten.

John Constables Skizzenbuch
Der englische Landschaftsmaler John Constable (1776–1837) hat sein Leben lang Skizzenbücher benutzt. Selbst aus den Skizzen in Taschenbuchformat sind sein Gespür für Komposition und sein Auge fürs Detail zu erkennen (links und rechts).

In einem größeren Skizzenbuch können Sie Filzstift und Kohle einsetzen und mit schwungvollen Linien und breiten Strichen zeichnen. Skizzenbücher bestehen im allgemeinen aus gutem weißem Zeichenpapier und sind für die meisten Malmittel geeignet; sie sind außerdem mit koloriertem Zeichenpapier und Aquarellpapier erhältlich.

Wenn Sie ein weiches Zeichenwerkzeug benutzen wie Kohle oder Pastell, müssen Sie dafür sorgen, daß die Zeichnung beim Schließen des Skizzenbuchs nicht verwischt wird. Es ist nicht immer möglich, die Zeichnung im Freien zu fixieren (siehe S. 152/153). Fürs erste können Sie ein dünnes Blatt Papier (Seidenpapier) zwischen die Seiten legen und dann zu Hause das Fixieren nachholen.

Ein Skizzenbuch dabeizuhaben ist eine gute Angewohnheit. Stecken Sie eins in die Tasche und zeichnen Sie, sobald Sie ein paar Minuten Zeit haben. Wenn Sie ständig in Übung bleiben, wird sich Ihr Wahrnehmungsvermögen schärfen. Sie werden Dinge bemerken, die Ihnen sonst nicht aufgefallen wären, und sich später sehr lebhaft an sie erinnern.

Verschiedene Skizzenbücher

Die Auswahl eines Skizzenbuchs
Ihr Skizzenbuch sollte zweckentsprechend sein. Wollen Sie nur flüchtige Eindrücke festhalten, so reicht ein Büchlein in Taschenformat. Wollen Sie in größerem Format zeichnen, womöglich die Zeichnung an Ort und Stelle fertigstellen? Dann sollten Sie einen Spiralblock wählen, dessen Blätter sich einzeln heraustrennen und später auch rahmen lassen. Für die meisten Malmittel ist Papier in guter Zeichenqualität ausreichend, doch wenn Sie viel aquarellieren, kaufen Sie am besten Aquarellpapier.

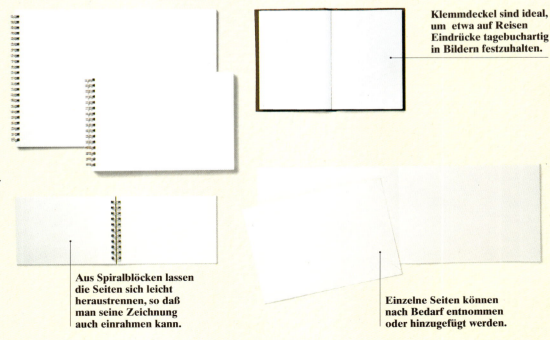

Klemmdeckel sind ideal, um etwa auf Reisen Eindrücke tagebuchartig in Bildern festzuhalten.

Aus Spiralblöcken lassen die Seiten sich leicht heraustrennen, so daß man seine Zeichnung auch einrahmen kann.

Einzelne Seiten können nach Bedarf entnommen oder hinzugefügt werden.

Karneval in Venedig
Dies sind Entwurfsskizzen für Gemälde. Sie sind mit Kugelschreiber und Filzstift ausgeführt, die sich gut dazu eignen, mit schnellen Strichen eine sich ständig wandelnde Szene zu erfassen. Wenn man den Hintergrund erst später ergänzt, wie es der Künstler hier getan hat, muß man dafür sorgen, daß man die Lichtverhältnisse nicht verändert und Menschen und Gebäude die richtigen Proportionen haben.

St. Jean de Col
Diese beschauliche Flußszene mit den typischen Häusern des Périgord im Hintergrund ruft schöne Ferientage in Erinnerung. Für die Skizze wurden Aquarellstifte ohne Zugabe von Wasser benutzt, so daß die Farben ineinandergezeichnet werden konnten und sehr intensiv wirken. Sehen Sie sich die Schatten unter den Brückenbögen an: Sie sind nicht einfach schwarz, sondern aus vielen Tonwerten aufgebaut. Das Blattwerk im Vordergrund ist absichtlich dunkler und kräftiger gehalten als das im Hintergrund, um den Eindruck der Räumlichkeit zu erzielen.

Schlafende Kinder
Diese schnell hingeworfene Kugelschreiberskizze der schlafenden Kinder kann entweder weiter ausgearbeitet oder, als reizvolle Momentaufnahme einer Familienszene, so belassen werden, wie sie ist. Zwar wurde ein Klemmblock benutzt, aber wenn Sie die Seiten vorsichtig herausnehmen, können Sie sie aneinanderkleben und auf Karton aufziehen. Falls Sie, wie hier, über zwei Seiten hinwegzeichnen, müssen Sie aufpassen, daß keine wesentlichen Teile der Darstellung über den Mittelfalz hinausgehen.

DIE GROSSE ZEICHENSCHULE

Grundlagen der Zeichenkunst

WIE WIR DAS WERKZEUG HALTEN 30

DEN BLICK SCHÄRFEN 32

DAS ABC DER KOMPOSITION 34

DER MASSSTAB 36

DIE LINEARPERSPEKTIVE 40

DIE STRUKTUR 44

EINFACHE GEOMETRISCHE FORMEN 46

KONTURENZEICHNEN 48

MIT DEM RADIERGUMMI ZEICHNEN 50

DIE ROLLE DES LICHTS 52

DIE GESTALTUNG DER FIGUR 54

FIGURENSTELLUNGEN 56

DER BLICKPUNKT 58

DER MENSCHLICHE KOPF 60

DIE VORBEREITUNG DES ZEICHENGRUNDES 64

VON DEN MEISTERN LERNEN 66

DIE GROSSE ZEICHENSCHULE
Wie wir das Werkzeug halten

Es macht Spaß, das geeignete Handwerkszeug auszusuchen. Wir haben gesehen, daß es eine große Auswahl an Geräten gibt, von denen jedes ganz bestimmte Eigenschaften hat. Um abwechslungsreich zu zeichnen, zum Beispiel dicke und dünne Striche, ist die Stahlfeder am besten geeignet. Für breite, energische Linien nimmt man Kohle und Pinsel. Viele Künstler verwenden für eine Zeichnung mehrere Werkzeuge.

Haben Sie sich für ein bestimmtes Zeichengerät entschieden, so können Sie es in verschiedener Weise einsetzen. Die Art, wie Sie es halten, ergibt unterschiedliche Arten von Strichen auf dem Papier. Die folgenden Seiten zeigen vielerlei Möglichkeiten. Probieren Sie aus, welche Haltung der Hand für welches Gerät jeweils günstig ist und am besten zu Papier bringt, was Sie in Ihrer Zeichnung ausdrücken möchten.

Bleistifte
Das gebräuchlichste aller Zeichenmittel, den Bleistift, gibt es in großer Auswahl, von sattem Schwarz bis zu zartem Grau. Bleistifte haben eine Mine aus mit Gummi gebundenem Graphit, die in einer hölzernen Hülle steckt.

Umrisse
Halten Sie den Bleistift fest zwischen Daumen und Zeigefinger und stützen Sie die Hand mit dem kleinen Finger ab. So können Sie ziemlich genaue Umrisse zeichnen.

Arbeit am Detail
Mit einem kurzen Bleistift, den Sie in der üblichen Weise halten, können Sie kurze Bewegungen aus dem Handgelenk heraus ausführen.

Schattierung kleiner Flächen
Halten Sie den Stift locker etwa in der Mitte. Benutzen Sie den dritten und vierten Finger als Stütze, wenn Sie den Winkel der Schraffurlinien verändern wollen.

Schattierung größerer Flächen
Fassen Sie den Bleistift ziemlich am Ende, während die Hand auf dem Gelenk des kleinen Fingers aufliegt. So können Sie schwingende Bewegungen ausführen und ganz locker schraffieren.

Lineares Zeichnen
Um Linien zu zeichnen und auf »klassische« Art wie Leonardo da Vinci zu schattieren, halten Sie den Bleistift am Ende mit festem Griff.

Kohle
Zeichenkohle wird aus Holz gewonnen: Rebholz, Weide, Buche. Je nach der Holzart erhält man mit Zeichenkohle bräunliche bis tief blauschwarze Tonwerte.

Großflächige Schattierung
Um mit breiten Strichen zu schraffieren, faßt man den Kohlestab in der Mitte und zieht ihn horizontal über das Papier.

Arbeit am Detail
Verwenden Sie ein kurzes Kreidestück. Für kurze Linien und Striche fassen Sie die Kohle fest oberhalb der Spitze (Abb. unten).

GRUNDLAGEN DER ZEICHENKUNST

Federn

Federn gibt es in vielerlei Ausführungen. Mit vielen Stahlfedern läßt sich ein kleiner Vorrat an Tusche aufnehmen, der es ermöglicht, eine Zeitlang ohne Eintunken zu arbeiten. Federkiele wurden seit Jahrhunderten benutzt, ebenso Rohrfedern. Beide eignen sich gut für schräge Schraffuren und um einen Gegenstand mit verdünnter Tusche darzustellen.

Striche
Halten Sie die Feder zwischen dem zweiten und dem dritten Finger, um einen vollen, bewegten Strich zu ziehen. Für einen eher starren Strich üben Sie mehr Druck auf die Feder aus.

Das Anlegen großer Flächen
Um größere Flächen anzulegen, benützen Sie die Rückseite der Feder. Tauchen Sie sie ein und drehen Sie den Federhalter zwischen den Fingern; Sie werden interessante Möglichkeiten entdecken.

Pinsel

Manche Künstler verwenden für Ihre Zeichnungen ausschließlich Pinsel, während andere daneben auch Federn einsetzen und Lavierungen in Aquarell oder Tusche ausführen. Die besten Pinsel werden heute aus Zobelhaar oder einer Mischung mit einem Anteil Zobelhaar hergestellt.

Dünne Linien
Um feine Linien zu ziehen, halten Sie den Pinsel zwischen Daumen und Zeigefinger. Obwohl Sie ihn nur leicht gefaßt haben, können Sie ihn gut führen.

Breite Striche
Um breite Striche zu zeichnen, drücken Sie die Pinselhaare auseinander und halten den Pinsel an der Zwinge.

Linien und Details
Für die Arbeit am Detail, oder wenn Sie über nasser Tusche arbeiten, benutzen Sie den kleinen Finger als Stütze (Abb. rechts). Um größeren Druck auszuüben, stützen Sie den Federhalter mit zwei Fingern ab (Abb. unten).

Der Federkiel
Halten Sie den Federkiel entspannt, aber nicht zu locker zwischen Daumen und Zeigefinger. Es hängt von der Zurichtung der Spitze und dem ausgeübten Druck ab, ob Sie dünne Linien oder breite Striche ausführen können.

Der Japanpinsel

Einen ganz anderen Effekt erzielen Sie mit diesem japanischen Kalligraphiepinsel. Für Linien halten Sie ihn senkrecht.

Pinsel und Tusche
Wenn Sie mit Pinsel und Tusche arbeiten, stützen Sie die Hand, die den Pinsel führt, auf dem Rücken der anderen Hand auf.

DIE GROSSE ZEICHENSCHULE

Den Blick schärfen

Viele Anfänger fürchten sich davor, Fehler zu machen; sie halten mitten in der Arbeit inne, um etwas zu korrigieren, was danebengegangen ist. Aber Zeichnen bedeutet mehr, als den richtigen Bleistift zu haben und damit bestimmte Zeichen aufs Papier zu setzen. Die meisten Fehler passieren deshalb, weil man die Vorlage nicht gründlich genug studiert hat. Sie müssen sich angewöhnen, natürliche Vorbilder in aller Ruhe und unvoreingenommen zu beobachten, so, als hätten Sie sie noch nie zuvor gesehen. Dann sind Sie auf dem richtigen Weg, ein Künstler zu werden.

Versuchen Sie folgendes, um Auge und Hand zu trainieren: Zeichnen Sie einen beliebigen Gegenstand, ohne auf das Papier zu blicken. Diese sehr hilfreiche Technik wird »blindes Konturenzeichnen« genannt. Richten Sie Ihren Blick auf den Gegenstand und zeichnen Sie gleichzeitig dessen Umrisse auf das Papier. Heben Sie den Bleistift erst, wenn Sie mit einem neuen Teil der Zeichnung beginnen müssen; dann – und nur dann – können Sie einen flüchtigen Blick aufs Papier werfen, um an der richtigen Stelle fortzufahren. Suchen Sie sich für den Anfang einen Gegenstand mit einfachen Umrißlinien aus, eine Frucht oder eine Scheibe Brot. Sobald Sie sich sicherer fühlen, können Sie zu etwas Schwierigerem übergehen und auch Linien innerhalb des Umrisses zeichnen, etwa einen zusammengeklappten Regenschirm oder einen Mantel am Kleiderhaken. Sie werden bald feststellen, daß Sie immer mehr Details visuell erfassen und die Linienverläufe von Mal zu Mal naturgetreuer ausfallen.

Hand und Auge sollten synchron arbeiten, damit Ihr Blick immer an der Stelle ruht, die die Hand gerade zeichnet. Stellen Sie sich vor, die Bleistiftspitze berührte den Gegenstand, nicht das Papier. Bemühen Sie sich ganz bewußt, lange hinzuschauen und langsam zu zeichnen; verweilen Sie bei jedem Detail. Die meisten Menschen neigen dazu, zu schnell zu arbeiten, und verfehlen damit den Zweck der Übung.

Zunächst werden Ihre blind gefertigten Umrißzeichnungen nicht viel Ähnlichkeit mit der Vorlage haben. Geben Sie nicht auf. Sie werden bei Ihrer künftigen Arbeit sehen, daß es eine unverzichtbare Fähigkeit ist, genau hinschauen zu können.

Bleistift HB

Ein einfaches Stilleben

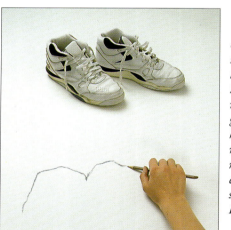

1 *Halten sie den Bleistift ganz entspannt, damit Sie ihn locker führen können. Beginnen Sie am linken oberen Ende des Gegenstands und ziehen Sie dessen Umrisse auf dem Papier nach. Bewegen Sie den Bleistift nicht schneller als den Blick.*

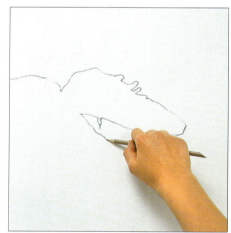

2 *Ohne den Bleistift vom Papier zu heben, können Sie unterschiedliche Linienstärken und Tonwerte erzielen. Drehen Sie ihn ein wenig, um eine dünne oder dicke Linie zu bekommen, und drücken Sie fester auf, um dunkle, kräftige Linien zu zeichnen.*

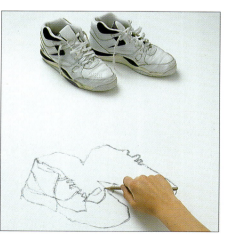

3 *Wenn die Kontur kräftig sein soll, so wie bei den Schnürsenkeln, halten Sie den Bleistift etwas näher an der Spitze. Die Linie wird dunkler. Wenn Sie einen breiten Strich brauchen, halten Sie den Stift möglichst flach.*

GRUNDLAGEN DER ZEICHENKUNST

Profilstudie

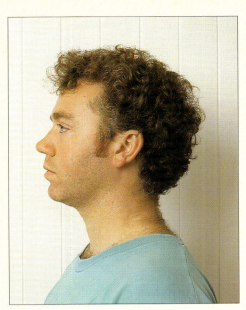

Stellen Sie Ihr Modell im Profil vor einen Hintergrund, der Ihnen Orientierungshilfen gibt, zum Beispiel eine Wand mit senkrecht verlaufenden Brettern.

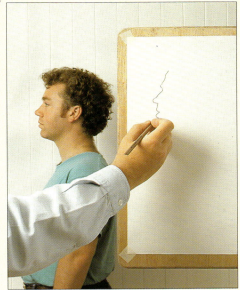

1 Befestigen Sie das Papier (falls Sie Rechtshänder sind) möglichst weit links auf dem Zeichenbrett. Stellen Sie die Staffelei mit dem Brett so auf, daß Sie Ihr Modell gut im Blick haben und gleichzeitig zeichnen können. Beginnen Sie links oben an einem Punkt, den Sie sich gut merken können, und arbeiten Sie von oben nach unten.

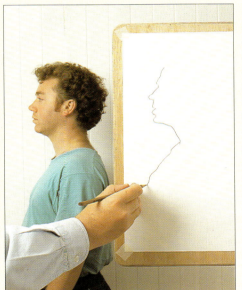

2 Wenden Sie den Blick nicht vom Modell, zeichnen Sie bestimmt und ohne Härte das Gesicht, die Kehle, den Hals, die Brust. Lassen Sie sich Zeit, sehen Sie sich jede Einzelheit gründlich an, um sie genau aufs Papier zu übertragen.

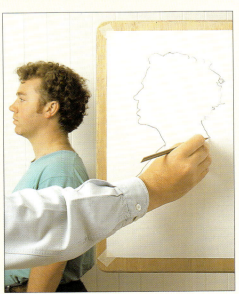

3 Wenn die linke Hälfte der Zeichnung fertig ist, heben Sie den Bleistift vom Papier. Werfen Sie nur einen kurzen Blick auf das, was Sie bisher gezeichnet haben, und setzen Sie den Bleistift oben an der Stelle des Haaransatzes an. Arbeiten Sie wieder von oben nach unten.

Die fertige Zeichnung
Wenn Sie sich nicht um das kümmern, was auf dem Papier entsteht, sondern Ihre Aufmerksamkeit ganz auf die Betrachtung des Gegenstands konzentrieren, werden Sie bald zu einer besseren Koordination von Auge und Hand finden. Mögen Ihre Zeichnungen zunächst auch noch so wirr aussehen – machen Sie weiter, Sie werden bald sehr viel genauer zeichnen können.

DIE GROSSE ZEICHENSCHULE

Das Abc der Komposition

Unter Komposition versteht man die Anordnung der Gebilde auf dem Bildträger. Um dies richtig zu erlernen, sieht man sich am besten die Bilder anderer Leute an. Fragen Sie sich zuerst, wo der Bildmittelpunkt ist. Wenn Sie eine Weile hingeschaut haben, wird Ihr Blick ganz von selbst daran hängenbleiben. Manchmal geschieht dies auf verschlungenen Pfaden, manchmal mit Hilfe einer gedachten Diagonalen. Jedenfalls ist die Wahl des Bildmittelpunkts sehr wichtig, weil er über Stimmung und Ausdruckskraft des Bildinhalts entscheidet. Kreisformen verleiten das Auge zu einer Wanderung durch das Bild, nach oben oder unten ausbrechende und diagonale Linien vermitteln das Gefühl von Energie, horizontale Linien suggerieren eine ruhige, friedliche Stimmung. Wichtig ist, daß die Bildkomposition ausgewogen ist. Damit ist nicht unbedingt Symmetrie gemeint. Wenn wir einen Gegenstand genau in die Bildmitte setzen, ist zwar das Gleichgewicht gewahrt, aber das Ganze kann leicht statisch und leblos wirken. Sind hingegen die Gebilde auf gedrittelte Bildflächen verteilt (siehe S. 35), so entsteht der Eindruck einer harmonischen Komposition. Und rücken wir die Gebilde noch weiter aus der Mitte heraus, näher an den Rand, dann kann von dieser Anordnung Spannung ausgehen. Man muß abwägen, welche dieser Möglichkeiten dem Thema am besten gerecht wird. Die richtige oder falsche Lösung gibt es nicht. Mit der Zeit entwickelt man ganz von selbst ein Gespür für Komposition. Kunsthistoriker werden zwar nicht müde, Theorien über das Für und Wider verschiedener Bildgefüge zu entwickeln; aber die auf diesen beiden Seiten beschriebenen Methoden haben bisher zu den besten Ergebnissen geführt.

Die Figur ist gegen den leeren Bildgrund abgesetzt und blickt auf einen Punkt außerhalb des Bildes, was ein Gefühl von Spannung und Rastlosigkeit erzeugt.

Alle wesentlichen Einzelheiten – Knie, Ellbogen, Augen – liegen auf oder nahe an der imaginären diagonalen Linie, die von links unten nach rechts oben verläuft.

Die Diagonale
Von links unten nach rechts oben führt eine unsichtbare, aber bildbestimmende Diagonale, an (oder neben) der die wichtigsten Ausdrucksträger der dargestellten Figur liegen, der Ellbogen und die Augen. Der Blick des Betrachters gleitet an dieser Linie entlang bis zum Bildmittelpunkt, dem angespannt wirkenden Gesicht der Frau. Die rechte Bildhälfte enthält fast das gesamte Bildgefüge, aber der leere Raum links davon ist ebenso wichtig. Er ermöglicht es dem Betrachter, die ungeteilte Aufmerksamkeit auf alle Einzelheiten der dargestellten Figur zu richten.

Die weichen, fließenden Linien des im Hintergrund drapierten Tuches bilden einen Kontrast zu den streng geometrischen Formen der Früchte.

Das Auge wird von der Grundlinie aus zum höchsten Punkt des Früchtearrangements und wieder zurück zur Ausgangslinie geführt.

Die Betonung der Bildmitte
Eine der sogenannten Regeln der Kunst besagt, daß eine Komposition langweilig sei, wenn das dominierende Motiv die Bildmitte einnehme. Das muß nicht so sein. Es gibt eine Menge Gebilde, deren Formen für sich genommen interessant genug sind, das Auge zu fesseln. In unserer Abbildung befindet sich zwar der Hauptgegenstand in der Mitte, aber seine wichtigsten Elemente, nämlich der höchste Punkt des Früchtebergs und die Tischkante, liegen ziemlich genau auf den Ebenen der Dreiteilung. Die runden Formen der Früchte laden das Auge zu einer Reise durch das Bild ein. Die gesamte Komposition ruht auf der Horizontalen der Tischkante.

GRUNDLAGEN DER ZEICHENKUNST

Der asymmetrische Aufbau
Bei dieser asymmetrischen Komposition steht eine große Figur außerhalb der Bildmitte beherrschend im Vordergrund. Von ihr aus wandert der Blick in einem Bogen in das Bild hinein, vom Vordergrund über den Mittelgrund in den Hintergrund. Nur das Brückengeländer verläuft parallel zum Bildrand; alle anderen Linien sind Schrägen und wirken sehr dynamisch.

Aufgrund der Perspektive scheinen die horizontalen Brückenbohlen schräg nach oben zu verlaufen, was die Komposition belebt.

Die Dreiteilung
Bei dieser Kompositionsanordnung ist das Bild der Länge und der Breite nach mit Hilfslinien in Drittel aufgeteilt. Jeder Gegenstand, der auf einem der vier Schnittpunkte der Linien liegt, wie in unserem Beispiel das Segelboot, zieht die Aufmerksamkeit auf sich. Die dreieckige Form des Segels wiederholt sich in den Umrissen des Felsens, und diese kantigen Formen bilden einen Gegensatz zu den weichen, runden Gebilden der Wolken in den beiden oberen Dritteln der Bildfläche.

Die helleren Tonwerte des Felsens im Mittelabschnitt tragen zur Erzeugung einer räumlichen Illusion bei.

Der Hauptgegenstand des Bildes, das Boot, liegt auf einer der Schnittstellen der horizontalen und der vertikalen Linien.

DIE GROSSE ZEICHENSCHULE

Der Maßstab

Im Mittelalter wurde in der abendländischen Kunst dem Maßstab keine Bedeutung beigemessen. Bilder waren nicht realistisch im Sinne fotografischer Genauigkeit: Sie brachten Ideen und Visionen zum Ausdruck und hatten ihre eigenen Wertmaßstäbe für Wahrheit und Wirklichkeit. Je bedeutender ein Bildelement oder eine Figur waren, desto mehr Platz wurde ihnen eingeräumt – ungeachtet ihrer tatsächlichen Relation zum übrigen Bildinhalt. In der religiösen Kunst zum Beispiel wurde Christus größer dargestellt als andere Menschen, weil der Künstler ihm eine bedeutendere Stellung einräumte. In der Renaissance gerieten die Künstler in Begeisterung über die Welt, in der sie lebten, und setzten alles daran, dreidimensionale Formen auf einer zweidimensionalen Fläche so darzustellen, wie wir sie wirklich sehen. Die Schwierigkeit bestand darin, die verschiedenen Elemente einer Zeichnung zueinander in Beziehung zu setzen und dabei jedes für sich korrekt darzustellen. Diese Aufgabe zu meistern ist von größter Wichtigkeit. Der Maßstab ist etwas sehr Trügerisches. Ohne eine Methode, um zu beurteilen, was man vor sich sieht, lassen sich Fehler kaum vermeiden. Seit der Renaissance sind einige Methoden zur Bestimmung der Porportionen entwickelt worden, die sich gut bewährt haben. Allen liegt ein Maßsystem für das, was man zeichnet, zugrunde, und es kommt ganz entscheidend darauf an, daß man dem Ergebnis der Messung mehr vertraut als dem Gefühl.

Die einfachste Methode, das Sichtgrößenzeichnen, besteht darin, den zu zeichnenden Gegenstand neben das Zeichenbrett zu stellen und Orientierungspunkte in entsprechender Höhe direkt auf das Papier zu übertragen. Dieses Vorgehen ist besonders für Porträts, aber auch für kleinformatige Sujets, etwa Stilleben, geeignet. Eine andere, sehr gebräuchliche Meßmethode haben Sie vielleicht schon gesehen, auch wenn Sie nicht genau wußten, was da vor sich ging: Der Künstler hält mit ausgestrecktem Arm einen Bleistift, schließt ein Auge und mißt, auf den Bleistift bezogen, die relative Länge des Gegenstandes, den er zeichnen will, um dieses Maß dann aufs Papier zu übertragen.

Bleistift HB

Lineal

Sichtgrößenzeichnen

Es ist ein häufig vorkommender Fehler beim Porträtzeichnen, die Mittelpartie des Gesichts im Verhältnis zum übrigen Kopf zu groß anzulegen. Weil das Gehirn uns die Erkenntnis vermittelt, daß das Gesicht bedeutender ist als die Stirn oder das Haar, neigen wir dazu, ihm mehr Platz einzuräumen. Aus dem gleichen Grund werden die Augen oft zu hoch gelegt. Nehmen Sie Messungen an Ihrem Modell vor und verlassen Sie sich mehr auf diese Ergebnisse als auf Ihr Gefühl. Legen Sie erst die Position der einzelnen Gesichtszüge fest, bevor Sie ins Detail gehen.

1 Übertragen Sie mit Hilfe eines Lineals die Positionen der wesentlichsten Gesichtszüge aufs Papier – Zeichenbrett auf Höhe des Modells aufstellen.

2 Skizzieren Sie Nase, Augen und Ohren des Gesichts mit leichten Strichen und prüfen Sie deren korrekte Lage mit Hilfe eines Lineals.

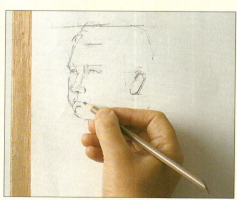

3 Benutzen Sie Hilfslinien nur zur Bestimmung der Lage der einzelnen Gesichtspartien, nicht aber als Anhaltspunkte für deren eigentliche Form.

GRUNDLAGEN DER ZEICHENKUNST

Maßnehmen mit dem Bleistift

1 Ihr Modell steht im Profil vor Ihnen. Beleuchten Sie den Kopf von links und auch etwas von oben, um die Kontraste deutlicher hervorzuheben.

2 Halten Sie den Bleistift auf Armeslänge senkrecht vor sich. Nehmen Sie verschiedene vertikale Abstandsmaße (Stirn – Auge, Auge – Mund).

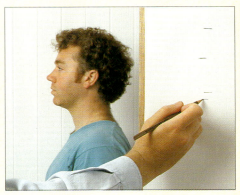

3 Sie halten den Bleistift immer noch auf Armeslänge und markieren auf dem Papier die Lage von Augen, Nase, Mund und so weiter mit leichten Strichen.

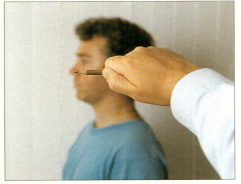

4 Dann halten Sie den Bleistift horizontal und messen die Entfernung von der Nase zum Ohr. Messen Sie in gleicher Weise die übrigen horizontalen Linien.

5 Überprüfen Sie Ihre Messungen noch einmal. Wenn Sie zufrieden sind, beginnen Sie mit dem Ausarbeiten der Gesichtszüge.

6 Treten Sie etwas zurück und beurteilen Sie kritisch Lage und Verlauf jedes Gesichtsdetails. Übertragen Sie eventuelle Korrekturen aufs Papier.

Maßnehmen mit dem Bleistift

Es ist wichtig, daß Sie den Arm ausgestreckt halten, wenn Sie maßnehmen, damit der Abstand des Bleistifts zum gemessenen Gegenstand immer gleich ist. Schließen Sie ein Auge und schauen Sie ganz konzentriert auf den Bleistift. Es kommt vor allem darauf an, daß Sie mit Hilfe des Maßnehmens die richtigen Proportionen festlegen. Details können später ausgearbeitet werden. Manchmal müssen nur kleine Partien vermessen werden (beispielsweise die Höhe der Augenhöhle), manchmal auch die gesamte Länge oder Höhe des Gegenstandes.

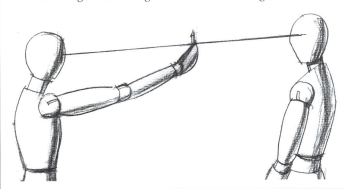

DIE GROSSE ZEICHENSCHULE

Wenn Sie ganz sichergehen wollen, daß die Proportionen auf Ihrem Bild im richtigen Verhältnis zueinander stehen, können Sie mit einem Quadratnetz arbeiten. Die horizontalen und vertikalen Linien des Gitters dienen Ihnen beim Aufbau der Zeichnung als Anhaltspunkte. Das Gitter ist für die künstlerische Arbeit deshalb von so großem Wert, weil uns die Dinge verändert erscheinen, wenn wir sie perspektivisch sehen. Wenn wir einen Tisch perspektivisch betrachten, etwa quer durch den Raum, neigen wir dazu, ihn als Rechteck zu zeichnen – einfach weil wir wissen, daß Tische rechteckig sind. Das Quadratnetz trainiert unser Auge, die Welt visuell zu erfassen, anstatt sie durch die Brille unserer räumlichen und physikalischen Kenntnisse zu sehen.

Am einfachsten ist es, Rasterpapier zu verwenden, das überall zu haben ist. Natürlich können Sie auch Ihr Papier selbst mit Linien überziehen – was den Vorteil hat, daß Sie den Abstand der Linien so eng oder weit halten können, wie Sie möchten. Für schwierige Partien können Sie ein besonders engmaschiges Liniennetz anlegen, und wenn Sie die Linien nur ganz schwach einzeichnen, lassen sie sich später leicht entfernen. Ein weiterer Vorteil eines selbst entworfenen Rasters liegt darin, daß Sie Ihre Zeichnung in kleinerem oder größerem Maßstab zeichnen können, also nicht an ein bestimmtes Raster gebunden sind. Stellen Sie sich vor, daß auch über Ihrem Motiv ein Quadratnetz läge. Halten Sie den Bleistift entweder horizontal oder vertikal in der auf Seite 36 und 37 beschriebenen Weise, um die Größenverhältnisse der Details zueinander zu erfassen. Versuchen Sie beim Zeichnen dieses imaginäre Gitter über Ihr Raster auf dem Papier zu legen.

Das Quadratnetz soll Ihnen helfen, mit mehr Sicherheit – und mehr Genauigkeit – zu sehen, zu verstehen und zu zeichnen. Es ist vor allem für komplexe Bilder geeignet, etwa eine Stadtansicht mit vielen Gebäuden oder eine figürliche Komposition aus Gliederpuppen auf einer Tischplatte, bei denen die räumliche Beziehung der Gegenstände untereinander schwierig darzustellen ist. Je mehr Sie mit dem Rastersystem üben, desto sicherer werden Sie sich fühlen, und je flüssiger Ihnen das Zeichnen von der Hand geht, desto mehr werden Sie sich ganz von selbst an imaginäre Linien halten. Dann können Sie auf das Gitter verzichten und schließlich dem vertrauen, was Ihre Augen sehen.

Dieser Prozeß mag Ihnen zunächst ziemlich langwierig und mechanisch vorkommen, aber er dient ja nur der Vorbereitung. So wie der Schreiner Bretter zuschneidet, bevor er ein Möbel zu bauen beginnt, müssen Sie die Grundstrukturen und Proportionen erarbeiten, bevor Sie darangehen können, einen Gegenstand auf Ihre Weise darzustellen, seine Details auszuführen und eine ganz persönliche Atmosphäre zu erzeugen.

Bleistift HB
Bleistift 2B
Zeichenkohle

Komposition eines Stillebens
Eine Gruppe von Gegenständen eines Stillebens perspektivisch richtig zu zeichnen, ist nicht einfach. Hier ist der Glaszylinder der Petroleumlampe im mittleren »Drittel« plaziert (siehe S. 35), die übrigen Objekte sind darum herum arrangiert. Das Holzpferdchen links steht schräg davor, um eine bewegte Grundlinie zu schaffen, die rechts, in der Anordnung der beiden Bücher, wieder zur Ruhe kommt.

Arbeiten mit Rasterpapier
Verschiedene Ebenen und Schrägen machen aus dieser Komposition ein komplexes Gebilde. Benutzen Sie die Quadrate des Rasterpapiers als Orientierungspunkte und fertigen Sie zuerst eine Skizze an, die sich als nützliche Vorarbeit erweisen wird. Sie können jetzt schon die Komposition, die Tonwerte, die Schatten festlegen. Der Raster zwingt Sie außerdem dazu, ganz bewußt alle Gegenstände in der richtigen Proportion zueinander zu erfassen.

GRUNDLAGEN DER ZEICHENKUNST

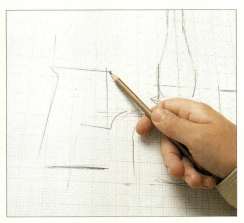

1 Benutzen Sie einen Bleistift der Härte 2B, um die wichtigsten Linien einzuzeichnen. Legen Sie durch die Mitte des Glaszylinders eine vertikale und über den Rand des Krugs eine horizontale Linie, die Ihnen zur Orientierung dienen.

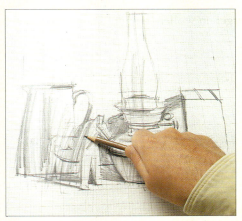

2 Zeichnen Sie die Struktur. Halten Sie den Bleistift locker und führen Sie ihn mit schwingenden Bewegungen über die ganze Bildfläche.

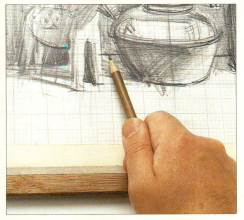

3 Immer noch mit dem Bleistift 2B zeichnen Sie nun vorsichtig die Details in die Flächen, doch ohne sich lange dabei aufzuhalten. Die Skizze auf dem Rasterpapier ist nur eine Vorstudie.

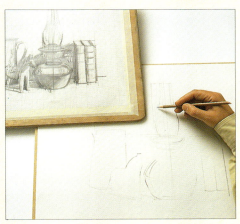

4 Nun gehen Sie daran, die Skizze auf das eigentliche Zeichenpapier zu übertragen. Halten Sie sich an die Skizze auf dem Rasterpapier, um die Proportionen festzulegen, und an die Gegenstände selbst, um die Struktur und die Details auszuführen.

Die fertige Zeichnung
Diese kräftig getönte Zeichnung besitzt reichlich Struktur und Tiefe. Die dunklen Zonen wurden durch Übermalen mit Kohle noch betont. Die einzelnen Gegenstände sind durch die Schatten und tonigen Flächen, die den leeren Raum dazwischen ausfüllen, miteinander verbunden. Die unteren Partien der einzelnen Gegenstände sind genauso sorgfältig ausgeführt wie die oberen Ränder.

DIE GROSSE ZEICHENSCHULE

Die Linearperspektive

Alles auf der Welt ist dreidimensional. Die Schwierigkeit, Zeichnungen und Gemälde wirklichkeitsgetreu erscheinen zu lassen, liegt darin, daß die Vorlage auf eine zweidimensionale Oberfläche – wie Papier oder Leinwand – projiziert werden muß. In der Renaissance fanden die Künstler mit der Perspektive eine Methode, die Illusion der Räumlichkeit hervorzurufen. Es wurden umfassende Theorien über die Perspektive entwickelt, mit deren Studium man Jahre verbringen könnte. Doch wenn man nicht gerade mit technischen Zeichnungen zu tun hat, kommt man mit einigen Grundregeln aus. Auch hier ist es, wie generell beim Zeichnen, vor allem wichtig, sich das Objekt gründlich anzusehen. Über drei Dinge sollte Klarheit herrschen. Da ist zuerst die Tatsache, daß die Gegenstände um so kleiner wirken, je weiter sie entfernt sind, und schließlich sogar ganz aus der Sicht entschwinden. Schauen Sie sich eine Reihe vor Ihnen aufgestellter Gegenstände an: Die nächststehenden sehen größer aus als die entfernteren – obwohl Sie wissen, daß alle gleich groß sind. Zweitens ist der Umstand zu beachten, daß Parallellinien immer näher zusammenzulaufen scheinen, je weiter sie sich entfernen, um sich endlich an dem Punkt, an dem sie außer Sicht geraten, zu vereinigen. Und drittens möchte ich noch einmal daran erinnern, daß das Aussehen eines Gegenstandes davon abhängt, wo Sie gerade stehen. Wenn Sie etwas genau von vorn sehen, es also parallel zur Bildebene steht, ist die Sache einfach: Parallele Linien erscheinen auch parallel. Sehen Sie aber mehr als nur die eine Seite des Objekts, so erscheint nur diejenige unter den Horizontallinien, die mit Ihrer Augenhöhe übereinstimmt, wirklich horizontal zu verlaufen; alle anderen liegen schräg. Sie müssen also, um in Ihrer Zeichnung die Illusion der Räumlichkeit zu erwecken, die Wirklichkeit außer acht lassen.

Die Einpunktperspektive

Die Einpunktperspektive ist anzuwenden, wenn das Objekt parallel zur Bildebene steht. Man muß sich klarmachen, daß erstens ein Bildgegenstand um so kleiner erscheint, je weiter er vom Betrachter entfernt ist, und daß zweitens parallele Linien, die in einem Winkel von 90° zur Bildebene stehen, in einem Fluchtpunkt zusammenlaufen, während Linien, die parallel zur Bildebene verlaufen, parallel bleiben.

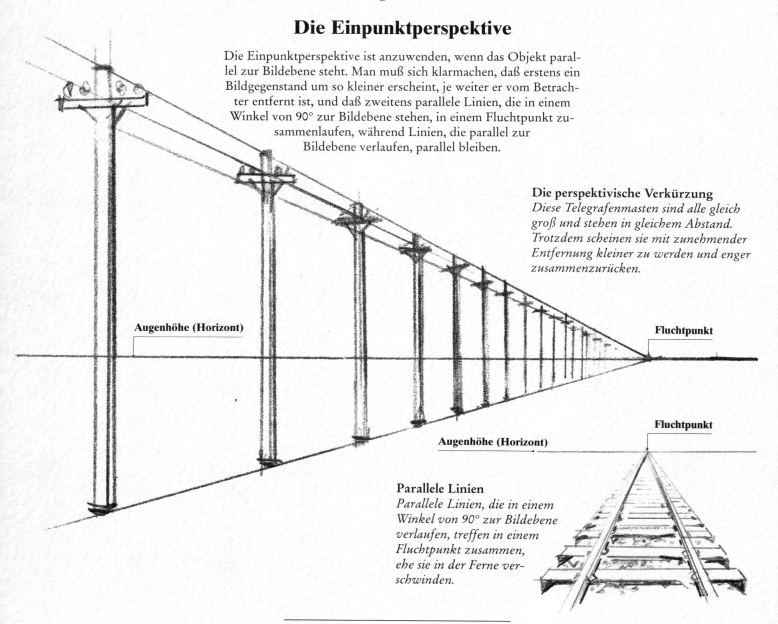

Die perspektivische Verkürzung
Diese Telegrafenmasten sind alle gleich groß und stehen in gleichem Abstand. Trotzdem scheinen sie mit zunehmender Entfernung kleiner zu werden und enger zusammenzurücken.

Parallele Linien
Parallele Linien, die in einem Winkel von 90° zur Bildebene verlaufen, treffen in einem Fluchtpunkt zusammen, ehe sie in der Ferne verschwinden.

GRUNDLAGEN DER ZEICHENKUNST

Das Zeichnen einer Ellipse

Zeichnet man einen Kreis perspektivisch, so wird daraus eine Ellipse. Ellipsen werden häufig zu flach angelegt. Mit Hilfslinien (siehe unten) können Sie diesen Fehler vermeiden.

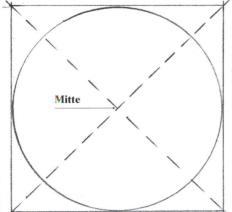

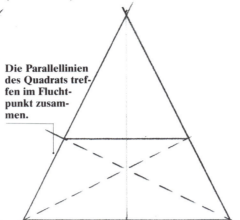

Die Parallellinien des Quadrats treffen im Fluchtpunkt zusammen.

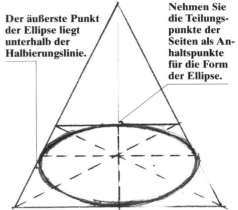

Der äußerste Punkt der Ellipse liegt unterhalb der Halbierungslinie.

Nehmen Sie die Teilungspunkte der Seiten als Anhaltspunkte für die Form der Ellipse.

Ein Kreis paßt genau in ein Quadrat, das er in der Mitte jeder Seite berührt. Die Diagonalen zwischen den Ecken des Quadrats bilden mit ihrem Schnittpunkt gleichzeitig die Mittelpunkte von Quadrat und Kreis.

Zeichnen Sie mit leichten Strichen ein perspektivisch gesehenes Quadrat, das die Ellipse umschließen soll. Verbinden Sie die Ecken mit Diagonalen; ihr Schnittpunkt ist der Mittelpunkt des Quadrats. Die tatsächlichen Maße der beiden Quadrathälften stimmen nicht überein, da es nach hinten zu schmäler zu werden scheint.

Ziehen Sie eine horizontale und eine vertikale Linie durch den Mittelpunkt des perspektivischen Quadrats, um die Seiten zu halbieren. (Die tatsächlichen Maße beider Hälften stimmen nicht überein, weil das Quadrat nach hinten zu schmäler zu werden scheint.) Zeichnen Sie die Ellipse so ein, daß sie die Halbierungspunkte der Seiten berührt.

Zylinder und Ellipsen

Die Grundfläche eines Zylinders ist der Kreis, der, perspektivisch gesehen, zur Ellipse wird. Wie die Ellipse aussieht, hängt von dem Winkel ab, aus dem man sie betrachtet. Viele Gegenstände sind auf die Grundform des Zylinders zurückzuführen (siehe S. 46/47).

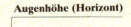
Augenhöhe (Horizont)

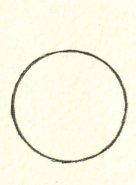

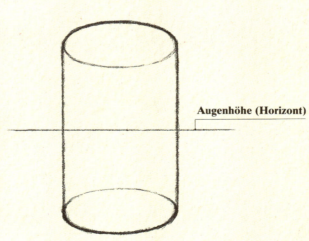
Augenhöhe (Horizont)

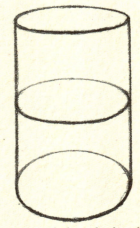

Ein Kreis, von oben oder von vorn gesehen, erscheint ohne jede Verzerrung.

Wenn Ihre Augenhöhe sich ungefähr in der Mitte des Zylinders befindet, erscheinen beide Grundflächen als ganz flache Ellipsen, weil sie nicht weit von Ihren Augen entfernt sind.

Wenn Ihre Augenhöhe sich über dem Zylinder befindet, erscheint die obere Fläche als ziemlich flache Ellipse. Nach unten zu werden die Ellipsen des Zylinderquerschnitts immer breiter und nähern sich zunehmend der Kreisform.

Halten Sie sich statt dessen an das, was Sie sehen, und beachten Sie die erwähnten Grundregeln, wenn Sie einen Gegenstand betrachten. Dann haben Sie eigentlich schon halb gewonnen. Es gibt aber noch einige einfache technische Maßnahmen, die es Ihnen erleichtern, genau auf das Papier zu übertragen, was Sie sehen. Zeichnen Sie als erstes eine Linie in Augenhöhe, die gleichzeitig die Horizontlinie ist. Jede horizontale Linie, die nicht frontal gesehen wird und nicht mit dem Horizont zusammenfällt, erscheint schräg. Alle parallelen Linien treffen sich in einem gemeinsamen Fluchtpunkt. Wenn Sie den Fluchtpunkt festgelegt und alle parallelen Linien verlängert und in ihm zusammengeführt haben, können Sie sicher sein, daß alle Linien, die Sie zeichnen, im richtigen Winkel verlaufen.

Ein weiteres Phänomen ist die sogenannte Luftperspektive. Sie besteht darin, daß Bildgegenstände um so heller wirken, je weiter sie entfernt sind, was besonders bei Landschaftsdarstellungen gut zu beobachten ist. Stellen Sie sich eine Bergkette im Morgengrauen vor: im Vordergrund tiefe, in Rosa und Purpurrot hinüberspielende Schatten, in der Ferne blaue und graue Tonwerte. Selbst wenn Sie nicht mit Farbe arbeiten, kommt das gleiche Prinzip der Tonwertabstufung zur Anwendung – eine ganze Skala von Tönen, von Schwarz und dunklem Grau über mittelgraue Töne bis hin zu hellem Grau und sogar Weiß, entsprechend den Entfernungen zwischen Vordergrund und Hintergrund des Bildes.

Ist die Szene komplizierter aufgebaut, gibt es mehr zu beachten. Stellen Sie sich Häuser an einem Hang vor, die auf verschiedenen Ebenen stehen und nach verschiedenen Richtungen ausgerichtet sind. Sie könnten Stunden damit zubringen, die richtigen Winkel auszutüfteln und jede Linie bis zu ihrem Fluchtpunkt durchzuziehen. Aber es wäre ein Fehler, sich so in technische Einzelheiten zu vertiefen. Es reicht, wenn Sie über die Probleme der Perspektive und die Möglichkeiten, sie zu lösen, Bescheid wissen.

Zwei Fluchtpunkte

Gewöhnlich sehen wir die Dinge nicht von vorn, sondern mehr oder weniger von der Seite. Sind von einem Objekt zwei Seiten sichtbar, so müssen wir die Zweipunktperspektive anwenden. Jede erscheint in einem anderen Winkel und hat einen eigenen Fluchtpunkt. Die Parallellinien, die im Fluchtpunkt zusammentreffen, verlaufen auf jeder der beiden Seiten in einem anderen Winkel. Wenn Sie auf jeder Seite einen Fluchtpunkt anlegen und die Parallellinien verlängern, bis sie den Fluchtpunkt erreichen, werden sie genau im richtigen Winkel verlaufen.

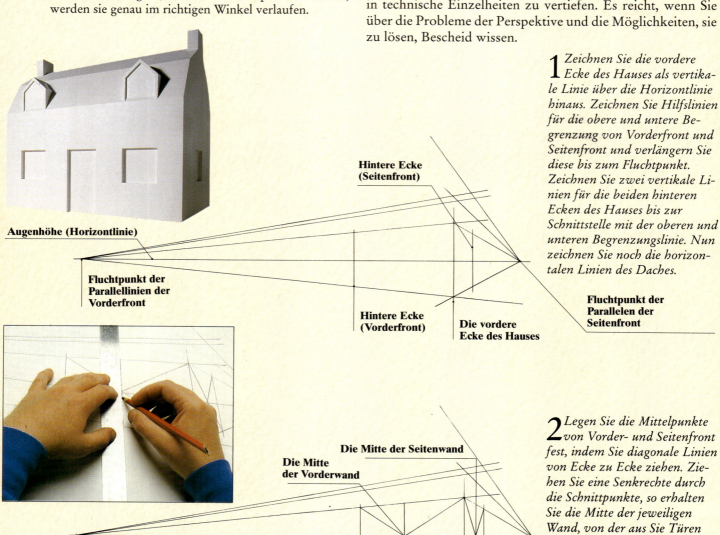

Augenhöhe (Horizontlinie)

Fluchtpunkt der Parallellinien der Vorderfront

Hintere Ecke (Seitenfront)

Hintere Ecke (Vorderfront)

Die vordere Ecke des Hauses

Fluchtpunkt der Parallelen der Seitenfront

1 *Zeichnen Sie die vordere Ecke des Hauses als vertikale Linie über die Horizontlinie hinaus. Zeichnen Sie Hilfslinien für die obere und untere Begrenzung von Vorderfront und Seitenfront und verlängern Sie diese bis zum Fluchtpunkt. Zeichnen Sie zwei vertikale Linien für die beiden hinteren Ecken des Hauses bis zur Schnittstelle mit der oberen und unteren Begrenzungslinie. Nun zeichnen Sie noch die horizontalen Linien des Daches.*

Die Mitte der Vorderwand

Die Mitte der Seitenwand

2 *Legen Sie die Mittelpunkte von Vorder- und Seitenfront fest, indem Sie diagonale Linien von Ecke zu Ecke ziehen. Ziehen Sie eine Senkrechte durch die Schnittpunkte, so erhalten Sie die Mitte der jeweiligen Wand, von der aus Sie Türen und Fenster im richtigen Verhältnis einfügen können.*

GRUNDLAGEN DER ZEICHENKUNST

3 Ziehen Sie oberhalb und unterhalb der Horizontlinie Linien ein, um die obere und die untere Begrenzung der Fenster festzulegen (Sie brauchen dabei nicht zu messen). Da sie parallel zu den Horizontalen der Vorderfront des Hauses verlaufen, münden sie auch in deren Fluchtpunkt. Zeichnen Sie, ebenfalls aus freier Hand, die diagonalen seitlichen Begrenzungen des Daches ein und verlängern Sie diese Linien ebenfalls bis zu den Fluchtpunkten.

4 Zeichnen Sie die Position der Tür und der Fenster ein, wobei Sie die Horizontlinie und die Linien des Daches als Orientierung benutzen. Weil der Maßstab sich nach hinten zu verkleinert (siehe S. 40), scheinen die beiden Fenster verschieden groß.

Die fertige Zeichnung

Die Front des Hauses hat eigentlich die Form eines Rechtecks. Perspektivisch gesehen wirkt aber die hintere Ecke des Hauses kleiner als die vordere Ecke. Mit Hilfe der Fluchtpunkte läßt sich der richtige Winkel für die obere Begrenzungslinie des Hauses genau ermitteln. Die in der Mitte der Fassade gezogene Linie ermöglicht die genaue Positionierung der Tür.

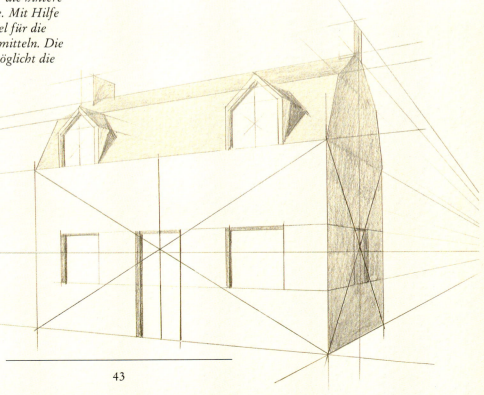

43

DIE GROSSE ZEICHENSCHULE

Die Struktur

Die Struktur dient dazu, gezeichnete Gegenstände rundplastisch erscheinen zu lassen. Es gibt viele Arten, Struktur zu erzeugen – fast so viele wie Künstler. Einige davon sind für bestimmte Zwecke besonders geeignet. Die einfachste Methode besteht darin, den auf Bleistift oder Kohle ausgeübten Druck so zu verändern, daß die gezeichneten Linien in verschiedenen Abstufungen von Grau erscheinen. Mit Bleistiften verschiedener Härtegrade läßt sich die Skala der Abstufungen noch erweitern (siehe S. 14/15). Auch Kohlestriche können durch einfaches Verreiben mit dem Finger abgeschwächt werden und als Schattierung dienen; das ist besonders für große Flächen zu empfehlen, deren Tönungen nicht klar abgegrenzt sein müssen.

Die Technik des Schraffierens wurde in ihrer klassischen Form von den großen Künstlern der italienischen Renaissance im 15. und 16. Jahrhundert entwickelt, vor allem von Michelangelo und Leonardo da Vinci. Sie besteht darin, eine Anzahl paralleler Linien in einem Winkel von etwa 45° über die zu schattierende Fläche zu ziehen. Je dichter die Linien, desto stärker die Tönung, deren Intensität innerhalb einer Zeichnung wechseln kann.

Bei der Kreuzschraffur legt man die Linien kreuzweise übereinander, indem man zunächst, wie bei der Parallelstrich-Schraffur, eine Anzahl paralleler Linien im Winkel von 45° zeichnet, über die man im rechten Winkel ein weiteres Liniennetz legt. Man kann den Winkel der Linien beliebig wählen oder auch kurze, Wellenlinien übereinander zeichnen.

Kreide und Contékreide eignen sich gut für Strukturen. Für grobe lineare an- und abschwellende Strukturen benutzt man die Spitze, für Flächen die Kanten der Kreide. Wenn Sie eine Tuschelavierung benutzen wollen, legen Sie erst fest, wie dunkel die Schattierung ausfallen soll, bevor Sie die Tusche verdünnen. Ist die Lavierung nach dem Trocknen heller als beabsichtigt, so tragen Sie noch einmal eine Schicht auf, nötigenfalls mit einer etwas kräftigeren Lösung. Es spricht nichts dagegen, verschiedene Mittel und Methoden innerhalb eines Bildes anzuwenden. Lassen Sie sich ruhig auf Experimente mit verschiedenen Ideen und Techniken ein.

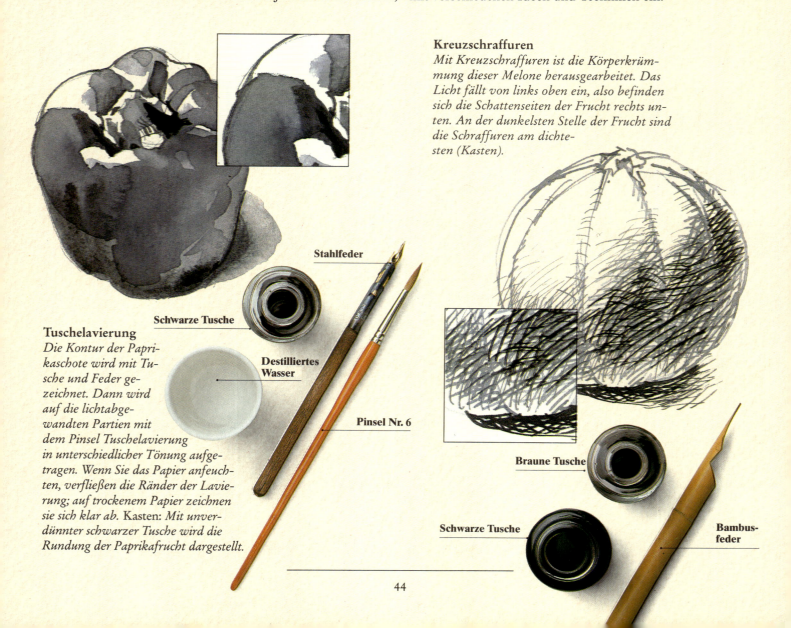

Kreuzschraffuren
Mit Kreuzschraffuren ist die Körperkrümmung dieser Melone herausgearbeitet. Das Licht fällt von links oben ein, also befinden sich die Schattenseiten der Frucht rechts unten. An der dunkelsten Stelle der Frucht sind die Schraffuren am dichtesten (Kasten).

Tuschelavierung
Die Kontur der Paprikaschote wird mit Tusche und Feder gezeichnet. Dann wird auf die lichtabgewandten Partien mit dem Pinsel Tuschelavierung in unterschiedlicher Tönung aufgetragen. Wenn Sie das Papier anfeuchten, verfließen die Ränder der Lavierung; auf trockenem Papier zeichnen sie sich klar ab. Kasten: Mit unverdünnter schwarzer Tusche wird die Rundung der Paprikafrucht dargestellt.

44

GRUNDLAGEN DER ZEICHENKUNST

Schraffieren
Hier sind die Schraffurstriche, der Form der Paprikaschote folgend, gebogen. Beachten Sie, daß jeweils nur die Hälfte eines Schotensegments auf der Schattenseite der Frucht schraffiert ist. Das soll veranschaulichen, daß die Frucht ein unregelmäßiger Körper mit deutlich eingezogenen Rippen ist. Kasten: Die Bleistiftstriche folgen den vertikalen Bögen der einzelnen Segmente.

Der weiche Bleistift
Bei Verwendung eines ganz leicht geführten Bleistifts der Stärke 4 B können Richtung, Gestalt und Ton der Bleistiftstriche fast nicht mehr wahrnehmbar sein. Die Birne ist hier von links oben her beleuchtet. Kasten: Kräftiger Druck ergibt einen satten Ton, um die Kelchwölbung der Birne darzustellen.

Bleistift 4B

Bleistift HB

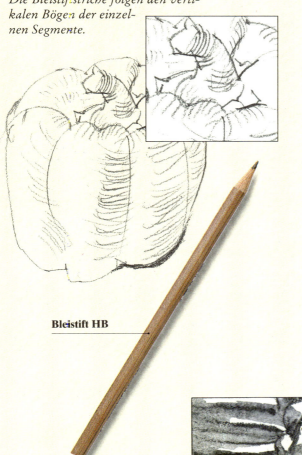

Aquarellavierung mit dem Stift
Mit Aquarellstiften können sowohl saubere Linien gezeichnet als auch flächige Tönungen erzielt werden. Kasten: Kräftige Kontur neben durchgehender Tönung: Aquarellstifte bieten vielseitige Möglichkeiten.

Pinsel Nr. 6
Wasser
Aquarellstift

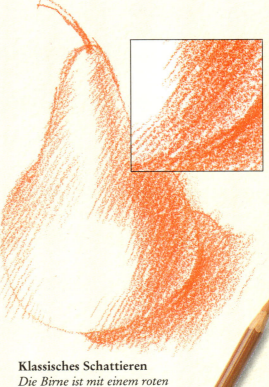

Klassisches Schattieren
Die Birne ist mit einem roten Contéstift schraffiert. In der Mitte der schattierten Fläche sind die Linien am feinsten und am dichtesten. Kasten: Verschiedene Tönungen werden verwendet, um darzustellen, wie das Licht auf die Birne trifft.

Roter Contéstift

DIE GROSSE ZEICHENSCHULE

Einfache geometrische Formen

Es gehört zu den wesentlichen Merkmalen der Zeichenkunst, daß sie Gegenstände räumlich erscheinen läßt oder, anders ausgedrückt, daß auf der zweidimensionalen Bildebene dreidimensionale Bilder entstehen.
Diese Fähigkeit kann man erlernen, indem man sich darin übt, einfache geometrische Formen zu zeichnen. Aus solchen Formen setzen sich komplizierte Gebilde zusammen, und sobald Sie etwas Routine haben, können Sie sich auch schwierigeren Formen und Gegenständen zuwenden.
Ein Baumstamm beispielsweise hat Ähnlichkeit mit einem Zylinder, ein Apfel oder eine Orange mit einer Kugel; die Form des Kegels findet sich häufig in der Natur und die des Würfels in vielen Objekten, von Gebäuden bis zu einem Stück Käse.

Das Geheimnis besteht darin, zu verstehen und darzustellen, wie das Licht einfällt. Dann nämlich ist man in der Lage, so zu zeichnen, daß das Auge getäuscht wird und für dreidimensional hält, was es sieht. Wenn das Licht von rechts oben kommt, liegen die Oberseite und die rechte Seite unseres Objekts in hellem Licht, während die der Lichtquelle abgewandte Seite im Schatten liegt. Manchmal fällt das Licht über das Objekt hinaus auf andere Gegenstände und wird zurückgeworfen, wobei es einen schwachen Schein auf die im Schatten liegende Seite des Objekts wirft. Dann spricht man von reflektiertem Licht. Stärke und Dichte der Schattenflächen sind wichtig, um eine rundplastische Form auf dem Papier erstehen zu lassen. Betrachten Sie das Objekt auch einmal mit halbgeschlossenen Augen: Dann treten die Tönungen deutlicher zutage.

Bleistift HB

Plastikradierer

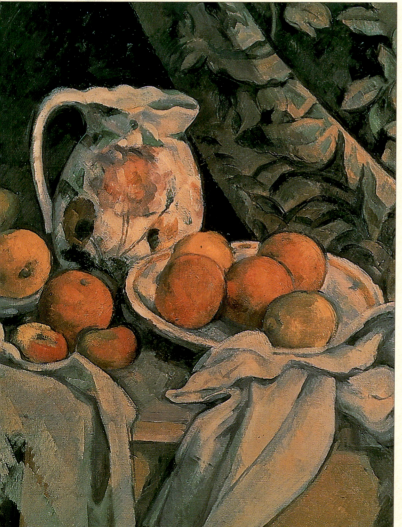

»Stilleben mit Äpfeln und Krug« von Paul Cézanne
Jede Frucht läßt sich auf ihre einfachste geometrische Entsprechung zurückführen – in diesem Fall die Kugel. Das Resultat ist ein großartiges Gemälde alltäglicher Gegenstände.

Licht und Schatten
Das Licht kommt von rechts oben. Beachten Sie, wie die Oberseiten der Gegenstände das Licht aufnehmen. Die dunkelsten Flächen liegen im Schatten.

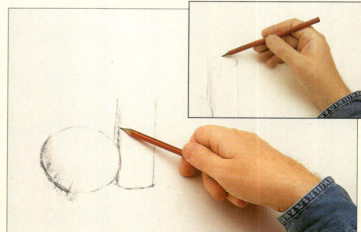

1 Kasten: *Fassen Sie den Bleistift leicht in der Mitte und führen Sie ihn zwischen Daumen und Zeigefinger.* Oben: *Beginnen Sie mit dem vordersten Objekt. Achten Sie darauf, daß genügend Raum für alle Bildelemente bleibt.*

GRUNDLAGEN DER ZEICHENKUNST

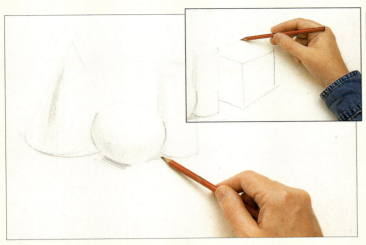

2 Kasten. Zeichnen Sie erst die Kugel und dann die anderen Objekte. Oben: Zeichnen Sie die Basislinien der Gegenstände, die Sie sich als eine Art Silhouette vorstellen müssen. Dadurch erreichen Sie eine hohe Genauigkeit.

3 Schraffieren Sie mit dem Bleistift die Struktur des Würfels und einige Schatten. Denken Sie daran: Struktur läßt Gegenstände dreidimensional wirken, während der Schatten das Ergebnis des Lichteinfalls auf das Objekt ist.

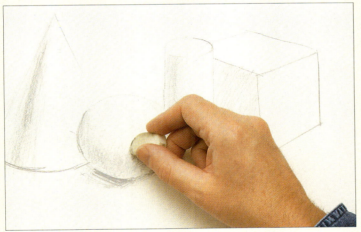

4 Gehen Sie vorsichtig mit einem Radiergummi über die Schattierungen, wenn Sie sie auflichten und die Tönung abschwächen wollen. Diese Technik ist für das Zeichnen runder Formen von ganz besonderem Nutzen.

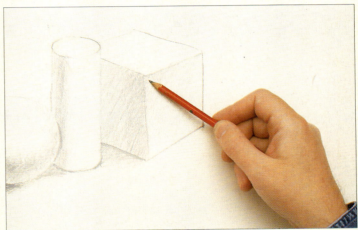

5 Das Licht trifft vorwiegend auf die horizontalen Flächen, und die dunkelsten Töne liegen auf der abgewandten Seite. Die vertikale Seitenfläche des Würfels ist in einem gleichmäßigen Ton gehalten, um den räumlichen Eindruck zu verstärken.

Die fertige Zeichnung

Die vier Gegenstände sind ihrer jeweiligen Form entsprechend dargestellt, doch sie stehen auch innerhalb der Gruppe zueinander in Beziehung. Licht, Struktur und Schatten wirken zusammen, um eine Illusion der Räumlichkeit zu erzeugen. Die obere Begrenzungslinie – von der Kegelspitze über die Rundungen von Kugel und Zylinder hinüber zu den Kanten des Würfels – hält die Gruppe zusammen.

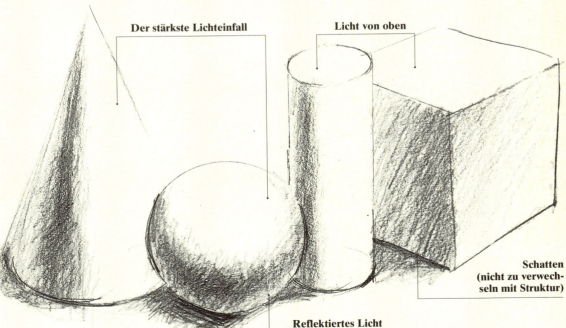

Der stärkste Lichteinfall — **Licht von oben** — **Schatten (nicht zu verwechseln mit Struktur)** — **Reflektiertes Licht**

DIE GROSSE ZEICHENSCHULE

Konturenzeichnen

Konturenzeichnen – das heißt, Gegenstände nur mit Linien wiederzugeben, ohne Strukturflächen zu Hilfe zu nehmen – ist eine ebenso anspruchsvolle wie lohnende Zeichentechnik. Im Gegensatz zum Umriß, der nur eine flache, zweidimensionale Beschreibung einer Form darstellt, vermittelt eine Konturzeichnung eine dreidimensionale Wirkung. Dabei laufen die Linien quer über das Objekt hinweg oder darum herum. Man kann diese Linien mit den Höhenlinien einer Landkarte vergleichen, die die Höhen und Tiefen von Hügeln und Tälern vermessen und die geologische Schichtung einer Landschaft wiedergeben. Denken Sie daran, daß die Linien, die Sie zeichnen, die Ränder – innere wie äußere – Ihres Objekts darstellen. Während Sie zeichnen, sollten Sie im Geist Ihre Finger über diese Ränder gleiten lassen und all deren Winkel und Kurven erfühlen, um sie nachzuzeichnen.

Das Geheimnis liegt auch hier wieder nicht so sehr im Zeichnen als vielmehr im Schauen. Diese Technik eignet sich sehr gut, um Ihre Hand darin zu üben, wiederzugeben, was Ihre Augen wahrnehmen. Sie werden sehen, daß die Übungen im Kapitel »Die Augen trainieren« (siehe S. 32/33) Ihnen beim Konturenzeichnen zugute kommen, weil Sie schon daran gewöhnt sind, Ihr Objekt während des Zeichnens sehr genau anzuschauen.

Der Eindruck der Räumlichkeit wird beim Konturenzeichnen allein durch die Beschaffenheit der Linien erreicht. Der Bleistift macht es möglich, allein durch die Veränderung des ausgeübten Drucks die Zeichenlinien an- und abschwellen zu lassen. Verwendet man außerdem Bleistifte verschiedener Härtegrade – weiche (von B bis 9B), mittlere (HB), harte (von H bis 6H) und sehr harte (7H bis 10H) –, so läßt sich die Skala noch weiter ausdehnen, und es entstehen reich differenzierte Zeichnungen, die nicht nur ein räumliches Gefühl, sondern noch dazu den Eindruck von »Farbigkeit« vermitteln. Denn jeder Bleistift hat je nach Härtegrad seine eigene »Farbe«, von Grau bis Schwarz, mit zahllosen Zwischenstufen. Eine kleine Änderung Ihres Standpunkts kann die Konturen in ganz unvermuteter Weise verändern. Beenden Sie die erste Zeichnung. Treten Sie einen Fußbreit (etwa 30 cm) nach links oder rechts und zeichnen Sie die Konturen noch einmal auf dasselbe Blatt. Das Ergebnis wird eine Zeichnung sein, die wie eine Teilansicht Ihres Gegenstands aussieht.

Bleistift HB
Bleistift H
Bleistift 2B
Bleistift 4B

Die Komposition
Dieses scheinbar einfache Stilleben besteht aus mehreren Gegenständen, hauptsächlich aus Pilzen. Die weiche, runde Form der Pilze kontrastiert mit dem festen, glänzenden Gefüge des Kochtopfs, in dem einige Pilze liegen. Der Topf wiederum ist abgesetzt gegen die gebauschten Falten des karierten Tischtuchs.

1 *Beginnen Sie, indem Sie einen Bleistift H locker fassen und in breiten Schwüngen die wichtigsten Randkonturen des Motivs anlegen. Dann folgen die Linien der einzelnen Komponenten: des Tuchs, des ellipsenförmigen Kochtopfs und der Pilze.*

2 *Gehen Sie ins Detail. Nehmen Sie einen Bleistift 4B, dessen dicker, dunkler Strich mit dem dünnen, leichten Strich des H-Stifts kontrastiert. Für die Binnenzeichnung der Pilze halten Sie den Stift 4B flacher.*

GRUNDLAGEN DER ZEICHENKUNST

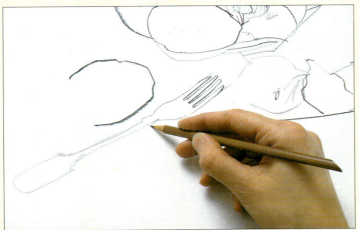

3 *Die Form der Gabel verlangt Aufmerksamkeit. Nehmen Sie einen Bleistift HB für die helle Seite der Gabel und und einen Bleistift 4B für die im Schatten liegende. Verwenden Sie beide Bleistifte, um einen räumlichen Eindruck zu erreichen.*

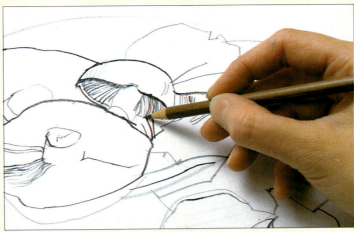

4 *Nehmen Sie einen Bleistift 2B, um die feine Lamellenstruktur an der Unterseite der Kappen zu zeichnen. Mit mehreren Bleistiften verschiedener Härtegrade können Sie dickere und dunklere Linien zeichnen, ohne den Druck zu variieren.*

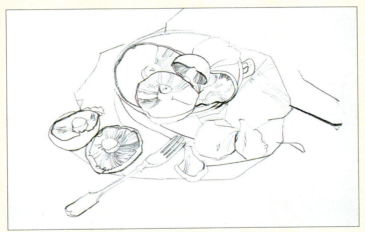

5 *Beim Gebrauch mehrerer Bleistifte entsteht eine abwechslungsreiche Linienstruktur, die dem Bild mehr Tiefe und Kraft verleiht. Die Schattenlinien betonen die Gegenstände, so daß sie sich vom Hintergrund abheben, während die feineren Striche auf den hell beleuchteten Pilzen und dem Tuch Plastizität vortäuschen.*

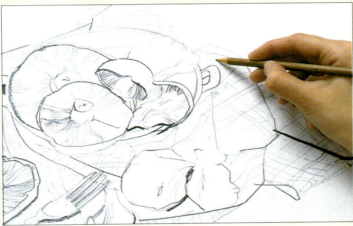

6 *Nehmen Sie einen Bleistift HB für die feinen Linienpartien der in der Mitte des Arrangements liegenden Pilze und einen Bleistift H für das Stoffmuster. Arbeiten Sie das Tuch nicht allzu detailliert aus – das Thema sind die Pilze.*

Die fertige Zeichnung
Diese Zeichnung ist ein überzeugendes Beispiel für die Qualität, die eine Konturzeichnung erreichen kann. Das Auge folgt den Linien – kurzen, kräftigen und langen, zarten – und stellt dabei eine Szene zusammen. Innerhalb der Ränder, die die einzelnen Gegenstände begrenzen, sorgen andere Linien für Details. Volles, dunkles Grau kontrastiert mit dem leichten Grau des harten Bleistifts. Jedes Detail dient der Erzeugung einer dreidimensionalen Illusion durch den Aufbau von Struktur und Tonwerten.

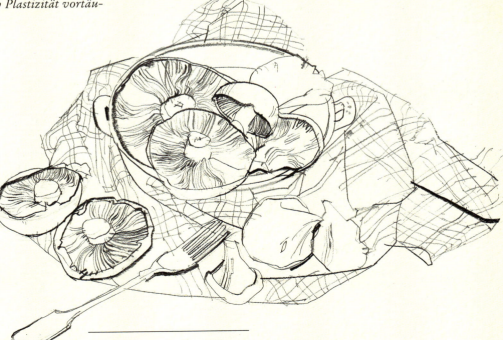

DIE GROSSE ZEICHENSCHULE

Mit dem Radiergummi zeichnen

Bei dieser Technik wird der Radiergummi genau so eingesetzt wie ein Bleistift oder ein anderes Zeichengerät mit dem Unterschied, daß nichts hinzugefügt, sondern etwas entfernt wird. Es geht nicht darum, Strukturflächen zu schaffen, sondern darum, sie aufzuhellen und dunkle Töne zu »wischen«, um Helligkeit, ja reines Weiß zu bekommen.
Man kann für diese Technik Bleistift, Kohle oder Graphitpuder verwenden – eben alles, was sich mit einem Radiergummi wieder wegnehmen läßt. Allerdings ist es schwierig, die Striche sehr harter Bleistifte (7H bis 10H) zu entfernen. Auch Pastell- und Kreidestriche lassen sich mit dem Radiergummi nicht behandeln, weil sie schmieren. Aquarellstifte sind leichter zu entfernen, aber auch nicht restlos. Am besten läßt sich die Technik des Radierens auf glattem Papier anwenden; auf grobkörnigem Papier dringen die Bleistiftspuren in die Unebenheiten des Materials ein und sind nur schwer zu beseitigen.
Es gibt zwei Arten von Radiergummis: Knetgummis und Plastikradierer. Knetgummis sind weich und elastisch. Man kann sie, auch während man damit arbeitet, in jede gewünschte Form kneten und ihre Wirkung sehr gezielt einsetzen. Plastikradierer sind hart. Man verwendet sie vorwiegend, um die Ränder einer Zeichnung zu korrigieren und saubere Umrisse zu erhalten.
Wie das Anlegen von Strukturen (siehe S. 44/45) bietet auch das Radieren verschiedene Möglichkeiten. Wenn Sie mit dem Gummi nur in einer Richtung reiben, wird die Zeichnung eher statisch und flach wirken. Versuchen Sie auch hier, die Strichrichtung zu kreuzen oder den Gummi in verschiedenen Winkeln anzusetzen, besonders wenn Sie auflichten wollen.
Die Technik des Radierens läßt sich immer dann anwenden, wenn starke Hell-Dunkel-Kontraste darzustellen sind, etwa hell ausgeleuchtete Interieurs oder Stilleben. Auch für die Wiedergabe von Metallgegenständen, die man mit starken Glanzlichtern versehen möchte, ist sie gut geeignet.
Natürlich können Sie auch mit weißer Gouachefarbe oder Contékreide Lichter aufsetzen, aber das wirkt oft allzu gewollt, eben »aufgesetzt«. Wenn Sie mit dem Radiergummi arbeiten, sind die Lichter von Anfang an Bestandteil der Zeichnung, und Sie können den Vorgang des Nachdunkelns oder Auflichtens so oft wiederholen, bis Sie mit dem Ergebnis wirklich zufrieden sind.

Das Arrangement
Dieses Küchenstilleben bietet genügend Ansatzpunkte, um zeichnerisch interessant zu sein. Der lange Stiel der Pfanne kontrastiert mit der horizontalen Metallstange. Die Siebe stehen etwas von der Wand ab, so daß ein Eindruck von Tiefe entsteht.

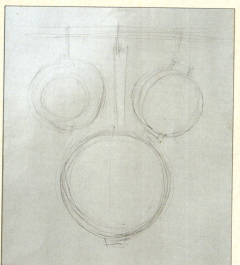

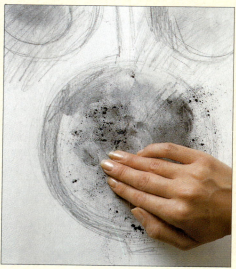

1 *Skizzieren Sie die Umrisse und die Lage der Kochutensilien mit einem Bleistift HB. Halten Sie die Abstände genau ein, sonst wirkt die Komposition unausgewogen. Achten Sie auf die jeweiligen Schrägen, denn nur so entsteht ein natürlicher Eindruck.*

2 *Geben Sie den Böden der Siebe etwas Struktur, so daß sich feste Formen abzeichnen. Reiben Sie mit der Fingerspitze vorsichtig Graphitstaub auf den Pfannenboden. Versuchen Sie nicht, einen ganz gleichmäßigen Ton zu erzeugen – wenn nötig, können Sie später noch nachdunkeln.*

GRUNDLAGEN DER ZEICHENKUNST

3 *Reiben Sie Graphitstaub auf die dunklen Seiten und die Schatten der beiden Siebe. Nehmen Sie einen Graphitstift und ziehen Sie den Stiel der Pfanne, die Haken, die Rundungen der Siebe und die horizontale Metallstange kräftig nach.*

4 *Ebenfalls mit dem Graphitstift zeichnen Sie die Löcher der Siebe und die Handgriffe. Radieren Sie mit dem Knetgummi das Weiß für die Lichter heraus und versuchen Sie dabei, in verschiedenen Richtungen zu arbeiten, damit kein starrer Eindruck entsteht.*

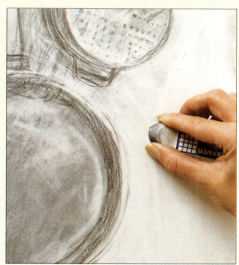

5 *Nun entfernen Sie mit dem Plastikradierer alle Unebenheiten an den Rändern der Geräte und reinigen die Wand im Hintergrund. Ein Plastikradierer ist härter als ein Knetgummi und radiert sauberer.*

Die fertige Zeichnung
Die fertige Zeichnung ist keine nüchterne Abbildung von Gegenständen, sondern eine interessante, lebendige Komposition. Die Glanzlichter, die durch Radieren oder Aussparen von Papierweiß entstanden sind, geben die metallische Beschaffenheit der Gegenstände in vollkommener Weise wieder. Mit dem Radierer wurde genau so gearbeitet wie mit dem Bleistift beim Kreuzschraffieren (siehe S. 44/45). Die Radierstriche verlaufen in verschiedenen Richtungen. Das erfüllt die Zeichnung mit Leben und erzeugt ein Spiel von Licht und Schatten.

DIE GROSSE ZEICHENSCHULE

Die Rolle des Lichts

Wir können nicht zeichnen, ohne zu sehen – und wir können nicht sehen ohne Licht. Über diese grundlegende Tatsache hinaus ist das Licht für den Künstler ein Mittel, Gegenstände deutlich hervorzuheben und klar zu umreißen. Die Kenntnis, wie man beim Zeichnen das Licht einsetzt, etwa um durch einen Schattenwurf eine räumliche Wirkung zu erzeugen, ist von größter Bedeutung. Zunächst müssen wir uns klarmachen, daß – im Gegensatz zur künstlichen Beleuchtung – das natürliche Licht nicht gleichmäßig stark ist. Seine Beschaffenheit hängt unter anderem vom Wetter ab. An einem grauen, wolkenverhangenen Tag wirkt die Welt finster und trist; an einem hellen, sonnigen Hochsommertag hingegen sind die Farben kräftig, und alles wirkt frisch und klar.

Auch die Tageszeiten beeinflussen das natürliche Licht. Die Farben verändern sich von Stunde zu Stunde. Denken Sie an schneebedeckte Berge: strahlend weiß in der Mittagssonne, zart getönt im Abendlicht. Selbst bei einer Schwarzweißzeichnung dürfen Sie das Licht nicht außer acht lassen, denn der Tonwert ändert sich im Tagesverlauf. Was noch wichtiger ist: Die Einfallswinkel der Lichtstrahlen wechseln mit dem Stand der Sonne. Mittags, wenn sie am höchsten steht, sind die Schatten kurz. Am frühen Morgen oder am späten Abend steht die Sonne tiefer, und die Schatten sind lang und schräg. Deshalb gibt ein Bild, das mittags entstanden ist, eine ganz andere Stimmung wieder als ein Bild, das bei Dämmerlicht gemalt wurde. Machen Sie sich Skizzen (siehe S. 26/27) von besonderen Lichtverhältnissen, notieren Sie die Tageszeit und die Wetterbedingungen; dann werden Sie bald in der Lage sein, die Wirkung des Lichts auf Ihr Motiv richtig zu beurteilen.

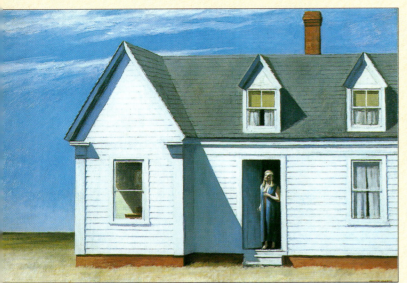

»Mittag« von Edward Hopper
Dieses Gemälde eines einfachen Holzhauses mutet surreal an, was durch die ungewöhnliche Beleuchtung bedingt ist. Die Schatten werfen kräftige Diagonalen auf das Haus. Das starke Licht läßt die Farben intensiv hervortreten. Die Frontalansicht der Fassade trägt außerdem zu der unwirklichen Stimmung bei.

Der Einfallswinkel des Lichts

Die Richtung, in der das Licht einfällt und die – im Freien – von der Tageszeit abhängt, bestimmt im wesentlichen die Stimmung, die Ihre Zeichnung ausdrückt. Die Lichtverhältnisse müssen also den Vorstellungen entsprechen, die Sie umsetzen wollen.

Seitenlicht
Wenn die Lichtquelle sich seitlich befindet, streift das Licht über die Oberfläche des Objekts und bringt interessante Akzente und Einzelheiten zum Vorschein. Die Stimmung ist dramatisch. Sehen Sie sich die ausgefallene Form des Schattens in diesem Beispiel an.

Licht von hinten
Wenn das Licht von hinten kommt, strahlt das Objekt Ruhe aus. An der Gebäudefront sind nur wenige Details zu erkennen. Der Ton der Fassade und der Schatten des Hauses verschmelzen zu einem ausgeprägten Gebilde.

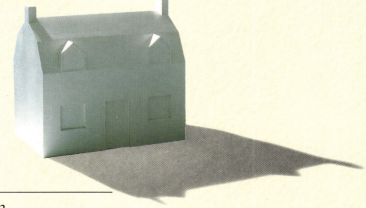

52

GRUNDLAGEN DER ZEICHENKUNST

Das Licht zu verschiedenen Tageszeiten

Morgenlicht
Die Lichtquelle befindet sich links oben, nicht weit hinter dem Hochhaus. Einzelheiten am Hang des Hügels und auf der darunter vorbeiführenden Straße werden zwar geschildert, aber so zurückhaltend, daß sie vom Gesamteindruck des Bildes nicht ablenken. Die Wände des Gebäudes im Vordergrund liegen im Schatten; sie sind deswegen dunkler gehalten als der Rest des Bildes. Das Licht ist sanft und diffus, die Stimmung friedlich; über allem liegt die Ruhe eines frühen Morgens.

Graphitstaub **Bleistift 2B**

Knetgummi

Licht am späten Nachmittag
Hier ist dieselbe Szene vom selben Standpunkt aus gezeichnet, doch kommt jetzt das Licht von rechts. Die Längsseite des großen Gebäudes im Vordergrund und die Stirnseite des Hochhauses sind hell erleuchtet. Aber weil das Licht sie von vorn anstrahlt, sind nur geringe Tiefen erkennbar. Die räumliche Wirkung entsteht durch den Kontrast zwischen den hell beleuchteten Fassaden und den durch das grelle Licht erzeugten Schattenpartien. Auch das Wetter hat sich zum Dramatischen hin verändert: Die dunkle Tönung des Himmels verschmilzt mit den Schatten der Gebäude zu einem düsteren Gesamteindruck; die vom Wind zerfetzten Wolken sorgen für Bewegung über den statischen Architekturformen.

DIE GROSSE ZEICHENSCHULE
Die Gestaltung der Figur

Der menschliche Körper ist ein gutfunktionierender Mechanismus, der eine große Menge von Bewegungen und Handlungen ausführen kann. Um ihn richtig zu zeichnen, muß man die Bewegungsabläufe kennen. Das heißt nicht, daß Sie jetzt die Anatomie in allen Einzelheiten studieren müßten; es reicht schon, wenn Sie sich mit den Proportionen vertraut machen. Ein paar einfache Regeln genügen, um die Hemmungen vor der Darstellung des menschlichen Körpers – des nackten wie des bekleideten – zu beseitigen. Sobald Sie sie beherrschen, können Sie sich darauf konzentrieren, das Abbild mit Leben zu erfüllen.

Die Proportionen und Dimensionen der menschlichen Gestalt werden von den Künstlern seit mehr als 2500 Jahren erforscht. Die Künstler der Renaissance besuchten, wie Leonardo da Vinci in seinem Traktat über die Malerei schreibt, Hospitäler und Leichenhäuser und nahmen die Gefahr von Ansteckung auf sich, um hinter die Geheimnisse der Anatomie zu kommen. Der Sinn der Konstruktion von Figuren liegt darin, deren Darstellung sachgerecht zu untermauern.

Die hölzerne Gliederpuppe ist eine große Hilfe beim Figurenzeichnen. Mit ihr kann man alle Haltungen und Stellungen des menschlichen Körpers imitieren. Wenn Sie die Gelenke an Kopf, Rumpf und Gliedern verstellen, werden Sie schnell alle Möglichkeiten der Bewegung und Balance erfaßt haben. Es ist auch nützlich, mit Verkürzungen (siehe S. 146/147) und Figuren in Bewegung (siehe S. 130/133) zu experimentieren. Früher steckte man lebensgroße Gliederpuppen in Kleider und ersparte so den Modellen die Qual endloser Sitzungen; der Maler benötigte das lebende Modell nur noch kurze Zeit, um Kopf und Hände zu malen.

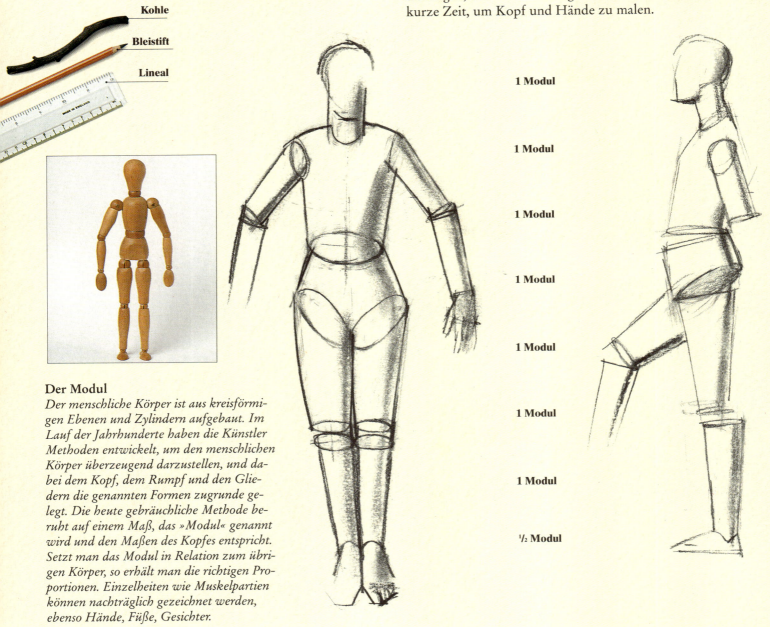

Kohle
Bleistift
Lineal

1 Modul
1 Modul
1 Modul
1 Modul
1 Modul
1 Modul
1 Modul
½ Modul

Der Modul
Der menschliche Körper ist aus kreisförmigen Ebenen und Zylindern aufgebaut. Im Lauf der Jahrhunderte haben die Künstler Methoden entwickelt, um den menschlichen Körper überzeugend darzustellen, und dabei dem Kopf, dem Rumpf und den Gliedern die genannten Formen zugrunde gelegt. Die heute gebräuchliche Methode beruht auf einem Maß, das »Modul« genannt wird und den Maßen des Kopfes entspricht. Setzt man den Modul in Relation zum übrigen Körper, so erhält man die richtigen Proportionen. Einzelheiten wie Muskelpartien können nachträglich gezeichnet werden, ebenso Hände, Füße, Gesichter.

GRUNDLAGEN DER ZEICHENKUNST

1 *Bauen Sie zuerst die Figur aus Zylindern und Kreisen auf. Der Rumpf ist ein etwas abgewandelter Zylinder, der sich nach unten zu, beim Übergang ins Becken, verjüngt. Das Becken ist ebenfalls zylindrisch und verjüngt sich nach oben hin.*

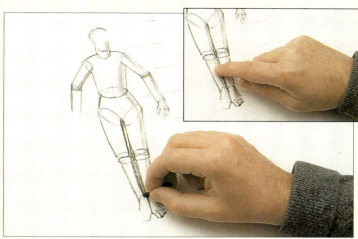

2 *Zeichnen Sie nun Oberschenkel, Unterschenkel, Arme. Achten Sie auf Symmetrie und elliptische Querschnitte. Kasten: Tragen Sie, um eine Lichtquelle anzudeuten (siehe S. 52/53), etwas Kohle auf und verwischen Sie die Kohlestriche mit dem Finger.*

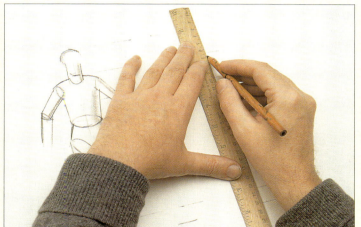

3 *Mit dem Lineal zeichnen Sie das Proportionsschema neben die Figur (Einteilung nach Kopflängen = Modul). Die Körperproportionen sind bei Männern und Frauen im wesentlichen gleich; bei Kindern ändert sich die Armlänge beim Heranwachsen.*

4 *Man kann für das Proportionsschema auch ein Stück Rasterpapier benutzen. Jede einzelne Partie muß die richtige Proportion gegenüber dem Gesamtmotiv haben, damit eine natürliche Figur entsteht.*

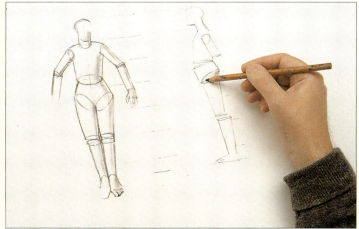

5 *Diese Seitenansicht folgt genau den gleichen Regeln. Richten Sie Ihre Aufmerksamkeit auf die Stellen, wo die zylindrischen Formen zusammentreffen: Rumpf, Hüftpartie, Oberschenkel, Unterschenkel. Besonders wichtig ist die Halsneigung.*

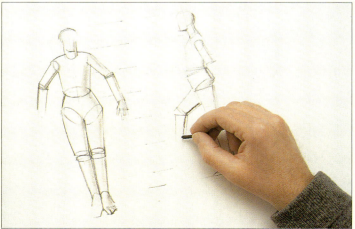

6 *Wenn alles an Ihrer Zeichenfigur stimmt, müssen Sie ihr nur noch etwas Körperlichkeit verleihen. Schattieren Sie mit dem Kohlestift und verwischen Sie die Striche mit dem Finger.*

DIE GROSSE ZEICHENSCHULE

Figurenstellungen

Unentbehrlich für die figürliche Darstellung ist die Kenntnis der Gleichgewichtsverhältnisse und der Funktionen der Gelenke. Nehmen Sie die Gliederpuppe und experimentieren Sie damit. Die Puppe ist fast genauso beweglich in Taille, Hüfte, Schultern und Hals wie ein Mensch. Lassen Sie sie die verschiedensten Stellungen einnehmen: sitzen, stehen, sich bücken, einen Ball werfen, tanzen – es gibt viele Möglichkeiten. Tun Sie ruhig des Guten zuviel. An einer übertriebenen Pose können Sie die Energie und den Schwung einer Bewegung besser studieren als an einer konventionellen Haltung. Sie können die Gliederpuppen auch für Kompositionen verwenden, für die Sie anschließend ein lebendes Modell heranziehen wollen.

Wählen Sie die richtigen Zeichenwerkzeuge aus. Zwar ist Ihr Gegenstand immer der gleiche – eine bewegliche Holzpuppe –, aber Sie können ihn auf mancherlei Art zur Geltung bringen. Kreide verleiht ihm weiche Züge, ein harter Bleistift etwas Roboterhaftes.

Die Puppen arrangieren
Richten Sie Ihre Aufmerksamkeit auf den richtigen Abstand. Ein phantasieloses Arrangement verdirbt die Wirkung der ganzen Figurengruppe.

Mischtechnik
Die Figur rechts ist mit der Feder gezeichnet und mit verdünnter Tusche getönt und schattiert. Die Gelenke sind in weißer Gouache ausgeführt. Mehr wie zufällig ins Bild geraten wirkt die rechts außen abgebildete Figur. Sie macht die Szene lebendig. Tusche, Kreide, zarte und kräftige Tupfer von weißer Gouache verleihen ihr Form. Der Untergrund besteht aus einer Tuschelavierung in mittleren Tonwerten. Korrekturen wurden stehengelassen und sind in das Bild integriert.

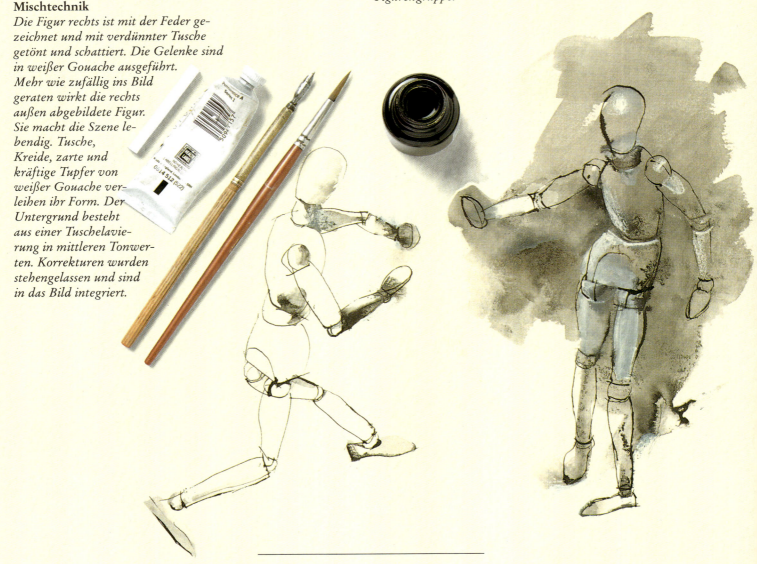

GRUNDLAGEN DER ZEICHENKUNST

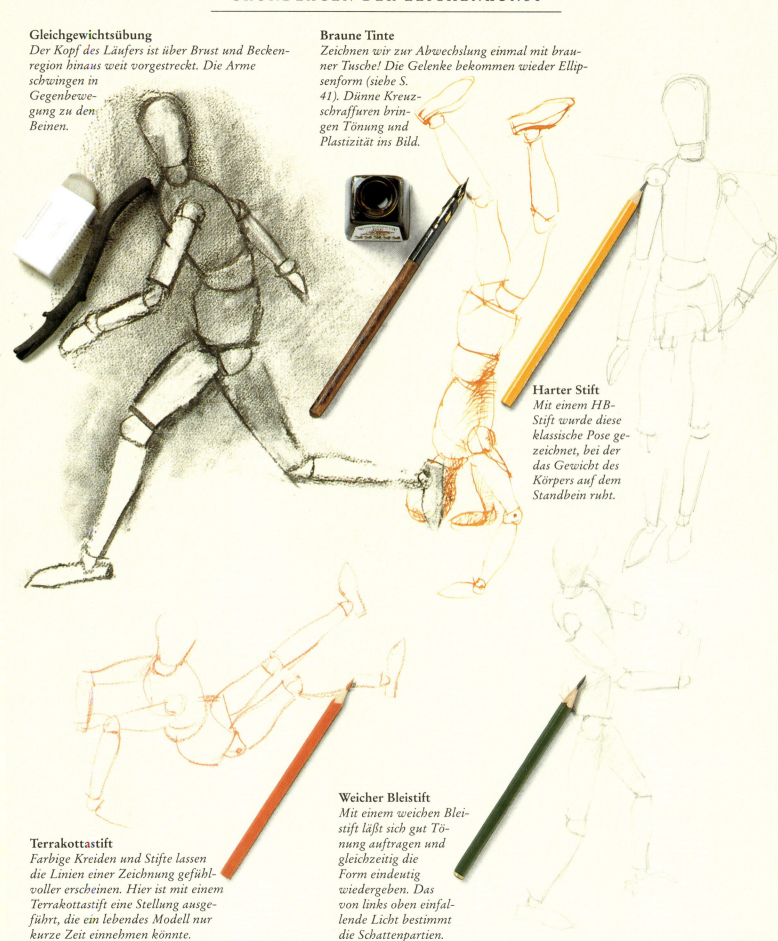

Gleichgewichtsübung
Der Kopf des Läufers ist über Brust und Beckenregion hinaus weit vorgestreckt. Die Arme schwingen in Gegenbewegung zu den Beinen.

Braune Tinte
Zeichnen wir zur Abwechslung einmal mit brauner Tusche! Die Gelenke bekommen wieder Ellipsenform (siehe S. 41). Dünne Kreuzschraffuren bringen Tönung und Plastizität ins Bild.

Harter Stift
Mit einem HB-Stift wurde diese klassische Pose gezeichnet, bei der das Gewicht des Körpers auf dem Standbein ruht.

Terrakottastift
Farbige Kreiden und Stifte lassen die Linien einer Zeichnung gefühlvoller erscheinen. Hier ist mit einem Terrakottastift eine Stellung ausgeführt, die ein lebendes Modell nur kurze Zeit einnehmen könnte.

Weicher Bleistift
Mit einem weichen Bleistift läßt sich gut Tönung auftragen und gleichzeitig die Form eindeutig wiedergeben. Das von links oben einfallende Licht bestimmt die Schattenpartien.

DIE GROSSE ZEICHENSCHULE

Der Blickpunkt

Im allgemeinen schaut man beim Zeichnen geradeaus, weil man genau vor dem Gegenstand steht. Man kann aber auch eine andere Ebene wählen und das Objekt von oben oder unten her betrachten, was einen ganz anderen Eindruck ergibt. Überzeugen Sie sich davon durch das folgende Experiment.

Stellen Sie eine halbvolle Kaffeetasse an die Tischkante und beugen Sie sich darüber. Sie werden den Rand der Tasse als Kreislinie erkennen und darin eine kleinere Kreisfläche, den Kaffee. Der Henkel an der Seite erscheint als abstehende gerade Linie. Gehen Sie nun in die Hocke, so daß Ihre Augen sich ungefähr in gleicher Höhe mit dem Rand der Tasse befinden. Der Tassenrand wird zu einer flachen Ellipse, der Kaffee ist nicht mehr zu sehen. Das Profil von Tasse und Henkel tritt deutlich hervor. Setzen Sie sich schließlich auf den Boden und schauen Sie zu der Tasse hinauf. Wiederum sehen Sie sie deutlich im Profil, wenn auch in leicht verzogener Form. Die Innenseite ist überhaupt nicht sichtbar, und der Rand erscheint leicht nach oben gebogen und zweidimensional.

Die Künstler vergangener Jahrhunderte haben die verschiedenen Effekte, die sich aus der Wahl des Blickpunkts ergeben, zu nutzen gewußt. Die »normale« Augenhöhe (einer Person mittlerer Größe) eignet sich für ruhige, einfache Schilderungen. Ein erhöhter Blickpunkt trennt die einzelnen Elemente einer Szene. Pieter Breughel, ein flämischer Maler des 16. Jahrhunderts, hat oft erhöhte Standpunkte gewählt, um die Szene zu gliedern und einzelne Figuren herauszuheben.

Werden komplexe Motive von einem tiefgelegenen Blickpunkt aus gezeichnet, so können sich die einzelnen Elemente überschneiden. Für Schlachtendarstellungen wird davon oft Gebrauch gemacht. Théodore Géricaults Gemälde »Das Floß der Medusa«, das von einem dramatischen Schiffsuntergang im Jahr 1816 inspiriert wurde, ist ein großartiges Beispiel dafür, wie wirksam diese Sehweise sein kann.

Wenn Sie wieder einmal in eine Galerie oder ein Museum gehen, versuchen Sie sich vorzustellen, wie das eine oder andere Bild aussehen würde, wenn es aus einer anderen Augenhöhe gemalt worden wäre. Versuchen Sie, diese Technik selbst anzuwenden.

Die Komposition
Auf diesen beiden Seiten wird demonstriert, wie verschieden die gleiche Anordnung von Gliederpuppen wirken kann – je nachdem, ob die Figuren von einem normalen, einem erhöhten oder einem niedrigen Blickpunkt aus gezeichnet wurden.

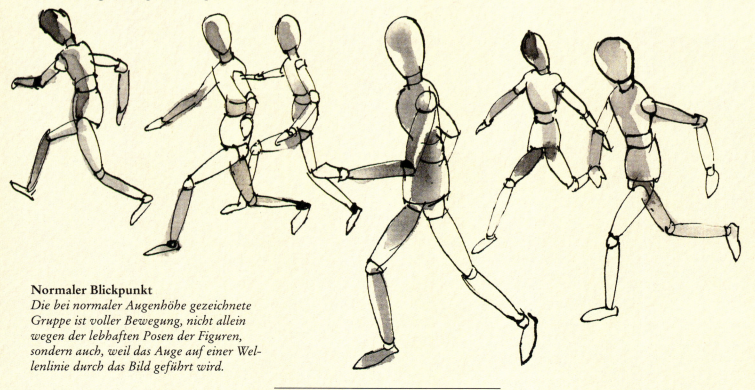

Normaler Blickpunkt
Die bei normaler Augenhöhe gezeichnete Gruppe ist voller Bewegung, nicht allein wegen der lebhaften Posen der Figuren, sondern auch, weil das Auge auf einer Wellenlinie durch das Bild geführt wird.

GRUNDLAGEN DER ZEICHENKUNST

Erhöhter Blickpunkt
Ein erhöhter Blickpunkt setzt die Figuren voneinander ab und schafft die Möglichkeit, mit den leeren Flächen zwischen ihnen zu spielen. Freiräume sind wichtig, denn zuviel oder zuwenig Abstand kann die Ausgewogenheit der Komposition zunichte machen. Das sollte man bei jeder Figurenanordnung berücksichtigen.

Niedriger Blickpunkt
Ein niedriger Blickpunkt führt zu diagonalen Linien, die die Perspektive verändern und Spannung aufkommen lassen. Beachten Sie, wie die Läufer in Gruppen zusammengeballt erscheinen. Nur eine Figur hebt sich, in stark vergrößertem Maßstab, von den anderen ab. Dieser Gegensatz belebt die Komposition.

DIE GROSSE ZEICHENSCHULE

Der menschliche Kopf

Wie beim Figurenzeichnen überhaupt (siehe S. 54/55), müssen Sie beim Zeichnen des Kopfes zunächst in einfachen Formen denken. Der Kopf ist nicht rund, sondern eiförmig. Skizzieren Sie ihn und führen Sie dann eine Linie von der Kinnspitze zwischen den Augen hindurch zum Scheitel. Da das Gesicht symmetrisch angelegt ist, hilft diese Linie, die Gesichtszüge wirklichkeitsgetreu einzuzeichnen.

Ziehen Sie Querlinien über das Gesicht, um die Position der Augenwinkel, der Nasenwurzel und der Nasenspitze, der Mundwinkel zu bestimmen. Auch diese Linien werden Ihnen bei der weiteren Ausführung Ihrer Zeichnung noch von Nutzen sein. Die Augenlinie führt zum oberen Rand der Ohrmuschel, die Nasenspitzenlinie ziemlich genau zum Ohrläppchen. Entsprechend der Perspektive ändert sich die Distanz dieser Linien: Ist das Gesicht von Ihnen abgewandt, so scheinen sie enger beieinander zu liegen, ist es Ihnen zugewandt, so scheint die Nase größer. Um die Größenverhältnisse der Gesichtszüge richtig wiederzugeben, benutzen Sie am besten eines der auf den Seiten 36 bis 39 beschriebenen Maßsysteme.

Als weitere Orientierungshilfe können Sie eine Linie durch die äußeren Augenwinkel ziehen und zwei weitere Linien von den Augenwinkeln zur Kinnspitze. So erhalten Sie ein auf der Spitze stehendes Dreieck, das alle Gesichtszüge einschließt und anhand dessen Sie überprüfen können, ob etwa der Mund zu breit oder der Abstand zwischen Kinn und Stirn oder Augen zu groß ist.

Wie man die Gesichtszüge einzeichnet

Nachdem Sie die Grundform des Kopfes gezeichnet haben, legen Sie eine dünne Linie vom Scheitel bis zur Kinnspitze und zeichnen rechts und links der Nase symmetrisch die Gesichtszüge ein. Häufig werden die Augen zu weit oben eingesetzt. In Wahrheit liegen sie etwa in der Mitte unserer Hilfslinie. Lassen Sie auch genügend Platz zwischen den Augen; der Abstand beträgt etwa eine Augenlänge.

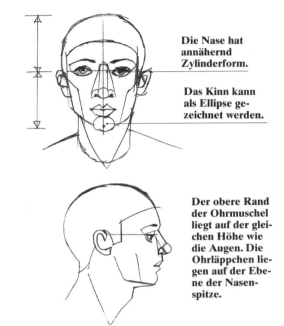

Die Nase hat annähernd Zylinderform.

Das Kinn kann als Ellipse gezeichnet werden.

Der obere Rand der Ohrmuschel liegt auf der gleichen Höhe wie die Augen. Die Ohrläppchen liegen auf der Ebene der Nasenspitze.

Vorderansicht
Diese Sicht ist für Porträts gebräuchlich. Wenn das Gesicht von vorn gesehen wird, ist die Symmetrie der Gesichtszüge, die alle innerhalb eines auf der Spitze stehenden imaginären Dreiecks liegen, offensichtlich. Die Schatten unter Augen, Nase und Mund sind – ebenso wie die Struktur der Seitenpartie – wichtig, um eine rundplastische Wirkung zu erzielen.

Die Dreiviertelansicht
Eine leichte Wendung des Kopfes wirkt lebhafter als die Vorderansicht. Passen Sie auf, daß die Nase nicht zu stark hervortritt und der Mund nicht zu breit wird. Ziehen Sie ganz dünne horizontale und vertikale Orientierungslinien und halten Sie sich an die Regeln der Perspektive (siehe S. 40/43).

GRUNDLAGEN DER ZEICHENKUNST

Ein männlicher und ein weiblicher Kopf

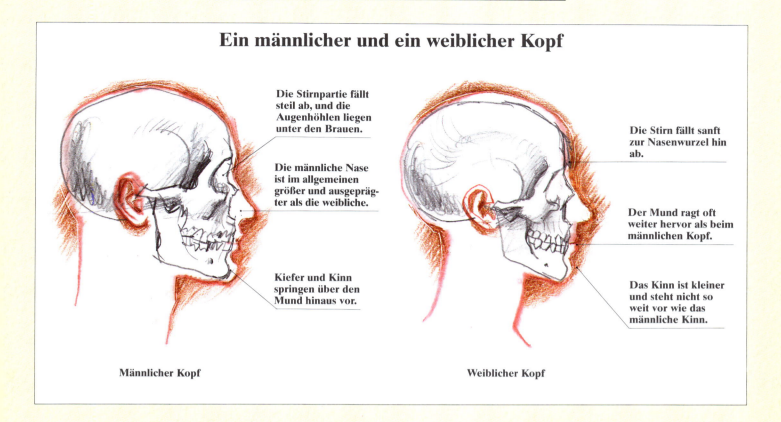

Die Stirnpartie fällt steil ab, und die Augenhöhlen liegen unter den Brauen.

Die männliche Nase ist im allgemeinen größer und ausgeprägter als die weibliche.

Kiefer und Kinn springen über den Mund hinaus vor.

Die Stirn fällt sanft zur Nasenwurzel hin ab.

Der Mund ragt oft weiter hervor als beim männlichen Kopf.

Das Kinn ist kleiner und steht nicht so weit vor wie das männliche Kinn.

Männlicher Kopf　　　　　　　　　　　　　　　**Weiblicher Kopf**

Profil
Für die Gesichtszüge ist nur wenig Platz vorhanden; der größte Teil des Bildes wird vom Haar eingenommen. Der Kopf ist leicht nach vorn geneigt; beachten Sie den Winkel der Kinn- und Halslinie. Ziehen Sie Hilfslinien für die Gesichtszüge. Beachten Sie die Position des Ohrs im Verhältnis zu Augen und Nase und die des Auges im Verhältnis zur Nase.

Dreiviertel-Rückansicht
Diese Sicht wird oft für schwierige Kompositionen benutzt. Der Hauptakzent liegt auf dem Hals, der den Kopf trägt, und dem Haar. Das Ohr muß im richtigen Winkel vom Kopf abstehen. Wie Sie sehen, liegt es ziemlich genau auf einer Linie mit Augenwinkel und Nasenwurzel.

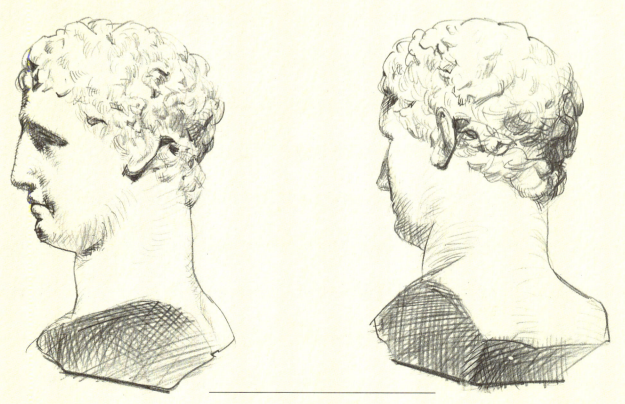

DIE GROSSE ZEICHENSCHULE

Der Kopf, der schwerer ist, als man gemeinhin denkt, wird vom Hals und den Schultern getragen. Dieser Zusammenhang muß in einer Zeichnung deutlich werden. Es darf nicht so aussehen, als säße der Kopf lose auf den Schultern. Sie sind das Fundament, auf dem Hals und Kopf ruhen. Wenn man sie zuerst zeichnet, läßt sich der Halsansatz gut darauf aufbauen. Der Hals ist zylinderförmig und sitzt nicht senkrecht auf den Schultern, sondern ist leicht nach vorn geneigt. Beachten Sie auch den Winkel, den Hals und Kopf bilden: Er verändert sich mit den Kopfbewegungen.

Wenn Sie den Kopf gezeichnet und das Gesicht ausgearbeitet haben, wenden Sie sich den Schatten zu. Das Licht, ob natürlich oder künstlich, kommt meistens von oben. Infolgedessen finden sich Schattenpartien unter den Augenbrauen, der Nase, unter Ober- und Unterlippe, dem Kinn. Sie können sich diesen Umstand zunutze machen, um der Zeichnung Plastizität zu verleihen.

Zuletzt bleibt Ihnen noch die Arbeit am Detail: an den individuellen Zügen und physiognomischen Eigenheiten, durch die sich eine Person von der anderen unterscheidet.

Licht von unten
Eine ungewöhnliche Art der Beleuchtung – wie hier, wo das Licht von unten kommt – verhilft Ihnen zu einer sehr sinnvollen Übung: Sie müssen Ihr Objekt sehr genau anschauen, um zu sehen, wo sich Schatten bilden. Eine solche Beleuchtung verleiht einem Porträt unheimliche Züge.

Bleistift HB

Radiergummi

Licht von oben
Das Licht kommt gewöhnlich von oben und bildet Schattenpartien unter den Augenbrauen, der Nase, der Ober- und Unterlippe und dem Kinn.

1 Zeichnen Sie mit einem Bleistift HB die Umrisse von Gesicht, Kopf, Schultern. Ziehen Sie senkrecht durch die Mitte und waagrecht über die Breite des Gesichts Hilfslinien, die Ihnen das Einsetzen der Gesichtszüge erleichtern.

2 Geben Sie Ihrer Zeichnung Struktur, um sie plastisch zu machen. Bauen Sie die Tonwerte Stufe um Stufe über das ganze Gesicht verteilt auf. Das ist besser, als erst eine Partie vollständig auszuarbeiten und dann zur nächsten überzugehen.

GRUNDLAGEN DER ZEICHENKUNST

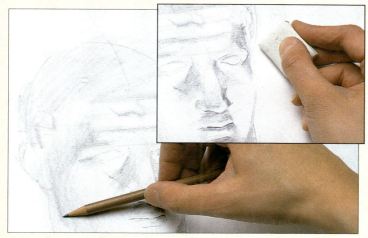

3 Um Strukturflächen aufzutragen – auf der Stirn, auf dem Haar, an den Seiten des Gesichts – setzt man die Bleistiftmine besser flach auf, nicht mit der Spitze. Kasten: Nehmen Sie einen Knetgummi, um Bleistiftfahrer zu entfernen.

4 Zeichnen Sie auf der linken Seite hinter dem Ohr noch Struktur ein. Schattieren Sie mit der Bleistiftspitze kleine Flächen, etwa rund um die Nasenspitze.

5 Bauen Sie die Strukturflächen über das gesamte Bild hinweg Stufe um Stufe weiter auf, bis Sie die gewünschte Dichte erreicht haben. Führen Sie mit der Bleistiftspitze, wenn nötig, noch einzelne Korrekturen aus und setzen Sie Akzente, indem Sie stärker aufdrücken.

Die fertige Zeichnung
Die fertige Zeichnung vermittelt deutlich den Eindruck einer Skulptur, was durch die sehr sorgfältige Beachtung der Struktur- und Schattenflächen erreicht wird. Die Bleistiftstriche der Schattierung passen sich den vorgegebenen Formen von Kopf, Gesicht und Hals an. Diesen Strichen folgt das Auge des Betrachters in einer Kreisbewegung bis zum Bildmittelpunkt – den Augen.

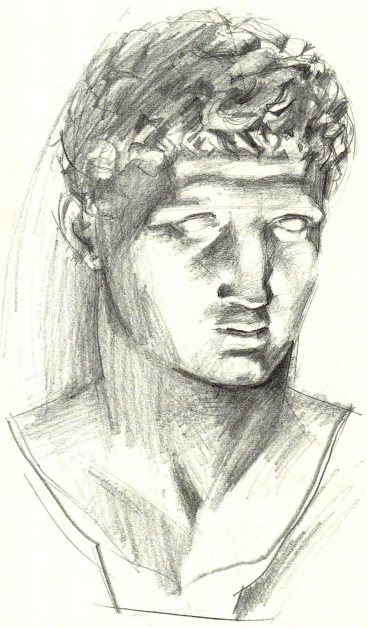

DIE GROSSE ZEICHENSCHULE

Der getönte Zeichengrund

Der Farbe des Papiers, das man sich zum Zeichnen aussucht, ist höchste Beachtung zu schenken. Denn das Papier ist nicht nur die Unterlage, auf der wir zeichnen, sondern gleichzeitig auch der Hintergrund unseres Werks.

Für eine Aquarelltönung nehmen Sie am besten ein Blatt heißgepreßtes oder kaltgepreßtes Aquarellpapier. Spannen Sie es auf und befeuchten Sie die gesamte Fläche mit einem nassen Lappen oder Schwamm. Mischen Sie dann die Farbe und tauchen Sie einen Schwamm hinein. Beginnen Sie am oberen Papierrand und neigen Sie das Brett leicht nach unten, damit die Farbe sich gleichmäßig verteilt. Wischen Sie mit dem Schwamm von einer Seite des Blatts zur anderen, Streifen um Streifen, und achten Sie darauf, daß die Streifen miteinander verlaufen, damit keine Ränder entstehen. Machen Sie nicht den Fehler, noch einmal von oben anzufangen und Stellen nachzubessern, die nicht einwandfrei ausgefallen sind. Kleine Mängel verschwinden mitunter, wenn alles getrocknet ist. Aquarellfarben wirken dunkler, solange sie naß sind; beim Trocknen hellen sie auf. Sie können auch später noch auf dem Papier verdünnt werden.

Um eine Kohletönung anzulegen, sollte man ein heißgepreßtes oder sonstiges glattes Blatt Papier benutzen, das schon vorher aufgespannt wurde. Nehmen Sie ein Kohlestäbchen und führen Sie es mit der Längsseite über das Papier. Es soll ein gleichmäßiger, mittelwertiger Ton entstehen, der so dunkel ist, daß Weiß sich gut abhebt, aber auch so hell, daß Schwarz und dunklere Grautöne gut darauf zu sehen sind.

Die Vorbereitung des Zeichengrundes mit Aquarellfarben

1 Das Papier wurde aufgespannt und an der Luft getrocknet (siehe S. 23). Nehmen Sie einen Schwamm und befeuchten Sie die Oberfläche. Kasten: Verdünnen Sie die Aquarellfarbe. Bereiten Sie genügend Farbe für die ganze Fläche vor.

2 Befeuchten Sie den Schwamm mit Farbe. Fangen Sie oben an und arbeiten Sie in Bahnen (oben links). Passen Sie auf, daß es keine Kleckse gibt. Legen Sie die nächste Bahn an (oben rechts). Fahren Sie so fort, bis die ganze Fläche eingefärbt ist.

3 Warten Sie, bis die Grundierung völlig trocken ist. Die getönte Fläche soll so hell sein, daß eine Zeichnung deutlich sichtbar ist, aber auch so dunkel, daß das Weiß des Papiers noch durchschimmert. Es ist wichtig, einen mittleren Tonwert zu wählen.

GRUNDLAGEN DER ZEICHENKUNST

Die Vorbereitung des Zeichengrundes mit Kohle

Holzkohlestäbchen

1 Ziehen Sie ein Kohlestäbchen mit der Längsseite über das heißgepreßte Papier, das dabei mit einem dunkelgrauen Film von Kohlenstaub überzogen wird. Sie können auch Preßkohle nehmen, die aus Kohlenstaub gemacht wird, und sie mit den Fingern auf dem Papier verreiben.

2 Bedecken Sie das Papier gleichmäßig mit schwungvollen Kreidestrichen. Verteilen Sie den Kohlenstaub auch in den Ecken. Um einen gleichmäßigen Zeichengrund zu bekommen, muß man die ganze Fläche in einem Zug bearbeiten.

3 Reiben Sie losen Kohlenstaub mit den Fingerspitzen ins Papier ein. Überschüssigen Staub schütteln Sie ab oder blasen ihn weg.

4 Die präparierte Fläche zeigt nun eine gleichmäßige mittlere Tönung. Wie beim farbigen Grund kommt es auch hier auf den Tonwert an. Er muß für dunkle bis schwarze Striche ebenso geeignet sein wie für Weiß und helles Grau.

5 Die fertige Oberfläche ist wahrscheinlich nicht ganz glatt. Man muß auch nicht das ganze Blatt tönen. Kleine getönte Flächen auf einem Blatt weißen Papiers können sich für manche Motive besser eignen.

DIE GROSSE ZEICHENSCHULE

Von den Meistern lernen

Es gehört zur Tradition des Kunststudiums, sich mit den Werken der großen Meister zu befassen. Um Bewundernswertes verstehen zu lernen, muß man es nachvollziehen: Warum hat sich der Künstler gerade für diesen Blickpunkt entschieden, warum jene Strichlagen verwendet, warum ganz bestimmte Farben gewählt? Nicht immer wird man gleich einsehen, warum Linien dicker oder dünner, eckig oder fließend sind. Doch wenn man versucht, sie nachzuzeichnen, und ein Bild genau untersucht und analysiert, wird man bemerken, daß sich die Beobachtungsgabe schärft und daß man sein Repertoire an Strichen erweitert. Paradoxerweise kann gerade das Studium anderer Künstler anregend und bereichernd für den eigenen, persönlichen Arbeitsstil sein.

Wenn Sie sich näher mit dem Bild eines bedeutenden Künstlers beschäftigen, fragen Sie sich am besten zuerst, wo er begonnen haben mag, welchen Standpunkt er wählte, wie er es aufbaute. Zeichnen Sie mit leichten Strichen die wichtigsten Formen ein und beachten Sie dabei die Proportionen. Es wird Ihnen helfen, sie genau zu erfassen, wenn Sie sich dabei an den leeren Räumen zwischen den einzelnen Bildelementen orientieren. Wenn die Vorlage in einem Buch oder auf einer Postkarte abgebildet ist, können Sie eine Fotokopie davon anfertigen und sie mit einem Gitter überziehen, um die richtigen Proportionen zu bestimmen (siehe S. 38/39).

Die Zeichnung
Diese Vorstudie zu einem Gemälde ist mit ihren kurzen, kräftigen Strichen und Punkten typisch für die Federzeichnungen van Goghs.

Das Gemälde nach der Zeichnung

Van Gogh hat gleich am nächsten Tag ein Gemälde nach dieser Zeichnung angefertigt. Es ist keine genaue Kopie; einige Gegenstände wurden verändert oder weggelassen.
Denken Sie daran, daß ein Entwurf zu einem Gemälde nicht als starrer Unterbau anzusehen ist, sondern als eine Hilfe, um sich über die Komposition und die geeigneten Techniken und Materialien klarzuwerden. Es ist ein ähnlicher Vorgang, wie wenn man einen Absatz in einem Buch liest, es schließt und das Gelesene mit eigenen Worten ausdrückt, statt es wortgetreu zu wiederholen.

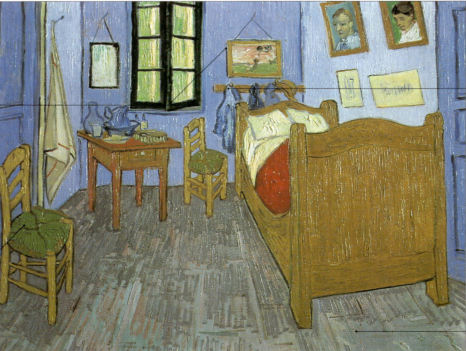

Das Porträt von van Goghs Mutter, das in der Zeichnung über dem Bett hing, wurde gegen eine Landschaftsszene ausgetauscht.

Der Stuhl wurde weiter vorgezogen, er steht jetzt der Tür gegenüber – wahrscheinlich erschienen dem Maler die Gegenstände vor dem Fenster zu gedrängt.

Der Hut hängt nicht mehr am Haken hinter dem Bett, und die anderen aufgehängten Kleidungsstücke sind weniger deutlich zu erkennen als auf der Zeichnung.

Der Fußboden hat eine etwas stärkere Neigung bekommen, er ist schräg. Das wie gewebt wirkende Muster des Bodens ist durch eine einfachere Flächenstruktur ersetzt.

GRUNDLAGEN DER ZEICHENKUNST

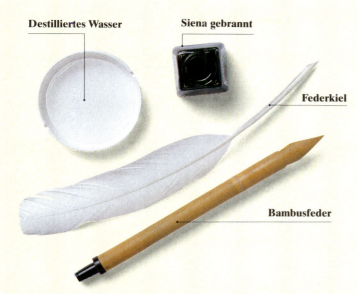

Destilliertes Wasser · **Siena gebrannt** · **Federkiel** · **Bambusfeder**

Das Werkzeug des Meisters
Wenn Sie das gleiche Werkzeug benutzen, mit dem van Gogh gearbeitet hat, wird sich Ihnen das Fluidum seines Werkes leichter mitteilen. Natürlich können Sie auch anderes Material nehmen. In jedem Fall werden Sie von diesem Versuch profitieren und dürfen auf das Ergebnis gespannt sein – es ist »Ihre« Kopie nach van Gogh.

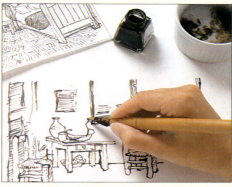

1 *Die Bambusfeder ist verhältnismäßig weich. Sie müssen sie leicht führen, um dünne, helle Linien zu bekommen, und mehr Druck ausüben, wenn Sie volle, dunkle Striche ziehen wollen.*

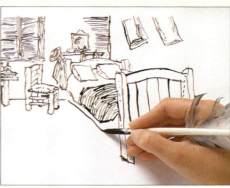

2 *Sie können mit einem Federkiel dünne oder dicke Linien zeichnen, je nachdem, ob Sie die Spitze oder die Seitenflächen aufsetzen. Zeichnen Sie die Textur der Bettdecke und das Dielenmuster mit kurzen Federstrichen.*

Die fertige Zeichnung
Mit dieser Zeichnung haben Sie versucht, die Gedanken van Goghs nachzuvollziehen. Kurze, fast grobe Federstriche sind typisch für seine Arbeitsweise, und die gleiche Technik wurde hier angewendet, um den kraftvollen Charakter der Zeichnung zum Ausdruck zu bringen.

GRUNDLAGEN DER ZEICHENKUNST

Themen und Motive

EINFACHE STILLEBEN 70

STILLEBEN IN MISCHTECHNIK 72

BLUMEN UND PFLANZEN IM HAUS 74

PFLANZEN IN DER NATUR 76

EINFACHE LANDSCHAFTEN 78

PANORAMEN 80

WOLKEN UND HIMMEL 82

SEESTÜCKE 84

INTERIEURS 86

STÄDTEANSICHTEN 88

ARCHITEKTUR 90

PLASTIK AM BAU 92

DAS SELBSTBILDNIS 94

PORTRÄTS MIT GITTERRAHMEN 96

FREIES PORTRÄTZEICHNEN 98

KINDER 100

FIGÜRLICHES ZEICHNEN 102

DIE BEKLEIDETE FIGUR 106

HÄNDE 108

VÖGEL 110

TIERE 112

INSEKTEN 114

EINFACHE MECHANISMEN 116

KOMPLIZIERTE MECHANISMEN 118

DIE GROSSE ZEICHENSCHULE

Einfache Stilleben

Das Stilleben gehört zu den beliebtesten Themen in der darstellenden Kunst. Auf römischen Mauern sind alltägliche Gegenstände von Meisterhand abgebildet: Küchengeräte, Blumen, Früchte. Seit dieser Zeit hat die Stillebenmalerei Künstler wie Diego Velásquez und Jean-Baptiste Chardin fasziniert und im Werk von Paul Cézanne, Henri Fantin-Latour und vielen anderen erstrangige Bedeutung gewonnen. Auf holländischen Stilleben des 17. Jahrhunderts sehen wir, wie genau die Meister Obst, Gemüse, Blumen beobachtet und mit welcher Sorgfalt sie diese alltäglichen Dinge dargestellt haben. Oft wird kleinen Gegenständen im Hintergrund breit angelegter Interieurs große Bedeutung beigemessen. Jan Vermeer malte sie mit einer so erstaunlichen Präzision, daß viele seiner Genrebilder eigentlich Stilleben mit Staffagepersonen sind.

Bei der Ausschau nach Gegenständen für eine Stillebengruppe brauchen Sie nicht viel Zeit zu verlieren. Küchenutensilien oder Sammlerobjekte können ein sehr interessantes Arrangement ergeben. Fantin-Latour hat einfach eine Tasse mit Untertasse, William Nicholson ein paar Pilze und Cézanne einige Äpfel gemalt. Die Gegenstände, die Sie zusammenstellen, sind nur ein Anfang. Ihre Farben, Strukturen, Formen und Umrisse fügen sich von selbst zu einem Bild zusammen, das Ihr Stift oder Pinsel malen kann. Durch eine wohlüberlegte Auswahl von Objekten mit harmonisierenden Farben können Sie eine farblich ausgewogene Atmosphäre schaffen. Es lassen sich aber auch kontrastreiche Szenerien gestalten, also etwa eine große Vasen neben Kirschen oder Trauben. Außerdem können Sie kontrastierende Strukturen einsetzen, um die einzelnen Bestandteile Ihres Stillebens in einer interessanten, ansprechenden Weise miteinander zu verbinden.

1 Skizzieren Sie die Zeichnung in ihren Grundzügen, arbeiten Sie die wichtigsten Strukturen heraus. Der springende Punkt bei dieser Zeichnung ist die ovale Form (Ellipse) der Keramikschüssel. Eine Ellipse ist ein perspektivisch gesehener Kreis.

2 Arbeiten Sie die Grundstrukturen weiter aus. Die Gegenstände sollten sich aufeinander beziehen und wirklichkeitsnah in der Schüssel liegen.

Farbstifte

Die Anordnung
Verschiedenes Gemüse in einer weißen Keramikschale. Den Rundungen der Kürbisse sind die prägnanten Geraden des Lauchs gegenüber gestellt, dessen Stengel kreuz und quer nach allen Richtungen streben. Der Küchentisch bildet den Hintergrund.

THEMEN UND MOTIVE

3 Verwenden Sie weiche Farbstifte, um die Form aufzubauen. Es geht darum, eine kolorierte Zeichnung anzufertigen, die den Bleistiftstrich noch erkennen läßt. Nutzen Sie die verschiedenen Möglichkeiten der Farbe aus, indem Sie zwischen warmen und kalten Tönen abwechseln.

4 Um das Bild rundplastisch erscheinen zu lassen, werden die Lauchstangen als Zylinder gebildet. Lichtreflexe hinterlassen breite Zonen heller Tönung. Die dunkleren Töne rufen die dreidimensionale Illusion hervor. Warme Farben streben in den Vordergrund.

5 Stellen Sie nicht jeweils ein Detail fertig, sondern arbeiten Sie an der gesamten Zeichnung gleichzeitig. Verlassen Sie sich nicht auf Fertigfarben, sondern kombinieren Sie die Striche verschiedener Stifte miteinander, um Ihre eigene Schattierung zu gestalten.

6 Führen Sie jeden Gegenstand zunächst auf sein geometrisches Äquivalent zurück und deuten Sie dann mit Schattierungen die sekundären Formen an. Nehmen Sie einen weichen Stift, um vereinzelt dunklere Schatten zu betonen. Übertreiben Sie aber die Ausarbeitung nicht, sonst wirkt die Komposition schwerfällig.

Die fertige Zeichnung
Am fertigen Bild sieht man, wie mit Hell und Dunkel und Lichtreflexen Räumlichkeit entsteht und wie dieser Eindruck durch die Art der Linienführung verstärkt wird. Die Skizze links zeigt Zylinder, Kugeln und einen Kegel als Ausgangsbasis unserer Zeichnung (siehe S. 46/47).

DIE GROSSE ZEICHENSCHULE

Stilleben in Mischtechnik

Viele große Künstler haben unscheinbare alltägliche Gegenstände wie Gemüse auf dem Küchentisch zum Anlaß genommen, um reizvolle Stilleben zu malen. Die ausgesuchten Objekte werden im allgemeinen so kombiniert, daß sie eine »Geschichte« erzählen – Gemüse und andere Nahrungsmittel etwa mit dem Topf, in dem sie gekocht werden sollen, oder ein in Leder gebundenes Tagebuch mit Federkiel und Tintenfaß.

Suchen Sie in Gestalt und Größe unterschiedliche Gegenstände aus. Versuchen Sie sie als geometrische Formen zu sehen und sich vorzustellen, wie sie sich auf dem Papier im Verhältnis zueinander ausnehmen und als dreidimensionales Bild wirken werden. Auch an kontrastreiche Strukturen sollten Sie denken. Verschieben Sie die einzelnen Objekte so lange, bis Ihnen die Komposition gefällt. Sie können zwischen ihnen eine – sowohl optische wie thematische – Verbindung herstellen, indem Sie sie so aufstellen, daß sie sich etwas überlagern, allerdings wirklich nur ein wenig, sonst entsteht ein Wirrwar. Wichtig ist auch der Gesamtumriß der Anordnung: Das Auge sollte die Gruppe um- und durchwandern, um zu sehen, wie die einzelnen Bestandteile sich zueinander verhalten.

Das Licht ist bei Stilleben von entscheidender Bedeutung. Verschattete Bereiche oder lange Schatten tragen sehr viel zur Gesamtstimmung Ihrer Zeichnung bei. Zusätzliches Licht können Sie mit einer Tischlampe erzeugen, die Sie aber nicht in Ihre Zeichnung einbeziehen müssen; es genügt, sie als Lichtquelle zu benützen.

Überlegen Sie als nächstes, welche Technik Sie anwenden wollen. Zweifellos wird Ihre Wahl sich nach den ausgesuchten Objekten richten: Dünne Federstriche mögen für das eine richtig sein, während breite Schwünge mit Zeichenkohle oder weichem Bleistift für das andere besser taugen.

Gehen Sie nicht mit vorgefaßter Meinung an Ihre Arbeit heran. Es kann durchaus ein Gewinn sein, manches dem Zufall zu überlassen oder sogar »Fehler« in »Entdeckungen« umzuwandeln.

Die Komposition
Die Forelle liegt in einer weißen Schüssel, die auf einer zusammengefalteten Tischdecke mit kontrastreichem Karomuster steht. Der Verlauf der Falten, die Lage der Fische in der Schüssel und die Anordnung der Schüssel auf dem Tuch sind wohlüberlegt und ergeben ein interessantes Arrangement.

Kohleskizze
Legen Sie die Komposition in einer Skizze fest. Für unser Beispiel wurde Kohle verwendet. Achten Sie darauf, daß das Streifenmuster auf dem Tuch und die Ausrichtung der Fische im richtigen Winkel zueinander liegen.

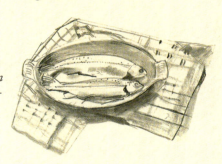

Weiße Gouache
Wasser
Wachskerze
Braune Tusche
Stahlfeder
Pinsel Nr. 6
Aquarellstifte
Schwarze Tusche

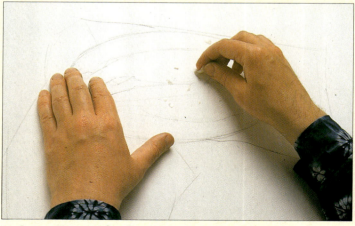

1 *Legen Sie zunächst die Komposition mit dünnen Strichen an; verwenden Sie dafür einen weichen grauen Aquarellstift. Anschließend reiben Sie Kerzenwachs auf die Fische, auf die Sie mit Wachsabdecktechnik Glanzlichter legen wollen.*

THEMEN UND MOTIVE

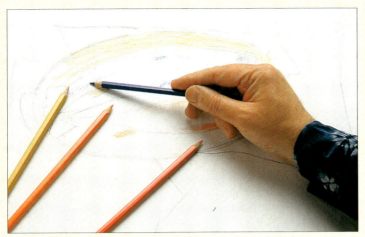

2 Tragen Sie nun mit Aquarellstiften Farbe auf. Nehmen Sie Gelb und Orange für die Schüssel, fügen Sie ein paar blaue Aquarelltupfer für den Schatten an der Seite der Schüssel hinzu. Mit Blau und Rot beginnen Sie, die Forelle zu zeichnen.

3 Heben Sie jetzt dunklere Partien hervor. Um die richtigen Farbtöne zu erhalten, müssen Sie verschiedene Farben übereinanderlegen: Das warme Grau der Schüssel erhält man, indem man Gelb und Schwarz mit ein wenig Blau mischt.

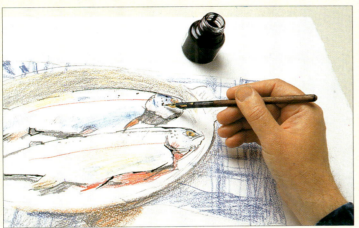

4 Zeichnen Sie die Feinheiten mit Feder und Tusche ein – mit brauner Tusche auf dem Tuch und in den Schatten unter der Schüssel, mit schwarzer Tusche am Kopf und an den Kiemen der Fische. Für die schwierige Partie um das Auge muß man die Feder ganz locker halten, damit die Linien nicht zu stark akzentuiert werden.

5 Tauchen Sie einen Pinsel Nr. 6 in sauberes Wasser und streichen Sie damit über die Farbstiftstriche, um sie anzuwässern. Stützen Sie dabei die Hand, mit der Sie malen, mit der anderen ab, damit Sie nichts verwischen.

Die fertige Zeichnung

Vollenden Sie die letzten Feinheiten mit dem Bleistift. Benutzen Sie die Schraffiertechnik (siehe S. 44/45), um das Muster der Fischschuppen herauszuarbeiten. Tragen Sie weiße Gouache auf die hellsten Stellen auf, um den Glanz der Schuppen wiederzugeben. Farbige Schatten erhält man durch Lavieren, indem man verschiedenfarbige Tupfer aufträgt und sie dann befeuchtet. Wenn Sie die Farben eine nach der anderen auftragen, läßt sich die Intensität der Lavierung gut steuern.

73

DIE GROSSE ZEICHENSCHULE

Blumen und Pflanzen im Haus

Von jeher hat es Künstler gereizt, Blüten, Blätter, Stiele und Stengel darzustellen. Blumen im Haus zu zeichnen, bietet manche Vorteile, von denen der Schutz vor den Launen der Witterung nicht der geringste ist. Auch lassen sich die einzelnen Elemente der Komposition leichter anordnen. Von entscheidender Bedeutung ist die Wahl des richtigen Hintergrunds. Ein einfacher, gerader Abschluß ist am besten, weil er die Blicke nicht ablenkt.

Eine Blume besteht nicht nur aus der Blüte, auch wenn diese zunächst den Blick auf sich ziehen. Stiel und Blätter gehören dazu. Sehen Sie sich, bevor Sie zu zeichnen beginnen, genau an, wie die Blätter am Stiel sitzen: Sie wachsen heraus, und diesen Eindruck des Wachsens müssen Sie in Ihrem Bild vermitteln. In ähnlicher Weise steckt die Blüte nicht einfach auf dem Stiel, sondern sie bricht aus ihm hervor.

Am wichtigsten ist es, alle Formen und Blickwinkel richtig zu erfassen. Vielen Blüten liegt die Kreisform zugrunde. Wenn Sie einen ganzen Blumenstrauß zeichnen, werden Sie einige Blumen von vorn, andere aber von der Seite sehen, das heißt, sie haben es mit Kreisen und Ellipsen zu tun. Legen Sie unbedingt diese Grundformen der Komposition fest, ehe Sie sich an die Detailarbeit begeben.

Wenige Gegenstände verlangen so viel Beachtung der Lichtquellen und des Lichteinfalls wie Blumen, die sehr komplexe Organismen mit vielen feinen Farbnuancen sind. Achten Sie sorgfältig auf den Wechsel von Licht und Schatten und bemühen Sie sich um das volle Spektrum der Töne.

1 *Skizzieren Sie mit einem Stift HB die Hauptlinien und die Details des Blumenarrangements. Halten Sie den Bleistift ganz locker am oberen Ende, so können Sie mit breiten Strichen zeichnen, und Ihre Zeichnung wirkt großzügig und lebendig.*

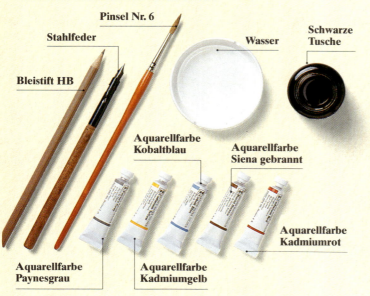

Die Komposition
Stecken Sie die Blumen ganz willkürlich in die Vase, verschieden hoch, geneigt und gerade. Das ergibt eine lebendige Komposition mit vielen interessanten Einzelheiten.

Pinsel Nr. 6
Stahlfeder
Wasser
Schwarze Tusche
Bleistift HB
Aquarellfarbe Kobaltblau
Aquarellfarbe Siena gebrannt
Aquarellfarbe Kadmiumrot
Aquarellfarbe Paynesgrau
Aquarellfarbe Kadmiumgelb

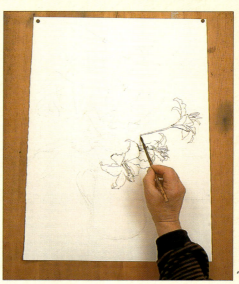

2 *Für die genauere Ausführung benützen Sie am besten eine Stahlfeder und schwarze Tusche. Fassen Sie den Federhalter locker am oberen Ende. Zeichnen Sie die Bleistiftlinien nicht einfach nach, sondern benutzen Sie sie nur als Hilfslinien. So wird Ihr Werk frisch konzipiert wirken. Schauen Sie sich das Motiv immer wieder an.*

THEMEN UND MOTIVE

3 Legen Sie die Hand, die den Federhalter führt, über die andere Hand, um die noch nassen Details nicht zu verwischen. Halten Sie den Federhalter jetzt fester, um den Auftrag der Linien besser im Griff zu haben. Sie werden feststellen, daß Sie durch Veränderung des Drucks auf die Feder die Stärke der Linien beeinflussen können.

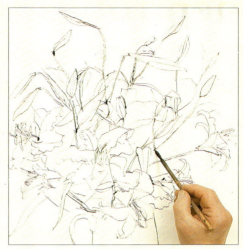

4 Zeichnen Sie nun mit langen Federstrichen die Stengel und verbinden Sie so die Blätter und Blüten vom Bildrand her mit der übrigen Zeichnung. Die verschiedenen Gewichtungen der Linien tragen zur Räumlichkeit des Bildes bei und bringen den zarten Charakter des Motivs zur Geltung.

5 Beginnen Sie jetzt damit, die Wasserfarben aufzutragen. Feuchten Sie die Partie an, die den Krug darstellt, und tragen Sie mit dem Pinsel Nr. 6 in breiten Schwüngen die Lavierung auf. So bekommt der Krug eine sanft verlaufende Kontur, die mit dem Schatten am unteren Bildrand ineinanderfließt. Um die Blüten hervorzuheben, sollten Sie auf trockenem Papier lavieren.

Die fertige Zeichnung
Die fertige Zeichnung ist frisch, lebendig und reich an Details. Die Verschmelzung des dunklen Randes des Krugs mit den Schatten der Blüten und Blätter bewirkt einen Kontrast in der farblichen Abstufung und der Struktur. Nur ein Minimum an Farben kommt zur Anwendung, das aber ausreicht, um Farbe und Tönung jeder Blume, jedes Blatts und jedes Stengels wiederzugeben. Die kräftige horizontale Linie entlang der Tischkante gibt der Komposition Halt.

DIE GROSSE ZEICHENSCHULE

Pflanzen in der Natur

Anders als bei einem Pflanzenarrangement im Haus, dessen einzelne Bestandteile Sie hin und her bewegen können, hat Ihr Motiv in der freien Natur buchstäblich an Ort und Stelle Wurzeln geschlagen. Das bedeutet nicht unbedingt eine Einschränkung Ihrer Möglichkeiten, sondern kann Sie im Gegenteil dazu bringen, Ihre Phantasie walten zu lassen und alle möglichen Standpunkte und Blickwinkel auszuprobieren.

Denken Sie daran, daß Sie ja nicht genau das zeichnen müssen, was Sie vor sich haben. Ist der Hintergrund unruhig, so lassen Sie ihn weg. »Schönen« Sie auch ruhig die Natur, entfernen Sie verwelkte Blüten oder schieben Sie Blätter beiseite, die Ihnen im Weg sind.

Dem Aufbau der Pflanze muß große Aufmerksamkeit gewidmet werden. Handelt es sich um einfache oder um zusammengesetzte Blätter? Sitzt eine große Blüte am Ende des Stiels, oder sind mehrere Blüten am Stengel aufgereiht? Ist die Blüte kreis- oder röhrenförmig? Sie müssen nicht jedes Detail ausarbeiten; aber auch wenn Sie keine botanisch exakte Studie, sondern ein stimmungsvolles, atmosphärisches Bild malen wollen, müssen Sie den Aufbau der Pflanze beachten. Denn er verleiht ihr den einmaligen Charakter und ihr besonderes Erscheinungsbild.

Für Zeichnungen von Pflanzen und Blumen ist die Struktur ebenso wichtig wie der lineare Aufbau. Die Blütenblattform der Narzisse, die Dornen am Stiel der Rose, gefiedertes Gras, die samtweiche Textur von Geranienblättern – solche Beschaffenheiten sind nicht nur für die Charakterisierung einzelner Pflanzen von Bedeutung, sondern auch für die Erzeugung der dreidimensionalen Illusion.

Ganz wesentlich ist es, das Gefühl dafür zu bekommen, daß die Pflanze lebt. Pflanzen sind keine starren, unbeweglichen Dinge; sie wachsen und streben zur Sonne empor. Schaut man sie von unten an, so sieht man förmlich ihr Wachstum – aber freilich auch eine Menge von Stielen und Stengeln. Betrachtet man sie von oben, so sieht man deutlich, wie die Blätter um den Stiel herum angeordnet sind und sich überlappen. Um eine komplizierte Pflanzengruppierung zu zeichnen, können Sie Ihr ganzes Repertoire von Techniken und Malmitteln ins Spiel bringen. Vergessen Sie aber nicht, daß die einzelnen Partien Ihrer Zeichnung nur einen kleinen Teil von ihr ausmachen und daß man auch über einer kniffligen Detailarbeit das Ganze nicht aus den Augen verlieren darf. Überprüfen Sie regelmäßig, ob die Größenverhältnisse innerhalb der Zeichnung stimmen.

Bleistift 4B
Bleistift HB
Graphitstift
Graphitstäbchen

Auswahl des Pflanzenmotivs
Diese Pflanzengruppe ist nicht nur ein ansprechendes Motiv – auch die Umgebung liefert kontrastreiche Details. Die Vielfalt der Proportionen, Farbtöne, Strukturen, Blattformen läßt das Bild räumlich erscheinen und zieht den Betrachter an. Der natürliche Charakter der Pflanze wird verstärkt durch den Gegensatz zu der von Menschenhand gefertigten Mauer und den Dachziegeln im Hintergrund.

1 *Skizzieren Sie die Grundformen der Pflanze mit einem Stift HB. Halten Sie sich nicht bei einzelnen Partien auf, sondern konzentrieren Sie sich auf den Gesamtentwurf. Kasten: Fassen Sie den Bleistift ziemlich weit oben, damit die Linien ganz locker erscheinen.*

THEMEN UND MOTIVE

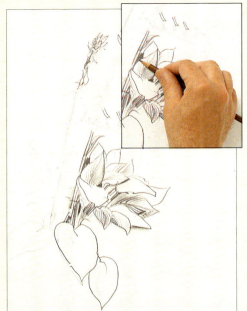

2 Wenn Sie die Pflanze skizziert haben, arbeiten Sie die Stiele stärker heraus. Kasten: Halten Sie den Bleistift 4B ganz schräg, um breite, weiche Linien zu bekommen und dunkler getönte Flächen einzufügen.

3 Betonen Sie jetzt die körperlichen Eigenschaften der Pflanze, verlieren Sie aber dabei den Gesamtentwurf nicht aus den Augen. Kasten: Verreiben Sie mit dem Daumen vorsichtig die Striche des Stifts 4B, um sie in Schattierungen zu verwandeln.

4 Tragen Sie mit einem weichen Graphitstäbchen und einem Graphitstift dunklere Töne auf. Benutzen Sie Graphit auch für die hellen oder dunklen Stellen, die die Blattformen und andere Einzelheiten umgrenzen.

Die fertige Zeichnung
Die Verwendung mehrerer Bleistifte und Graphitstäbe ergibt vielfältige Linien, die eine Fülle an Farbtönen erzeugen. Die kräftigen dunklen Striche setzen die helleren Partien deutlich gegen den Hintergrund ab. Dieser Kontrast übt eine Faszination auf den Betrachter aus. Beachten Sie, wie sehr die Zeichnung eine Atmosphäre üppigen Wachstums zu vermitteln vermag.

DIE GROSSE ZEICHENSCHULE

Einfache Landschaften

Die Arbeit im Freien erfordert ganz andere Überlegungen als die Arbeit im Atelier. Die Ausrüstung muß transportabel und deshalb leicht sein. Vorausplanen ist wichtig: Sie müssen sich vor Verlassen des Hauses entscheiden, mit was für Stiften, Federn und Pinseln Sie arbeiten wollen. Nichts ist frustrierender als festzustellen, daß man einen anderen Farbstift braucht – und man ist kilometerweit von zu Hause oder dem nächsten Fachgeschäft entfernt. Packen Sie Pinnwandnadeln oder Abdeckband ein, um das Papier auf dem Zeichenbrett zu befestigen; dann kann der Wind es nicht wegwehen.

Denken Sie auch an Ihre Bequemlichkeit und nehmen Sie einen Klappstuhl mit, am besten einen ohne Armlehnen, damit Sie genügend Bewegungsfreiheit haben und ungehindert zeichnen können. Sollten Sie eine Staffelei benutzen, dann müssen Sie darauf achten, daß der Stuhl hoch genug dafür ist. An sonnigen Tagen sollten Sie einen Hut tragen oder zumindest teilweise im Schatten sitzen, um keinen Sonnenbrand zu bekommen. Bevor Sie mit dem Zeichnen beginnen, müssen Sie die Richtung des Lichteinfalls erkunden. Am besten ist es (für Rechtshänder), wenn das Licht von links kommt; sonst werfen Ihr Körper und die zeichnende Hand Schatten aufs Papier.

Suchen Sie sich eine Ansicht mit kontrastreichen Porportionen und Strukturen aus – Klippen über dem Meer oder Äcker mit Furchen, die in verschiedenen Richtungen verlaufen. Haben Sie ein Motiv gefunden, so sollten Sie sich noch die Zeit nehmen zu überlegen, wie Sie die Komposition verbessern könnten (siehe S. 34/35). Suchen Sie nach einem Blickfang, zum Beispiel der ausladenden Biegung eines Flusses oder einem Fußweg, der sich durchs Bild windet.

Oft sind die einfachsten Ansichten die wirkungsvollsten. Packen Sie deshalb nicht zuviel in Ihre Bilder. Eine Landschaft braucht lediglich aus Himmel, Land und einem einzelnen Baum zu bestehen; schon diese drei Elemente ergeben, einfallsreich kombiniert, endlose Variationen.

Graulavierte Landschaft

Das Papier wurde mit Paynesgrau getönt. Der Himmel nimmt zwei Drittel der Komposition ein, was normalerweise den Eindruck eines weiten Raumes hervorruft. Doch hier beansprucht das Schiff mit den Aufbauten eine Menge Platz, und der Himmel ist von untergeordneter Bedeutung.

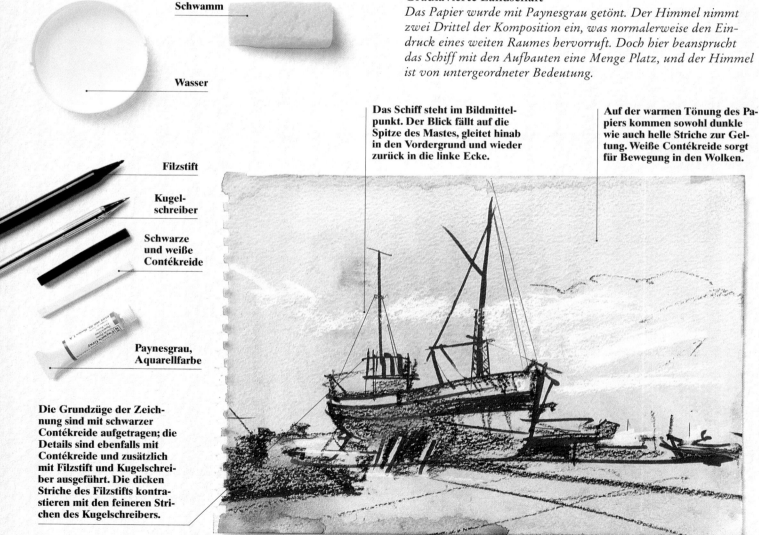

Wasser

Schwamm

Filzstift

Kugelschreiber

Schwarze und weiße Contékreide

Paynesgrau, Aquarellfarbe

Die Grundzüge der Zeichnung sind mit schwarzer Contékreide aufgetragen; die Details sind ebenfalls mit Contékreide und zusätzlich mit Filzstift und Kugelschreiber ausgeführt. Die dicken Striche des Filzstifts kontrastieren mit den feineren Strichen des Kugelschreibers.

Das Schiff steht im Bildmittelpunkt. Der Blick fällt auf die Spitze des Mastes, gleitet hinab in den Vordergrund und wieder zurück in die linke Ecke.

Auf der warmen Tönung des Papiers kommen sowohl dunkle wie auch helle Striche zur Geltung. Weiße Contékreide sorgt für Bewegung in den Wolken.

THEMEN UND MOTIVE

Weißes Papier
In dieser auf normales weißes Papier gezeichneten Landschaft sind einzelne Partien mit Graphitstaub getönt worden. Sie können die Intensität der Striche verstärken oder abschwächen, je nachdem, wieviel Druck Sie auf Ihren schwarzen Contéstift ausüben. Ein roter Farbstift bringt Abwechslung und ermuntert den Betrachter, den Blick durch das Bild wandern zu lassen. Die Striche lenken das Auge auf die Klippen, von dort zum Horizont und wieder zurück an die Küste. Die in halber Höhe des Strandes horizontal verlaufende Linie vermittelt ein Gefühl der Ruhe und des Friedens.

Blaue Lavierung
Die Komposition betont Kreisformen, die den Blick im Bild herum- und wieder zur Bildmitte zurückführen. Die Lavierung des Papiers mit Kobaltblau schafft einen starken, stimmungsvollen Ton. Ein schwarzer Contéstift setzt die linearen Akzente. Graphitstaub wird mit der Fingerspitze verrieben und erzeugt flächige Tönungen. Mit weißer Contékreide sind Wolkengebilde und die Wasseroberfläche angedeutet.

Lavierung mit gebrannter Siena
Bei dieser Landschaft wird den Proportionen besonderes Augenmerk geschenkt. Auf dem mit Siena (Aquarellfarbe) getönten Papier nimmt der Himmel den größten Raum ein. Die ineinandergreifenden Keilformen der Landzungen fesseln das Auge an die Komposition. Die Wolkenformation, aufgetragen mit in weiße Gouache getauchter Fingerspitze, ist ebenfalls keilförmig ausgerichtet.

DIE GROSSE ZEICHENSCHULE

Panoramen

Wir alle kennen Panoramen, die allein schon wegen ihrer Größe atemberaubend sind. »Da kann man ja kilometerweit sehen!« rufen wir. Und das ist auch das Problem. Man kann zwar kilometerweit sehen, aber man blickt in eine so riesige Weite, daß sich oft keine Anhaltspunkte finden, auf die man sich konzentrieren kann. Und unsere wunderschön gezeichnete Aussicht sieht womöglich aus wie eine Bühne, auf der nichts passiert.

Natürlich ist es oft gerade die Größenordnung einer Aussicht, die besonders fasziniert. Bei Beachtung einiger einfacher Anleitungen läßt sich das auch vermitteln. Zwei Dinge sind vor allem zu nennen: die Proportion und die Struktur. Beide sind an die Perspektive gekoppelt, das heißt, an die Überlegung, daß die Gegenstände um so kleiner und heller erscheinen, je weiter sie entfernt sind (siehe S. 40–43). Wenn Sie ein Landschaftspanorama zeichnen, müssen Sie sich darüber im klaren sein, welchen Anteil des Bildraums Sie dem Vordergrund, dem Mittelgrund und dem Hintergrund zuteilen wollen. Als Anfänger macht man vielleicht den Fehler, den Raum in drei horizontale Streifen gleicher Größe zu unterteilen. Nehmen Sie als Anhaltspunkt – nicht als feste Regel – ein Verhältnis von etwa 3:2:1, das heißt, drei Sechstel der Fläche für den Vordergrund, zwei Sechstel für die Mitte und ein Sechstel für den Hintergrund. Machen Sie die Struktur in diesen Abschnitten zunehmend lichter, so daß im Vordergrund stärkere, in der Mitte weniger starke und im Hintergrund nur noch leichte Hell-Dunkel-Kontraste vorherrschen.

Lassen Sie es sich angelegen sein, die Bildgegenstände so anzuordnen, daß sie das Auge durch das Bild leiten. Bei der Suche nach dem Blickpunkt sollten Sie auf die Möglichkeit achten, den Vordergrund mit der Bildtiefe zu verbinden, etwa mit einem Fluß, der sich in der Weite verliert. Als Hilfe für die Komposition können Sie sich einen einfachen Suchrahmen aus zwei L-förmigen Pappestücken machen. Halten Sie die Kartonstücke so vor die Augen, daß die Enden leicht übereinanderliegen; sie bilden ein Rechteck, dessen Größe Sie verändern können, bis Sie die richtige Begrenzung für Ihre Komposition gefunden haben.

Künstler zeichnen Landschaften nicht immer so, wie das Auge sie sieht, sondern nehmen Veränderungen vor. Vielleicht finden Sie es gut, ein Areal zu verkleinern oder einen Baum und eine Gruppe von Sträuchern mehr nach vorn oder nach hinten zu versetzen. Sie können sogar das eine oder andere Element aus der Komposition herauslassen, wenn Sie meinen, daß es vom Hauptmotiv ablenkt.

Die Arbeit an einer großräumigen Landschaft verlangt lange Perioden der Konzentration, und schon binnen kurzem können sich die Wetter- und Lichtverhältnisse beträchtlich ändern. Die Impressionisten waren glühende Anhänger der Freiluftmalerei, um die wechselnden Wirkungen des Lichts zu nutzen. Andere Künstler fertigen im Freien Skizzen an, nach denen sie dann im Atelier weiterarbeiten.

Die Aussicht
Diese liebliche Landschaft an einem hellen, aber bewölkten Tag zeigt kräftige Formen und dunkle Töne in den Baumgruppen. Die Wolken sind parallel zum Horizont geschichtet.

1 *Nehmen Sie einen Bleistift HB, um die Szenerie leicht zu skizzieren. Greifen Sie dann zu Stahlfeder und schwarzer Tusche und fügen Sie Details, Struktur und, wo nötig, kräftige schwarze Linien hinzu.*

THEMEN UND MOTIVE

2 Legen Sie nun mit Rohrfeder und schwarzer Tusche Strukturfelder über das ganze Bild. Betonen Sie Einzelheiten nur so stark, wie gerade nötig ist, um sie zu erkennen.

3 Fügen Sie mit der Rohrfeder Punktreihen und Striche ein, um die plastischen Formen des Laubwerks hervorzuheben. Versehen Sie auch Büsche und Bäume mit Details.

4 Nehmen Sie nun braune Tinte und bringen Sie weitere Details und Strukturen an, die den Flußlauf betonen und die Verschiedenartigkeit der Bäume kennzeichnen. Halten Sie das gesamte Bild in einem hellen Ton.

5 Verlängern Sie die Reihen der Punkte und Striche mit der Stahlfeder, um die Büsche auszuführen. Arbeiten Sie jetzt mit kurzen Strichen und setzen Sie sie sparsamer als bei den ausladenden Baumgruppen im Vordergrund.

Die fertige Zeichnung
Die Darstellung der Landmasse mit all ihren Schwierigkeiten wird mit Tuschestrichen bewältigt. Dunkle Flächen sind durch Anhäufungen von Punkten und kurzen Strichen, die sich zu Strukturflächen formieren, wiedergegeben. Solche Striche werden auch benutzt, um Tönungen zu schaffen - kräftige hier, zarte dort. Die geraden Linien des Kirchturms mit dem spitzen Dach stehen in Kontrast zu den runden Gebilden der Bäume und Sträucher. Die Wolken sollen Raumtiefe und den Himmel über der Landschaft andeuten.

DIE GROSSE ZEICHENSCHULE

Wolken und Himmel

Der Himmel bietet sich unseren Augen in vielen Erscheinungsformen dar. Da gibt es das satte Blau des Wüstenhimmels und den fahlen winterlichen Himmel einer Küstenlandschaft, zarte Wolkenstreifen, vor einer leichten Brise dahinsegelnd, und aufgetürmte Gewitterwolken über dem Land.

Ein guter Landschaftsmaler bezieht den Himmel als wichtiges Bildelement in die Komposition ein. John Constable (1776–1837) legte darauf besonderen Wert. Er schuf wundervoll dynamische Wolkenstudien, die so lebendig sind, daß wir die Bewegung des Windes förmlich zu sehen meinen. Beim Zeichnen dienen uns die Wolken dazu, den Charakter und die Stimmung des Himmels wiederzugeben. Bestimmte Materialien eignen sich hierfür besonders. Verreibt man Graphitstaub mit der Fingerspitze auf dem Papier, so läßt sich damit die Bewegung hoher Wolken im Wind darstellen. Breite Kohlestriche ergeben einen schwermütigen, dräuenden Himmel. Wischen Sie mit dem Knetgummi an einzelnen Stellen Graphitstaub oder Kohlestriche wieder weg, um Aufhellungen zu bekommen. Falls Sie den Himmel mit einer Lavierung aufgetragen haben, wischen Sie mit einem feuchten Schwamm einzelne helle Stellen aus der dunklen Wolkenmasse heraus.

Der Himmel muß mit der übrigen Komposition im Einklang stehen. Ragen andere Elemente hinein – Berge am Horizont oder Architekturformen wie Hochhäuser –, dann sollte der Himmel am besten möglichst leer sein. Umgekehrt: Wenn sich am Himmel etwas tut und Wolkenmassen ein Gewitter ankündigen, dann sollten Sie die Dramatik durch die Wahl einer tiefgelegenen Augenhöhe noch verstärken und dem Himmel die Dominanz über das Bild überlassen.

Nach den Regeln der Perspektive (siehe S. 40–43) erscheinen Wolken dann am größten, wenn sie sich direkt über uns befinden. Sie werden kleiner und lichter, je weiter sie zum Horizont zurückweichen. Diesen Umstand kann man sich zunutze machen, um Entfernung darzustellen.

Bedeckter Himmel
*Diese Zeichnung ist in Mischtechnik mit Bleistift, Feder, Kohle und schwarzer Tusche angefertigt.
Links: Das Papier wird an bestimmten Stellen angefeuchtet, auf die man Tropfen verdünnter schwarzer Tusche aufträgt, um die dicken Wolken darzustellen.*

Gewitterstimmung
*Für die Zeichnung wurde graues Papier verwendet. Die Erde ist mit Bleistiften HB und 4B gezeichnet; mit Graphitstaub wurden größere Flächen getönt.
Links: Auf die mit Wasser angefeuchteten Partien des Himmels wird weiße Gouache aufgetragen, um die Wolkenformationen darzustellen.*

Ein dramatischer Himmel
*Die Komposition überläßt den größten Teil der Bildfläche dem Himmel. Die Kirche ist mit Bleistiften gezeichnet.
Oben: Graphitstaub wird großzügig auf die für den Himmel vorgesehene Fläche gestreut und verrieben.*

82

THEMEN UND MOTIVE

Leicht bewölkter Himmel

1 Nachdem Sie die Szenerie mit schwarzer Contékreide und Bleistift skizziert haben, tauchen Sie einen Pinsel in Abdeckflüssigkeit und bringen kurze Striche auf der Fläche des Himmels an.

2 Warten Sie, bis die Abdeckflüssigkeit trocken ist. Tauchen Sie die Ecke eines Schwamms in sauberes Wasser und befeuchten Sie die ganze Himmelsfläche gleichmäßig.

3 Verwischen Sie mit dem Schwamm verdünnte schwarze Tusche über der angefeuchteten Fläche. Stellen Sie das Blatt auf den Kopf, damit die Lavierung nicht auf die Erde hinunterfließt.

4 Bevor das Papier trocknet, tragen Sie mit dem Schwamm noch einmal kleinere, räumlich begrenzte Tönungen auf, um die Form der Wolken herauszuarbeiten.

5 Ist die Tuschelavierung völlig trocken, so drehen Sie das Papier wieder um und entfernen die Abdeckflüssigkeit, indem Sie sie vorsichtig mit dem Finger abreiben.

6 Halten Sie nun einen Stift HB ganz flach und schattieren Sie den Himmel. So entsteht räumliche Tiefe.

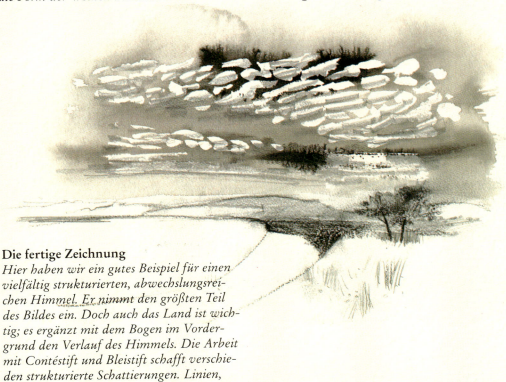

Die fertige Zeichnung
Hier haben wir ein gutes Beispiel für einen vielfältig strukturierten, abwechslungsreichen Himmel. Er nimmt den größten Teil des Bildes ein. Doch auch das Land ist wichtig; es ergänzt mit dem Bogen im Vordergrund den Verlauf des Himmels. Die Arbeit mit Contéstift und Bleistift schafft verschieden strukturierte Schattierungen. Linien, Lavierung und Tönung wirken zusammen und bringen Atmosphäre ins Bild.

- Schwarzer Contéstift
- Bleistift HB
- Pinsel Nr. 6
- Schwarze Tusche
- Schwamm
- Destilliertes Wasser
- Abdeckmittel

DIE GROSSE ZEICHENSCHULE

Seestücke

Zwei Drittel der Erdoberfläche sind von Wasser bedeckt. Deshalb ist es nicht verwunderlich, daß das Meer immer wieder gemalt und gezeichnet wurde. Die eigentliche Faszination des Meeres liegt darin, daß es ständig in Bewegung ist und sein Aussehen ändert. Also müssen Sie schnell sein beim Zeichnen. Sie sollten eine Technik wählen, die dem entgegenkommt – eine Tintenlavierung oder Zeichenkohle sind ideal dafür. Versuchen Sie vorauszusehen, was geschehen wird; konzentrieren Sie sich auf einen kleinen Ausschnitt und beobachten Sie, wie die Wellen sich an der Küste brechen. Sie werden bald einen Rhythmus erkennen: ein Donnern, gefolgt von einer Periode relativer Ruhe, wenn das Wasser ins Meer zurückströmt.

Dieser Rhythmus ändert sich nicht – wohl aber die Bewegung des Meeres. Schauen Sie sich an, wie die Wellen gegen einen Felsen anrennen und um ihn herum fließen. Verfolgen Sie die wogende Linie, die anzeigt, wo die Wellen auf den Strand treffen. Sie sollten sich diese Rhythmen und die unregelmäßige Bewegung fest einprägen, bevor Sie mit dem Zeichnen beginnen.

Achten Sie auch auf die Formen, die sich während der Bewegung bilden. Eine heranstürmende Woge beispielsweise kann als rollendes zylindrisches Gebilde gesehen werden. Wählen Sie einen Gegenstand am Strand, ein Boot oder einen Baum, als Bezugspunkt, um die Höhe der Wellen abzuschätzen.

Um Räumlichkeit zu erzielen, arbeiten Sie am besten mit verschiedenen Werkzeugen und Techniken, vielleicht einem Bleistift 4B für die dunklen Schattierungen unterhalb der Wellen und einem Bleistift HB für die Wellenkämme. Verändern Sie den Bleistiftdruck, damit Sie verschiedene Tonabstufungen bekommen. Vor allem: Versuchen Sie ein Gefühl von Dynamik zu vermitteln, trachten Sie danach, das Wesen und die Kraft des Meeres einzufangen.

»Dampfer an einer Hafeneinfahrt bei Schneetreiben« von J. M. W. Turner, 1842
Das Gespür für Bewegung und die ungestüme, kraftvolle Stimmung dieses Meisterwerks sind typisch für Turners späte Arbeiten. Turner hat in einer großen Anzahl von Zeichnungen und Aquarellen die See in allen ihren Launen dargestellt.

Gefährliche See
Dicke Striche mit weicher Kohle bezeichnen das wogende Meer, mit einem Knetgummi sind die Schaumkronen herausgearbeitet. Eine ähnliche Technik zeigt der Himmel, aber die Tönung ist heller und die Arbeit des Knetgummis nicht so offensichtlich. Durch leichtes Verreiben der dünn aufgetragenen Kohleschicht mit dem Finger wurden Aufhellungen geschaffen und Wolken geformt.

Zeichenkohle

Knetgummi

Die aufgelichteten Flächen des Himmels entstehen dadurch, daß man mit dem Knetgummi einen Streifen entlang der oberen Wolkenlinie freilegt. Die Bewegung der Wolken reflektiert den Wellengang der Meeresoberfläche.

Die Schaumkronen auf den Wellen werden mit dem Knetgummi herausradiert.

Das langgestreckte, von links oben her ins Bild ragende Profil der Klippe lenkt den Blick aufs Meer. Eine solche Diagonale suggeriert Bewegungsenergie und Turbulenz.

THEMEN UND MOTIVE

Brecher am Felsen

In dieser Skizze kommt die Gewalt der Wellen zum Ausdruck, die donnernd gegen den Felsen schlagen und sich an ihm brechen. Felsen und Meer sind mit Feder, Tusche und den Aquarellfarben Kobaltblau und Siena gebrannt gezeichnet. Schaum wird dargestellt, indem man einen Pinsel Nr. 4 in weiße Gouache taucht und die Farbe aufs Papier spritzt. Für Schraffuren und Punktierungen nimmt man die Stahlfeder.

Aquarellfarbe Kobaltblau

Aquarellfarbe Siena gebrannt

Weiße Gouache

Pinsel Nr. 4

Stahlfeder

Schwarze Tusche

Destilliertes Wasser

Weiße Gouache, auf das Papier gespritzt, vermittelt den Eindruck von Energie und Naturgewalt.

Eine dünne Mischung von Aquarellfarben (Kobaltblau und Siena gebrannt), großzügig aufs Papier aufgetragen, ergibt Tönung und farbliche Struktur.

Tiefer Horizont

Ein Schwarm von Seemöwen steht im Blickpunkt dieser auf körnigem weißem Papier mit Zeichenkohle festgehaltenen Szenerie. Die Vögel füllen den Raum zwischen dem oberen Papierrand und der tiefgelegenen, durch das Meer gebildeten Horizontlinie. Der kleine Sonnenball, dessen Spiegelbild die Wasserfläche belebt, ist als Gegengewicht danebengesetzt. Die Wolken bilden einen Baldachin über dem Meer. Ihre Dunkelheit betont den hellen Schein der Sonne.

Küstenlandschaft

Eine Diagonale führt vom oberen linken Bildrand zu den Klippen, wo sie auf die strenge Horizontale des Meeresspiegels trifft. Von der unteren linken Bildecke aus folgt das Auge der Krümmung des Wassers bis zum Mittelpunkt des Bildes – der aus dem Wasser ragenden Felsengruppe und den Klippen dahinter. Alles ist mit Zeichenkohle auf mit kobaltblauer Aquarellfarbe laviertes Papier gezeichnet. Mit weißer Gouache sind Glanzlichter aufgesetzt, die das Bild beleben.

DIE GROSSE ZEICHENSCHULE

Interieurs

Nur allzu leicht übersieht man auf der Suche nach einem Motiv das Augenfällige. Was dem einen alltäglich, ja abgedroschen erscheint, kann für den anderen höchst aufregend sein. Édouard Vuillard, ein französischer Maler des 19. Jahrhunderts, schuf zauberhafte Bilder von, wie es auf den ersten Blick scheint, völlig uncharmanten Vorlagen – simplen Alltagsansichten. Vuillard gehörte zur Künstlergruppe der »Nabis«, deren Ziel es unter anderem war, Gegenstände in erlesener, dekorativer Form wiederzugeben. So belanglose Dinge wie ein Badezimmerspiegel, ein Regal, ein Kamin wurden unter ihren Händen zu originellen, ansprechenden Bildern. Auch Sie können aus prosaischen Dingen Poesie erschaffen, wenn Sie die Augen offenhalten.

Es ist eine nützliche Übung, die eigenen Räume zu zeichnen. Sie werden staunen, wie verändert Gegenstände aussehen können, wenn Sie darangehen, sie unvoreingenommen zu betrachten.

Beginnen Sie mit einer Zimmerecke oder einem Schrank und versuchen Sie sich vorzustellen, Sie hätten sie noch nie gesehen. Wir alle haben Dinge mit Gemütswert bei uns zu Hause, Fotografien, Ziergegenstände, Bücher oder Sachen, die wir geschenkt bekamen. Um sie wirkungsvoll zu Papier zu bringen, kann man gleich zu Anfang versuchen, diese gemüthaften Assoziationen auszuschalten und die Gegenstände nur als Form und Farbe zu sehen. Das gelingt ganz gut, wenn man die Augen halb schließt, so daß Einzelheiten nur undeutlich zu erkennen sind.

Etwas zu zeichnen, so wie es ist, ohne es zu arrangieren oder zu einer Komposition anzuordnen, ist eine gute Übung. Wenn Sie wollen, daß Ihr Bild mehr wird als ein nüchterner Zustandsbericht, dann müssen Sie sich etwas einfallen lassen.

Sie werden mit verschiedenen Blickwinkeln und Augenhöhen experimentieren müssen, um der Szene die beste Seite abzugewinnen. Zeichnen Sie zuerst ein paar Vorstudien ins Skizzenbuch (siehe S. 26/27).

Das Interieur hat für den Künstler den Vorteil – etwa im Vergleich zur Landschaft –, daß die Objekte sich verschieben und nach seinen Vorstellungen anordnen lassen. Widerstehen Sie aber der Versuchung, sauberzumachen und aufzuräumen: Auf dem Fußboden verstreute Zeitschriften, ein aufgeschlagenes Buch oder eine vergessene Kaffeetasse tragen zur Atmosphäre eines Raumes bei und erzählen etwas über die Person, die darin lebt.

Blick in ein Zimmer
Obwohl Kamin und Spiegel einen großen Teil des Raumes einnehmen, wird die Atmosphäre von den Bücherregalen mit den hellen Buchrücken und den Ziergegenständen bestimmt. Diese strukturierte, ziemlich formale Anordnung wird von einer Fülle von Einzelheiten belebt.

Bleistift 4B
Bleistift 2B
Bleistift HB
Graphitstift

Plastikradierer

Der Entwurf
Bei einem so intimen Motiv wie Ihrem eigenen Lebensraum empfiehlt es sich, zuerst eine Skizze oder einen Entwurf zu machen. So fällt es Ihnen leichter, mit objektivem Blick an die Komposition heranzugehen.

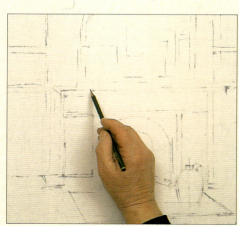

1 *Mit einem Bleistift HB zeichnen Sie die Szene in groben Zügen auf. Legen Sie fest, was Sie in Ihre Zeichnung übernehmen, was Sie weglassen und was Sie hervorheben wollen. Hier ist besonderes Gewicht auf den Kamin und den Spiegel gelegt.*

THEMEN UND MOTIVE

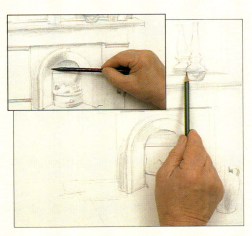

2 Heben Sie die wichtigsten horizontalen und vertikalen Linien hervor. Zeichnen Sie, wie schon vorher, alles mit dem Bleistift. Kasten: Nehmen Sie für dunklere Partien den Graphitstift.

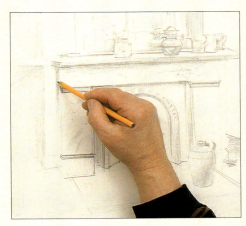

3 Arbeiten Sie mit einem 2B- und einem 4B-Stift die tragenden Linien in den schattigen Abschnitten deutlicher heraus. Die dichteren Töne und die stärkeren Linien schaffen zudem einen überzeugenden räumlichen Eindruck.

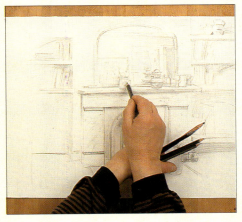

4 Ziehen Sie jetzt alle Zeichenutensilien heran und vervollständigen Sie die farbige und lineare Dimension der Szenerie. Die Kombination von kräftigen, breiten Linien und feinen Bleistiftzeichen ergibt Tonabstufungen und verleiht dem Bild Tiefe.

5 Zeichnen Sie zum Schluß hellere Partien ein. Benutzen Sie den Plastikradierer, um die Grautöne des Bleistifts zu entfernen und das helle Weiß des Papiers zum Vorschein zu bringen (siehe S. 50/51).

Durch das Spiegelbild wird das Auge des Betrachters in die räumliche Tiefe gezogen.

Die Bücherregale dienen als abwechslungsreicher Rahmen für den Kamin.

Die fertige Zeichnung
Die räumliche Masse des Marmorkamins ergibt, im Verein mit den zierlichen Details, eine subtile und reizvolle Zeichnung. Die leichte Neigung des Spiegels gestaltet das Spiegelbild dynamisch, ohne aber den vorherrschenden Eindruck angenehmer Ruhe zu stören.

Der große Krug im Vordergrund ermuntert das Auge zu einer »Reise« durch das Bild.

DIE GROSSE ZEICHENSCHULE

Städteansichten

Zwar zeigen die Demonstrationen auf den beiden folgenden Seiten eine archetypische Vedute von Venedig, doch Sie können ohne Schwierigkeiten auch beim Blick aus Ihrem Fenster oder beim Besuch in der Nachbarstadt Themen für eine gute Zeichnung finden. Nehmen Sie sich jedoch nicht allzu viel vor. Gebäude sind nicht leicht zu zeichnen, und es ist besser, mit einer einfacheren Ansicht zu beginnen, etwa einer Ladenfront oder einem einzelnen Gebäude, als mit einem ganzen Straßenzug. Wenn Sie mehr Erfahrung haben, können Sie versuchen, auch Figuren in Ihre Zeichnung aufzunehmen.

Wahrscheinlich sollte man Städteansichten gar nicht als eine eigene Gattung, sondern eher als »urbane Landschaften« betrachten. Das Vorgehen ist in beiden Fällen sehr ähnlich. Hier wie dort haben Sie – sofern Sie im Freien arbeiten und nicht nach einer Fotografie – mit der Unberechenbarkeit des Wetters zu rechnen. Hier wie dort brauchen Sie eine tragbare Ausrüstung (siehe S. 24/25). Und hier wie dort bietet sich Ihnen innerhalb einer einzigen Szenerie eine riesige Fülle von Motiven an, und Ihr erster Schritt wird darin bestehen, in aller Ruhe den besten Blickpunkt und die richtige Augenhöhe ausfindig zu machen. Ein Suchrahmen, den Sie aus zwei L-förmigen Pappestücken selbst anfertigen können (siehe S. 80), wird Ihnen dabei eine große Hilfe sein.

Suchen Sie sich einen bequemen Platz zum Zeichnen. Es ist keine sehr angenehme Vorstellung, in einer belebten Straße, umgeben von Passanten, die Staffelei aufstellen zu müssen. Der Hauptunterschied zur Landschaftsdarstellung liegt darin, daß Sie, sobald Gebäude im Spiel sind, zumindest Grundkenntnisse in der Perspektive haben müssen (siehe S. 40–43). Weil Gebäude zum großen Teil aus parallelen Linien bestehen, müssen Sie sehr sorgfältig auf die entsprechenden Fluchtpunkte achten. Am besten zeichnen Sie sich mit einer leichten Linie die Augenhöhe (Horizontlinie) ein. Dann können Sie die Winkel der konvergierenden Linien bestimmen und deren Fluchtpunkt auf der Horizontlinie finden. Denken Sie aber daran, daß die Perspektive sich verschiebt, wenn Sie den Blickpunkt oder die Augenhöhe verändern. Falls Sie die Arbeit unterbrechen, müssen sie danach wieder ganz genau den gleichen Platz einnehmen.

»Der Canale Grande in Venedig« von Antonio Canaletto
Die in die Tiefe zurückweichenden Gebäude führen das Auge des Betrachters durch das Bild.

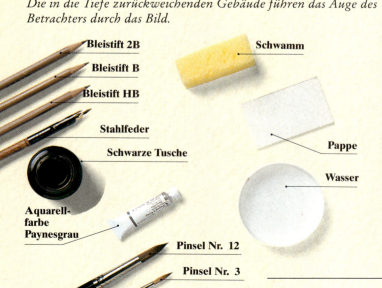

- Bleistift 2B
- Bleistift B
- Bleistift HB
- Stahlfeder
- Schwarze Tusche
- Aquarellfarbe Paynesgrau
- Schwamm
- Pappe
- Wasser
- Pinsel Nr. 12
- Pinsel Nr. 3

Die Stadt der Reichtümer
Wohin auch immer Sie den Blick wenden – Venedig ist von erlesener Schönheit. Hier wurde eine breite Ansicht des Canale Grande als Zeichenthema gewählt.

1 Messen Sie zuerst mit einem Bleistift die relativen Größen der Gebäude und der Gegenstände im Vordergrund aus (siehe S. 36/37). Kasten: Nehmen Sie einen Stift HB und skizzieren Sie die Szene.

2 Legen Sie ein sauberes Blatt Papier über Ihre Arbeit. Nehmen Sie einen B- und einen 2B-Stift für die kräftigeren, breiteren Linien und den dunkleren Tonwert der Gebäude.

88

THEMEN UND MOTIVE

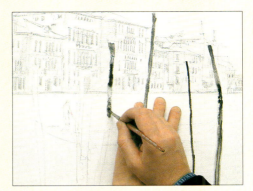

3 Wenn Sie mit der Skizze zufrieden sind, tauchen Sie einen Pinsel Nr. 3 in konzentriertes Paynesgrau und zeichnen damit die Ankerpfähle und die Gondel. Lassen Sie jede Partie gut trocknen.

4 Bringen Sie nun mit dem Rücken der Tuschefeder Kontraste in die Flächenstruktur und deuten Sie das Spiegelbild der Gondel auf dem Wasser an.

5 Schneiden Sie ein Stück Pappe zurecht, etwa 10 x 7,5 cm groß. Tauchen sie eine der Kanten in verdünntes Paynesgrau und »drucken« Sie damit die Kräuselung der Wasseroberfläche.

6 Wenden Sie das Blatt um 180° und befeuchten Sie es mit klarem Wasser. Tauchen Sie einen Pinsel Nr. 12 in verdünntes Paynesgrau und zeichnen Sie die Spiegelungen auf dem Wasser. Kippen Sie das Blatt etwas, damit die Lavierung herunterläuft und so ein Eindruck von fließendem Wasser entsteht.

7 Wenn die dunkleren Partien wie die Gondel und die Ankerpfähle sowie die mit der Feder gezeichneten Details trocken sind, können Sie das hellere Paynesgrau für den Kanal verwenden. Warten Sie damit, bis die Lavierung völlig getrocknet ist, das gibt ihr ein frisches Aussehen.

8 Jetzt drehen Sie das Blatt wieder in die ursprüngliche Lage, um es abschließend zu beurteilen. Sollten einige Partien zu stark getönt sein, so tauchen Sie einen Schwamm in sauberes Wasser, drücken ihn nahezu völlig aus und wischen vorsichtig etwas von der Lavierung fort.

Die fertige Zeichnung
In der fertigen Zeichnung verbinden sich die Feinheiten der Bleistiftzeichnung mit einer zarten Lavierung und kräftiger Tuschearbeit.

Die helle Lavierung in Paynesgrau ergibt ganz von selbst wechselnde Tonwerte, die die Strömung des Wassers andeuten. Im Gegensatz dazu steht der einheitlich kräftige Ton der Gebäude, der Ankerpfosten und der Gondel.

DIE GROSSE ZEICHENSCHULE

Architektur

Von der griechischen Antike bis zur Postmoderne spiegelt kaum etwas eine historische Epoche so gut wider wie ihre Architektur. Auch jedes Land hat seinen eigenen Stil. Eine mexikanische Hacienda sieht ganz anders aus als ein englischer Herrensitz, obwohl beide ursprünglich die gleiche Funktion hatten. Ob Sie nun im Urlaub sind und Lokalkolorit einfangen wollen, oder ob Sie einfach Ihre Heimatstadt mit anderen Augen sehen – bringen Sie alles, was Sie sehen, zu Papier! Spüren Sie den ursprünglichen Absichten des Erbauers nach; versuchen Sie, etwas davon in Ihrer Zeichnung sichtbar zu machen. Als Sir Christopher Wren die St. Paul's Cathedral zeichnete, die auf diesen beiden Seiten abgebildet ist, wollte er ein Gefühl der Ehrfurcht vermitteln, und gerade das war auch mit der Größe des Baus beabsichtigt worden. Ein Mietshaus oder ein Landhäuschen würden andere Empfindungen wachrufen. Berücksichtigen Sie auch den Kontext. Wollen Sie das Gebäude aus dem Zusammenhang seiner Umgebung lösen? Dann müssen Sie einen entsprechenden Standpunkt wählen und alles Unwesentliche weglassen. Oder soll es Teil eines Ensembles sein? Entscheiden Sie diese Dinge, bevor Sie anfangen zu zeichnen, denn nichts ist frustrierender, als feststellen zu müssen, daß man die Sache falsch angepackt hat – besonders, wenn man schon fast fertig ist.

Bleistift HB

Zuerst müssen Sie den richtigen Blickpunkt finden. Wenn Sie nicht gerade vorhaben, eine Bestandsaufnahme der Fassade vorzunehmen, sollten Sie ein Gebäude nie von vorn abbilden, denn dadurch erscheint es flach und nicht als Raumkörper, sondern mehr wie das Bühnenbild eines Laientheaters. Postieren Sie sich also seitlich, so daß Sie zwei Seiten des Gebäudes sehen. Wenn Sie noch irgendeinen Gegenstand, einen Laternenpfahl oder einen Baum, im Vordergrund oder hinter dem Gebäude miteinbeziehen können, gewinnen Sie dadurch an Bildtiefe.
Auch die Augenhöhe spielt eine Rolle. Ein hohes Gebäude kann ein aufregendes Bild ergeben, wenn man eine niedrige Augenhöhe wählt; infolge eines merkwürdigen optischen Effekts sieht es dann aus, als wolle es umkippen. Oder Sie versuchen, die Möglichkeiten der Vogelperspektive zu nutzen und – etwa von einem Wolkenkratzer oder einem hohen Wohnhaus aus – auf die Dächer der umstehenden Häuser hinunterzuschauen.
Welchen Blickpunkt und welche Augenhöhe auch immer Sie wählen – behalten Sie die Prinzipien der Perspektive im Gedächtnis (siehe S. 40–43). Die richtige Perspektive ist für die Wirkung Ihrer Arbeit entscheidend.
Schließlich müssen Sie auch noch den Lichteinfall bedenken. Mittags, wennn die Sonne am höchsten steht, gibt es nur wenig Schatten. Zeichnet man Gebäude in solchem Licht, dann wirken sie flächig. Die besten Zeiten sind deshalb der frühe Morgen und der späte Nachmittag, wenn Licht- und Schattenpartien deutlich hervortreten. Ein scharfer Kontrast zwischen hellen und dunklen Flächen ist eine klassische Methode, um perspektivische Fluchten darzustellen (siehe S. 52–53).

St. Paul's Cathedral
Formenreich, massiv und eindrucksvoll – die St. Paul's Cathedral in London ist eines der bekanntesten Bauwerke der Welt. Die verschiedenen Niveaus der Türme und Turmspitzen und der Kuppel erleichtern den Zugang zur zeichnerischen Erschließung.

1 *Skizzieren Sie die Konstruktion mit einem Bleistift 2B; die starke, dynamische Linie der Silhouette ist dabei von großer Hilfe. Führen Sie überall im Bereich der Kuppel die Ellipsen genau aus und achten Sie darauf, daß sie sich korrekt aufeinander beziehen (siehe S. 41).*

THEMEN UND MOTIVE

2 *Kennzeichnen Sie die schattigen Partien im Säulenumgang der großen Kuppel durch dunklere Tönungen. Sie brauchen dazu keinen weicheren Stift zu nehmen, sondern nur stärker aufzudrücken.*

3 *Bauen Sie nun auch die Tonwerte auf der schattigen Seite des Gebäudes auf. Es besteht die Gefahr, daß sich ein derart reich ausgestaltetes Objekt bei der Wiedergabe in einzelne Vignetten auflöst. Die Anwendung von Tönung über die gesamte Zeichnung hinweg kann dazu beitragen, die Komposition zusammenzuhalten.*

Die fertige Zeichnung

Die vielfältigen Schattierungen und Strukturflächen der Bepflanzung um das Gebäude herum werden zuletzt gezeichnet. Die fertige Zeichnung zeigt einen geschlossenen Aufbau, der sich zum Himmel aufschwingt. Der quadratische Turm rechts im Vordergrund ist ein wichtiger Eckpfeiler, der das Auge auf den Gebäudekomplex der Kathedrale hinlenkt. Die Betonung der Grundlinie verleiht dem ganzen Bau ein solides Fundament.

Das Kreuz setzt sich gegen das massige Gefüge der Kuppel ab und dient als krönender Blickfang. Hier sind feine Bleistiftlinien angebracht.

Der massive Turm im Vordergrund lenkt den Blick in die Bildmitte und bereichert Aufbau und Umriß des Bildes. Schwarze Schattierungen heben seine Bedeutung hervor.

Der kräftige, dunkle Ton an der Basis des Gebäudes scheint es gleichsam zu untermauern.

DIE GROSSE ZEICHENSCHULE

Plastik am Bau

Bauplastische Elemente können sowohl funktional sein (Arkaden, Säulen) als auch rein dekorativ (Wasserspeier an mittelalterlichen Kathedralen, Keramik in der Blauen Moschee in Istanbul). Sogar an kleinen, privaten Bauten lassen sich zahlreiche Einzelelemente finden: Portale, besonders gestaltete Fenster und Türen, Türknöpfe, Briefkästen: die Liste ist fast endlos.

Für das Zeichnen von Bauelementen ist das Skizzenbuch hervorragend geeignet. Sie können es in die Tasche stecken und alles, was Ihnen an interessanten Motiven begegnet, schnell festhalten. Versuchen Sie, mehrere Elemente des gleichen Gebäudes möglichst auf einer Seite aufzuzeichnen, nicht jedes getrennt für sich; so läßt sich am besten das Wesen eines Gebäudes erfassen.

Obwohl das Aussehen architektonischer Bauelemente je nach der Erbauungszeit beträchtlich variieren kann, sind sie im allgemeinen ein integraler Bestandteil des Gebäudes. Arkaden und Säulen beispielsweise dienen nicht nur zur Dekoration, sondern auch dazu, das Gewicht des Gebäudes zu tragen. Man kann dies veranschaulichen, indem man erkennen läßt, daß sie nur ein Ausschnitt aus einem größeren Zusammenhang sind. Oder nehmen wir eine Tür: Zeichnen Sie sie halb offen, um anzudeuten, daß es dahinter weitergeht. Wählen Sie Ihren Blickpunkt etwas seitlich vom Objekt, damit die Zeichnung Räumlichkeit bekommt. Natürlich spielen Schattierungen und Tonwerte dabei eine große Rolle, was Sie bei der Wahl der Technik bedenken sollten.

Bleistift HB

Auch hier kommt wieder die Perspektive ins Spiel (siehe S. 40–43). Bei einer halboffenen Tür verläuft die Linie der oberen Türbegrenzung schräg nach unten, wenn sich die Tür nach innen öffnet, dagegen nach oben, wenn sie sich nach außen öffnet, und die untere Begrenzung verläuft jeweils in der umgekehrten Richtung. Auch Ihr Blickpunkt ist wiederum von Bedeutung: Sie müssen bei der Darstellung eines Bogens oder einer Kuppel die Ellipsenform beachten.

Einige Objekte lassen sich am besten von vorn wiedergeben. Dies ist im allgemeinen der Fall, wenn Ihnen mehr an der Oberflächendekoration gelegen ist als an der Form, also etwa den scharf gemeißelten Konturen einer korinthischen Säule oder den geschnitzten Reliefs auf dem Sarkophag eines ägyptischen Pharaos.

Bei Objekten wie Gipsfiguren muß man sich annähernd in der Mitte zwischen den beiden genannten Vorgehensweisen halten. Ein frontaler Blickpunkt erlaubt Ihnen, die Details an der Oberfläche in allen Einzelheiten zu erfassen, und mit Ton und Schattierung können Sie das leicht erhabene Profil der Gipsgüsse hervorheben.

Tageszeit und Lichteinfall sind ganz wichtige Faktoren bei der Darstellung von Räumlichkeit (siehe S. 52/53). Das Licht des frühen Morgens und des späten Nachmittags begünstigt die rundplastische Wirkung.

Der Blickpunkt

Die Wahl des Blickpunkts für eine Zeichnung ist immer wichtig. Probieren Sie verschiedene Möglichkeiten aus, bis Sie überzeugt sind, die richtige gefunden zu haben. Wählen Sie eine niedrige Augenhöhe, wenn Sie die Besonderheit eines Objekts betonen oder verstärken wollen. Die normale Augenhöhe eignet sich für ruhige, eingehende Studien.

Aus seitlicher Sicht ergeben sich perspektivische Fluchten.

Die frontale Sicht erlaubt es, komplizierte Details exakt darzustellen.

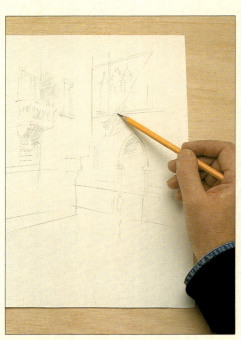

1 *Folgen Sie mit lang geführtem Stift in fließenden, ungehemmten Bewegungen den Grundlinien der Gesamtansicht. Zeichnen Sie zunächst nur die wichtigsten Linien ein. So erfassen Sie die Grundstruktur des Objekts mit seinen verschiedenen aufeinander bezogenen Winkeln.*

THEMEN UND MOTIVE

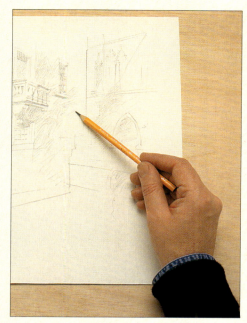

2 Zeichnen Sie die Umrisse mit leichtem, skizzierendem Strich. Gehen Sie nicht zu sehr ins Detail. Achten Sie vor allem darauf, daß die Säulen der Balustrade, ebenso wie die beiden benachbarten Gebäude, in der richtigen Relation zueinander stehen. Eine solche Anwendung einfacher perspektivischer Regeln gibt dem Ganzen einen soliden Charakter und macht die Darstellung dekorativer Oberflächendetails überzeugend.

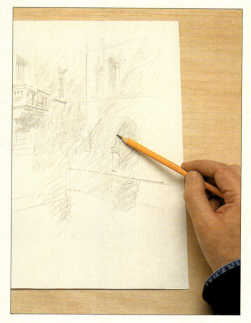

3 Prüfen Sie, wo Tönungen nötig sind, und fügen Sie sie mit dem locker zwischen Daumen und Zeigefinger gehaltenen Bleistift ein. Schließen Sie die Augen ein wenig; so heben sich helle und dunkle Partien besser gegeneinander ab, und Sie sehen, ob die Tonwerte richtig aufeinander abgestimmt sind. Tragen Sie den Ton mit beliebigen Strichen auf und versuchen Sie, eine gewisse Lebendigkeit auf den schattierten Flächen zu erhalten.

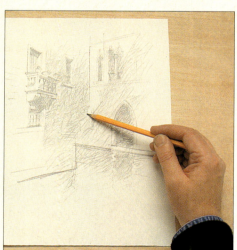

4 Bearbeiten Sie die ganze Fläche gleichzeitig, stellen Sie nicht eine Partie nach der anderen fertig. Dadurch fügen sich die verschiedenen Aspekte der Szenerie harmonisch zusammen, und es entsteht ein Eindruck von Einheitlichkeit.

Die fertige Zeichnung
Die durchgehende, aber aufgelockerte Tönung schafft eine Atmosphäre, die dem Gegenstand gerecht wird. Das Auge gleitet über die Flächen und hält inne, um die reichgegliederten Details zu studieren. Beachten Sie, wie sich die stärker getönten Flächen gegenseitig im Gleichgewicht halten, so daß die Mauer nirgendwo unrealistisch vorspringt. Die ganze Zeichnung ist in der kräftig gezeichneten unteren Abschlußlinie verankert, an der Stelle, wo die Gebäude sich auf ihren Fundamenten aus dem Kanal erheben.

DIE GROSSE ZEICHENSCHULE

Das Selbstbildnis

Selbstbildnisse spielen eine bedeutende Rolle in der Geschichte der Malerei. Sie sagen etwas über den Charakter des Künstlers aus und verschaffen uns durch zeitgenössische Kleidung und Gegenstände im Hintergrund einen Einblick in die Welt, aus der sie kommen. Rembrandt und van Gogh sind berühmt wegen ihrer Selbstbildnisse, die sie zu verschiedenen Zeiten ihres Lebens darstellen.

Selbstbildnisse sind ein gutes Thema für jeden, der an figürlichem Zeichnen und besonders dem Porträtzeichnen interessiert ist. Zunächst einmal brauchen Sie niemanden zu bitten, für Sie Modell zu sitzen. Zweitens haben Sie die Garantie, ein Modell gefunden zu haben, das Ihnen so lange sitzt, wie Sie wollen! Drittens ist es eine reizvolle Aufgabe. Wir glauben ja alle, wir wüßten genau, wie wir aussehen; aber wenn wir ein Selbstbildnis zeichnen, kommen wir uns doch sehr viel näher und entdecken mitunter Züge und Mienen, die wir vorher nicht bemerkt hatten.

Um ein Selbstbildnis zu zeichnen, stellt man üblicherweise einen Spiegel so auf, so daß man sich vom Arbeitsplatz aus darin sehen kann. Ein Problem bei dieser Methode ist allerdings, daß man das Gesicht seitenverkehrt vor sich hat, wenn man es abzeichnet. Das ist dann vielleicht der Grund, weshalb anderen das Bild nicht wirklich ähnlich erscheint. Um diesem Nachteil abzuhelfen, verwenden manche Künstler eine Anordnung von zwei Spiegeln: Sie zeichnen das Spiegelbild des Spiegelbildes und kehren so das Bild wieder in die Form um, in der es normalerweise von anderen gesehen wird.

Bleistift 2 B

»Selbstporträt im Alter von 63 Jahren« von Rembrandt
Rembrandt malte dieses Bild im Jahr 1662, gegen Ende seines Lebens – er starb 1669. Typisch für sein Werk ist das sanfte Gegeneinander von Hell und Dunkel (man nennt es Chiaroscuro), das am stärksten im Gesicht zum Ausdruck kommt.

Der Blick in den Spiegel
Vor dem Spiegel experimentiert der Künstler mit dem Blickwinkel – Kopf gesenkt, Kopf erhoben – und mit dem Mienenspiel.

1 *Mit Lineal und Filzstift legt er die obere und die rechte Begrenzung des Kopfes auf dem Spiegel fest, damit er jederzeit die gleiche Position einnehmen kann.*

2 *Mit einem Stift 2B skizziert er die Gesichtszüge und vergewissert sich, daß sich die Augen in ausgewogener Lage beidseits der Mittellinie befinden.*

THEMEN UND MOTIVE

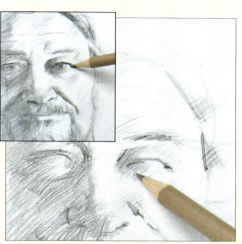

3 Jedesmal, wenn er in den Spiegel schaut, muß er den gleichen Gesichtsausdruck annehmen. Das wird immer einfacher, je weiter die Zeichnung Fortschritte macht. Er schattiert nun die Nasenflügel, um eine rundplastische Wirkung hervorzurufen.

4 Jetzt zeichnet er die gekrümmten Linien der Augen und der Augenlider ein. Kasten: Mit einem Stift 2B verstärkt er die Schatten am Rand der Augenlider.

5 Er muß darauf achten, daß die Haardecke das Schädeldach abdeckt und das Haar der Kopfform wie eine Kappe anliegt.

6 Das Porträt beschränkt sich nicht nur auf Gesicht und Haar. Auch die Schattenseite von Schulter und Brust wird schraffiert. Der Gegensatz von hellen und dunklen Flächen schafft eine räumliche Illusison.

Die fertige Zeichnung
Das fertige Werk zeigt eine ganze Skala von Tönen. Etwas Licht wird auch auf die dunklere Seite des Gesichts reflektiert, während der kräftigste Schatten von der Stirn bis herunter zum Hemdkragen reicht. Nur das Nötigste an Tönung wird eingesetzt, um Einzelheiten des Bartes und die Falten auf der helleren Gesichtshälfte zu bezeichnen. Diese Art von Tönung ist eine sichere Methode, um eine rundplastische Wirkung zu erzielen – auch wenn das Bild so die Spuren der Zeit verrät.

DIE GROSSE ZEICHENSCHULE

Porträt mit Gitterrahmen

Der Gitterschirm, der auf diesen Seiten vorgestellt wird, ist eine etwas weiterentwickelte Version des auf den Seiten 38 und 39 beschriebenen Meßsystems. Wie der Name sagt, wird dafür ein Gitter benützt, hinter dem das Modell sitzt. Die horizontalen und vertikalen Linien des Gitters dienen als Bezugspunkte, nach denen Sie die relative Größe und die Lage von Elementen im Bildraum festlegen können. Ein zusätzliches Hilfsmittel, das Sie auf der Abbildung sehen, ist das Senkblei. Bringen Sie die Schnur so an, daß sie sich mit einer der senkrechten Linien des Gitters deckt, und setzen Sie Ihr Modell so, daß ein als Anhaltspunkt geeignetes Detail (der Rand des Gesichts, der äußere Augenwinkel) davon berührt wird. So können Sie ständig kontrollieren, ob das Modell seine Stellung geändert hat – oder Sie den Blickpunkt.

Bleistift HB

Auch das Zeichenpapier wird mit einem Gitter markiert. Die beiden Gitter (auf dem Schirm und auf dem Papier) müssen weder die gleiche Größe noch die gleiche Anzahl von Quadraten haben. Je nachdem, ob Sie die Quadrate auf dem Papiergitter kleiner oder größer machen, können Sie den Maßstab Ihrer Zeichnung verkleinern oder vergrößern. Verwenden Sie die solcherart hergestellten Zeichnungen als vorbereitende Skizzen und übertragen Sie sie dann auf ein Blatt Papier. Die Benutzung des Gitterschirms zwingt Sie dazu, Ihr Motiv eingehend zu betrachten, und wenn Sie so die genaue Größe und die relative Lage der einzelnen Bildelemente festgelegt haben, sollte es Ihnen nicht mehr schwerfallen, den Vorgang bei der endgültigen Zeichnung zu wiederholen. Dann können Sie noch Details einfügen und Tupfer anbringen, wo dies nötig ist.

Die Herstellung eines Gitterrahmens

Setzen Sie eine Glasscheibe in einen festen Holzrahmen ein. Drücken sie an allen vier Seiten Reißnägel in den Rahmen und spannen Sie dünnes schwarzes Garn darüber. So entsteht das Gitter. Befestigen Sie ein Senkblei an einem auf dem oberen Rahmen liegenden Stück Holz, und zwar so, daß die Schnur bei frontalem Blickpunkt mit einer der senkrechten Gitterlinien zusammenfällt. Sie können das Holzstückchen auf dem Rahmen nach Bedarf verschieben und die Stellung des Senkbleis der des Modells anpassen. Der Schirm kann beliebig groß sein, vorausgesetzt, er läßt sich vor dem Modell aufstellen.

Die Reißnägel werden in gleichmäßigen Abständen in alle vier Seiten des Rahmens gedrückt.

Hängen Sie das Senkblei so auf, daß die Schnur über einer der Gitterlinien liegt.

Das Senkblei kann beliebig hoch hängen. Es darf nur nicht das Modell verdecken.

Ein sicherer Stand ist unumgänglich, der Gitterschirm muß wirklich waagerecht stehen.

Der Aufbau
Lassen Sie das Modell hinter dem Schirm Platz nehmen und achten Sie darauf, daß der Schirm parallel steht. Rücken Sie die Schnur des Senkbleis an die gewünschte Stelle. Stellen Sie Ihr Zeichenbrett in leichter Schräglage unmittelbar vor den Schirm. Bei waagerechter Stellung würde Ihr Blick schräg auf die Malunterlage fallen.

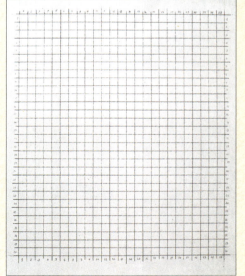

Das Maßgitter
Zeichnen Sie mit einem Stift HB in leichter Strichführung ein Gitter aufs Papier. Machen Sie die Quadrate des Gitters und damit Ihren Maßstab so groß oder klein, wie Sie wollen. Sie können auch die einzelnen Quadrate noch einmal unterteilen, was sich bei besonders feinen Einzelheiten empfiehlt.

THEMEN UND MOTIVE

1 *Skizzieren Sie die Lage der wichtigsten Gesichtsmerkmale mit einem Stift HB. Die Quadrate helfen Ihnen, sie genau zu plazieren. Entwerfen Sie das Gesicht und das Haar, legen Sie Augen, Augenbrauen, Nase und Mund fest.*

2 *Führen Sie den Stift flach für lange Schwünge, legen Sie den Winkel des Halses und die Schräge der Schultern fest, zeichnen Sie den Kragen von Hemd und Pullover.*

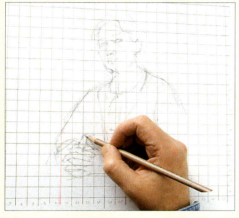

3 *Zeichnen Sie mit breiten Schwüngen die Arme und den V-Ausschnitt des Pullovers. Zählen Sie die Quadrate ab, bis Sie die Lage der Hände gefunden haben. Skizzieren Sie die Finger.*

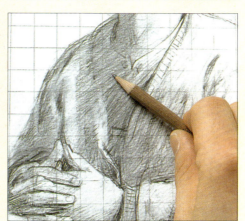

4 *Auch beim Schraffieren der Schatten halten Sie sich an die Gittereinteilung. Mit halbgeschlossenen Augen erkennen Sie die Tonwerte besser. Führen Sie den Stift flach und erzeugen Sie durch wechselnden Druck verschiedene Tönungen.*

Die fertige Zeichnung

Ausdruck und Haltung des Modells sowie die der Realistik und Plastik dienenden Schattierungen, sind festgelegt und im Maßstab des Gitters ausgeführt worden. Trotz dieses scheinbar starren, mechanischen Hilfsmittels ist ein sympathisches Portät zustande gekommen, das die ruhige, beschauliche Gemütslage des Modells einfängt.

Die Seite, die am weitesten vom Licht entfernt ist, weist die tiefsten Schatten auf.

Die Horizontale des aufliegenden linken Arms macht die Komposition ausgewogen und bildet eine starke Grundlinie.

Das Haar ist locker gezeichnet, nicht als einzelne Haarsträhnen, sondern als in Wellen gelegter Schopf.

Partien mit besonders starkem Lichteinfall sind weiß belassen und nur durch Strichakzente abgesetzt.

DIE GROSSE ZEICHENSCHULE

Freies Porträtzeichnen

Wenn Sie sicher sind, daß Sie die verschiedenen Proportionen des Kopfes einstudiert haben und die Gesichtszüge richtig einfügen können, ist es so weit, zu der mehr künstlerischen Überlegung überzugehen, wie man den Charakter und das Wesen des Modells ausdrücken kann. Viele große Porträtisten scheinen über die Fähigkeit zu verfügen, »innere Wahrheiten« zu erkennen und mehr zu enthüllen, als man für möglich halten würde. Eine scharfe Beobachtungsgabe und die Wahl der richtigen Zeichenmittel und der angemessenen Technik sind das Geheimnis dieser Fähigkeit.

Porträts können steif wirken, so als säße das Modell in Habacht-Stellung und empfinde jede Minute als verdrießlich. Gestalten Sie die Atmosphäre so entspannt wie möglich, reden Sie mit Ihrem Modell oder lassen Sie im Hintergrund leise Musik spielen. Porträtzeichnen kann ein langwieriger Prozeß sein, deshalb sollte das Modell entspannt und in möglichst natürlicher Haltung sitzen.

In der Tat kann Körpersprache ebensoviel – wenn nicht mehr – verraten wie Mimik. Ein fröhlicher, selbstbewußter Mensch hält den Kopf hoch und blickt seinem Gegenüber gerade in die Augen, während jemand, der sich elend fühlt, in sich zusammengesunken und mit niedergeschlagenen Augen im Sessel sitzt. Achten Sie auf solche Anhaltspunkte, bevor Sie mit dem Zeichnen beginnen, und wählen Sie entsprechendes Zeichenmaterial und die entsprechende Technik.

Bleistift HB

Bleistift HB
Ein Bleistift mit dem Härtegrad HB wird für diese Skizze benützt. Rasch hingeworfene Linien geben dem Gesicht den Ton. Kasten: Auch wenn sehr schnell gezeichnet wird, muß man darauf achten, daß die Ellipsen der Tasse im richtigen Winkel stehen.

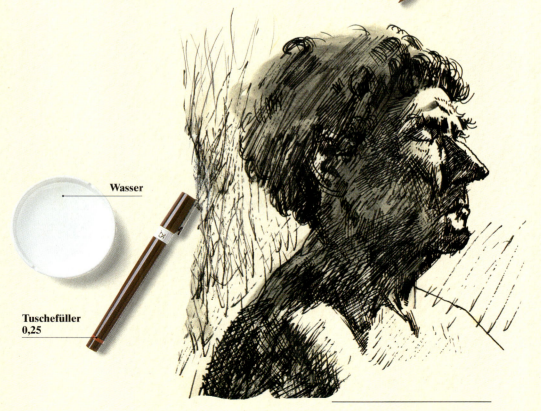

Wasser

Tuschefüller 0,25

Tuschefüller
Ein Tuschefüller 0,25 zeichnet bei rascher Führung einen kritzeligen Strich, bei langsamer Arbeit aber eine gerade ausgezogene Linie. Tauchen Sie einen Finger in Wasser, um Schraffuren, beispielsweise am Haarkranz, zu verwischen. Kasten: Feine Schraffierungen bilden kleine Tonflächen.

THEMEN UND MOTIVE

Kugelschreiber
Ein Kugelschreiber eignet sich sehr gut für schnelle Skizzen. Diese Zeichnung ist auf Zeitungsdruckpapier gemacht, das dünn ist und leicht reißt. Dafür ist der Kugelschreiber ideal geeignet, weil er leicht über das Papier rollt. Kasten: Wenn Sie einzelne Stellen, etwa das Haar, dunkler tönen wollen, führen Sie den Kugelschreiber wiederholt leicht darüber. Das ist besser, als mit mehr Druck zu arbeiten.

Bleistift H
Ein Bleistift H zeichnet sehr feine Linien und ist deshalb bestens geeignet für diesen gedankenvollen, in sich gekehrten Gesichtsausdruck. Arbeiten Sie vorsichtig, damit die harte Mine nicht das Papier zerreißt. Kasten: Arbeiten Sie dunklere Details wie Augen und Nase des Mädchens mit der Bleistiftspitze aus.

Bleistift 2B
Ein Stift 2B zeichnet eine flexible Linie, so wie man sie für ein klares Profil benötigt. Verwenden Sie ein imaginäres Gittersystem, um die vom Scheitel zum Nacken reichende Linie genau zu zeichnen. Kasten: Üben Sie stärkeren Druck aus, um Schattenpartien oder einen dunkleren Ton zu erzielen.

Bleistifte verschiedener Härtegrade
Hier fällt das Licht von unten ein. Weil Gesichter normalerweise so nicht beleuchtet werden, müssen die Schatten stimmen, wenn das Porträt rundplastisch wirken soll. Kasten: Mit Bleistiften verschiedener Härtegrade können Sie die Tonwerte besser abstufen.

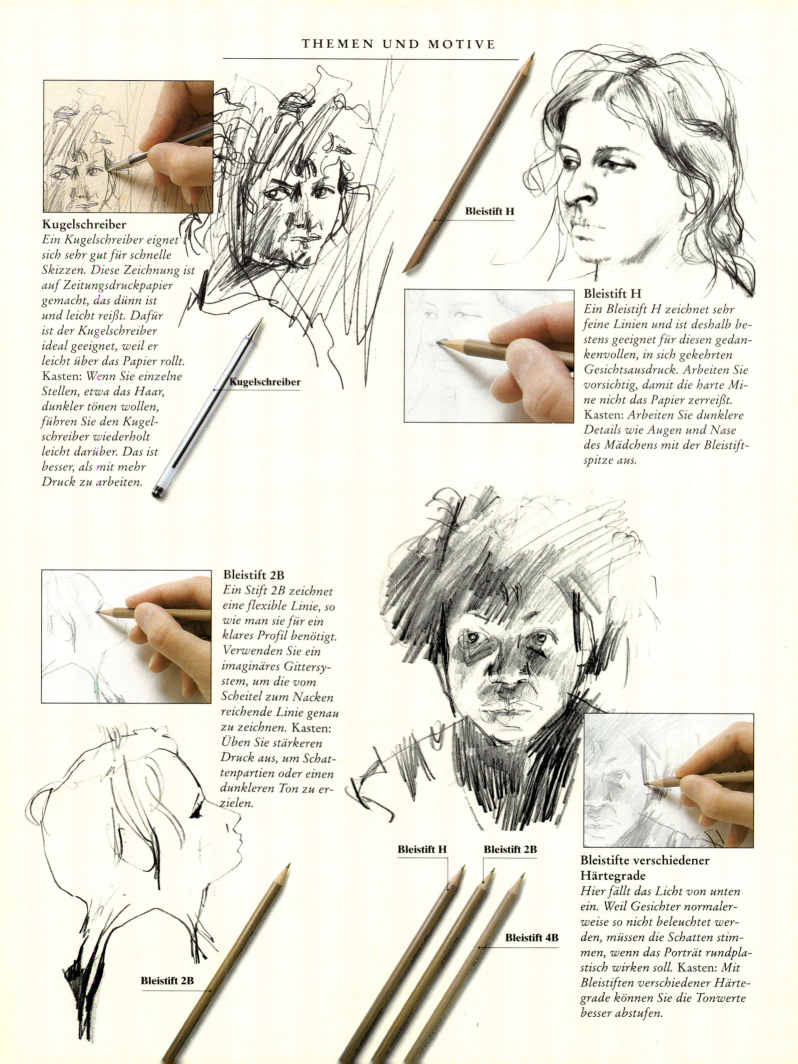

DIE GROSSE ZEICHENSCHULE

Kinder

Von Mary Cassat (1845–1926), einer amerikanischen Künstlerin, die gegen Ende des 19. Jahrhunderts meist in Paris arbeitete, gibt es reizvolle Kinderzeichnungen. Viele berühmte Künstler haben im Lauf der Jahrhunderte sehr schöne Beispiele dieser Gattung geschaffen. Auch Amateuren hat es immer Freude bereitet, ihre eigenen oder andere Kinder zu zeichnen. Es ist sehr lohnend, ein heranwachsendes Kind in regelmäßigen Zeitabständen zu zeichnen

Mehrere Faktoren sind speziell für das Zeichnen von Kindern bedeutsam. Einer davon ist der leidige Umstand, daß sie unfähig sind, längere Zeit stillzuhalten. Um mit diesem Problem fertig zu werden, müssen Sie häufig Pausen einlegen, damit die Kinder die Glieder strecken können. Das ist ein zeitraubendes Verfahren. Sie sollten auch dafür Sorge tragen, daß sie bequem sitzen; dann werden sie weniger herumkaspern.

Neben diesen menschlichen Problemen gibt es auch technische Besonderheiten. Unsere Proportionen verändern sich sehr, während wir heranwachsen. Das betrifft die Größe des Kopfes im Vergleich zum übrigen Körper und ebenso die Länge der Arme und Beine im Verhältnis zum Rumpf. Bei Babys hat der Hals kaum eine stützende Funktion, erst im Verlauf des Wachstums wird er kräftiger. Lange Beine sind ein Charakteristikum der Jugendlichen. Beachten Sie auch, daß die Gesichtszüge kleiner Kinder nur eine kleine Fläche des Kopfes einnehmen und zarter und weniger ausgeprägt sind als beim Erwachsenen.

Und noch etwas: Bedenken Sie, daß Kinder zwar sehr reizvolle Motive für Zeichnungen abgeben, besonders wenn Sie Ihnen nahestehen; doch man sollte dabei nicht sentimental werden.

Mädchen mit Hut
Der Kopf ist dem Betrachter halb zugewandt. Die Hände lenken nicht vom Gesicht ab, weil sie leicht ausgeführt sind.
Kasten: *Der Schatten unter der Hutkrempe ist wichtig.*

Bleistift 2B

Die Größenverhältnisse bei Kindern

Hier können Sie die Veränderungen der Proportionen vom Babyalter bis zur Adoleszenz sehen. Maßnehmen (siehe S. 54/55) ist das geeignetste Mittel, um zu größtmöglicher Genauigkeit beim Porträt- und Figurenzeichnen zu gelangen. Sie sehen, wie die Beinlänge sich im Verhältnis zur Körperlänge ändert. Ab zwölf Jahren etwa nähert sich die Figur dann der eines Erwachsenen an.

4 Kopflängen — 1 Jahr
5 Kopflängen — 4 Jahre
6½ Kopflängen — 8 Jahre
7 Kopflängen — 12 Jahre

THEMEN UND MOTIVE

Terpentin

Lappen

Ölfarbe Paynesgrau

Ölfarbe Kadmiumrot

Schwarzer Farbstift

Bleistift 2B

Bleistift HB

Mädchen in anmutiger Pose
Mit verschiedenen Bleistiften ist das Gesicht des Mädchens gezeichnet. Für den Pullover wird Kadmiumrot (Öl) mit dem Lappen aufgetragen. Paynesgrau wird mit Terpentin verdünnt und ebenfalls mit dem Lappen auf die Randzonen des Haares aufgetragen. Kasten: Der Kragen des Pullovers wird schwarz gezeichnet.

Farbstifte

Bleistift HB

Kindergruppe
Die Umrisse der Körper werden locker mit einer Stahlfeder und schwarzer Tusche skizziert.
Kasten: *Mit dem in Tusche getauchten Daumen werden Schattierungen an der Halspartie des Mädchens im Vordergrund und am Haar des Jungen aufgetragen.*

Schwarze Tusche

Stahlfeder

Profilansicht eines Mädchens
Die Profilansicht zeigt die jugendliche Eleganz eines Mädchens, dessen Proportionen – mit langen Beinen und schlankem Körper – sich denen eines Erwachsenen annähern. Kasten: Schräge, parallele Strichlagen ergeben eine Tonfläche. Variieren Sie die Tonwerte.

101

DIE GROSSE ZEICHENSCHULE

Figürliches Zeichnen

In der abendländischen Kunst gilt die menschliche Gestalt seit Jahrhunderten als klassisches Motiv. Michelangelo nannte sie einmal »den vornehmsten Gegenstand der Kunst«. Eine Figur zeichnen zu wollen kann sich zunächst entmutigend auswirken. Wenn man sich aber angewöhnt hat, die einzelnen Körperpartien als geometrische Figuren zu sehen (siehe S. 54/55), geht es schon besser. Betrachten Sie Ober- und Unterarme, Ober- und Unterschenkel einfach als miteinander verbundene Zylinder. Brüste und Gesäßpartie lassen sich als Kugelvarianten auffassen und der Kopf als Inhalt eines Würfels. Wenn Sie Ihre Zeichnung so anlegen, schaffen Sie ein solides Gerüst, auf dem Sie behutsam die Körpermuskulatur und die Gelenke aufbauen können. Denken Sie dabei immer an die Regeln der Perspektive (siehe S. 40–43). Denn die Grundformen ändern sich je nach dem Winkel, unter dem Sie sie sehen, und nach der Augenhöhe. Beim Aktzeichnen müssen Sie darauf achten, daß das Fleisch auch wirklich wie Fleisch aussieht. Um das Zeichnen sanfter, runder Formen, beispielsweise der Brüste, zu üben, können Sie Wasser in einen Luftballon füllen und den Ballon dann auf einen harten Untergrund drücken, so daß er sich verformt. So können Sie Erfahrungen über das Zeichnen sich verändernder Formen sammeln, die Sie dann auf die Aktzeichnung übertragen. Feste Formen wie Knie oder Ellbogen erfordern ein anderes Vorgehen, da die Kontraste von hellen und dunklen Tönen hier stärker sind als bei Rundgebilden.

Bleistift HB

Als nächstes müssen Sie sich Gedanken machen über die Motorik des Körpers. Dazu brauchen Sie kein profundes Wissen in menschlicher Anatomie; die genaue Kenntnis der wissenschaftlichen Namen für Muskeln und Sehnen hilft Ihnen nicht weiter. Unentbehrlich ist hingegen genaue Beobachtung. Achten Sie darauf, daß Kopf und Hals in Ihrer Zeichnung nicht unnatürlich gegeneinander verdreht sind und daß die Glieder sich richtig abbeugen. Die Figur muß außerdem richtig ausbalanciert sein – es gibt Regeln dafür, wie weit ein Mensch sich in eine Richtung lehnen kann, ohne umzufallen. Schon die kleinste Bewegung eines einzelnen Gliedes wirkt sich auf den ganzen Körper aus. Sie können das an sich selbst beobachten, wenn Sie in einen großen Spiegel schauen. Spreizen Sie die Beine etwas, damit Ihr Gewicht gut verteilt ist, und verlagern Sie dann das Gewicht auf das linke Bein. Dabei hebt sich die linke Hüfte.

Die Pose
Das Modell steht vor einem ruhigen Hintergrund. Licht fällt durchs Fenster zur Rechten ein. Diese Anordnung bietet einen starken Kontrast zwischen hellen und dunklen Flächen, den Sie gut nützen können, um mit Ton und Schattierung Realistik und Plastik zu erzeugen.

1 *Halten Sie den Stift mit ausgestrecktem Arm und messen Sie mit dem Daumen die Länge der einzelnen Körperpartien ab. Skizzieren Sie die Umrisse der Gestalt, achten Sie darauf, wie sich die Glieder als geometrische Formen zueinander verhalten. Legen Sie mit lockeren Schraffuren Ton auf Rücken und Gesäß.*

2 *Schraffieren Sie jetzt die Partie um das Haar, die rechte Gesichtshälfte, die Schultern und den Rücken. Benützen Sie dabei die Spitze des Stifts. Bringen Sie mit Schattierung Rundung in die Gesäßhälften.*

THEMEN UND MOTIVE

3 *Verstärken Sie die Konturen der Hüfte und des Oberschenkels, schattieren Sie die Rückseiten der Beine mit breiten Schwüngen. Die Vorderseiten der Beine liegen im hellen Licht, zeichnen Sie hier also keine oder nur leichte Schatten ein.*

4 *Nachdem Sie überall helle Tönungstupfer angebracht haben, sollten Sie diese jetzt verstärken und bis zur richtigen Intensität nachdunkeln. Stellung und Ausrichtung der Füße sind wichtig: Sie müssen fest auf dem Boden stehen und das Gewicht der Figur auch wirklich tragen.*

5 *Fügen Sie jetzt noch, wo nötig, Einzelheiten und Ton hinzu. Arbeiten Sie die Kontraste nicht zu deutlich heraus, sonst heben sich Einzelheiten zu scharf ab und beeinträchtigen den Gesamteindruck.*

Die fertige Zeichnung
Bei dieser Kopfdrehung geht der Blick über die rechte Schulter, Schultern und Hüften stehen mit dieser Körperhaltung im Einklang und bringen Dynamik in diese ansonsten entspannt und natürlich wirkende Pose. Die klaren Gegensätze von Licht und Schatten halten das Bildgefüge zusammen.

DIE GROSSE ZEICHENSCHULE

Um auf einfache Art eine Körperhaltung im Gleichgewicht darzustellen, läßt man ein wirkliches oder imaginäres Senkblei von der Halsgrube zu Boden fallen und stellt fest, wo die Lotlinie die Glieder oder andere Teile des Körpers schneidet. Wenn Sie Ihr Körpergewicht auf einen Fuß verlagern, wird die große Zehe des belasteten Fußes auf oder neben der Lotlinie liegen. Ist Ihr Gewicht gleichmäßig auf beide Füße verteilt, geht die Lotlinie zwischen Ihren Beinen hindurch. Sie können dann irgendein Maßgitter oder Meßsystem anwenden (siehe S. 36–39), um die Glieder und andere Einzelheiten in der richtigen Größe zu zeichnen.

Machen Sie nicht den Fehler, individuelle Besonderheiten wie Finger, Zehen oder Gesichtszüge überzubetonen, damit sie nicht auf Kosten des Ganzen die Zeichnung dominieren.

Halten Sie genügend Abstand beim Figurenzeichnen – ideal ist ein Abstand von etwa 2,5 Metern vom Modell. Rücken Sie näher heran, dann können Teile der Figur perspektivisch verzerrt erscheinen. Es könnte beispielsweise sein, daß Sie den Kopf eines stehenden Modells zu groß zeichnen, weil Ihnen bei ungefähr gleicher Körpergröße der Kopf Ihres Gegenübers näher ist als der übrige Körper und deshalb größer erscheint, als er wirklich ist.

Im Grunde ist die menschliche Gestalt symmetrisch: zwei Arme, zwei Beine, zwei Augen. Achten Sie auch dann auf Symmetrie, wenn Sie die Figur perspektivisch zeichnen.

Ein Handspiegel ist eine unschätzbare Hilfe. Halten Sie ihn neben Ihre Zeichnung, so daß Sie das seitenverkehrte Bild sehen können. Das erleichtert es, kleinere Fehler beim Ausbalancieren der Haltung oder beim Plazieren von Einzelheiten zu entdecken. Ein anderer Tip: Stellen Sie Ihre Zeichnung auf den Kopf! Die menschliche Figur ist einem so vertraut, daß es schwierig ist, Fehler in Zeichnungen festzustellen. Tricks wie dieser sind deswegen so hilfreich, weil sie dazu zwingen, die Zeichnung ganz genau anzuschauen.

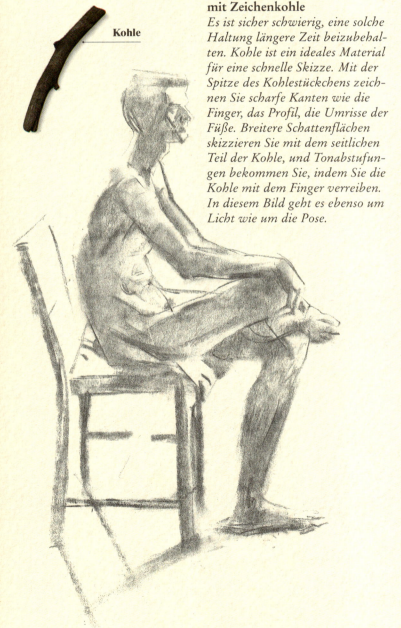

Schnelles Arbeiten mit Zeichenkohle
Es ist sicher schwierig, eine solche Haltung längere Zeit beizubehalten. Kohle ist ein ideales Material für eine schnelle Skizze. Mit der Spitze des Kohlestückchens zeichnen Sie scharfe Kanten wie die Finger, das Profil, die Umrisse der Füße. Breitere Schattenflächen skizzieren Sie mit dem seitlichen Teil der Kohle, und Tonabstufungen bekommen Sie, indem Sie die Kohle mit dem Finger verreiben. In diesem Bild geht es ebenso um Licht wie um die Pose.

Kohle

Detailzeichnungen
Ein Stift HB ist ideal für eine detaillierte Studie, denn er eignet sich sowohl für feine Striche wie auch für eine breite Skala von Tonwerten. Beachten Sie, wie die Bleistiftstriche in verschiedene Richtungen laufen; das Bild wirkt dadurch lebendig. Die helleren Flächen sind weiß belassen und nur dunkel umrandet.

Bleistift HB

THEMEN UND MOTIVE

Zarte Schraffuren mit Feder und Tusche
Die harten Kontraste einer Tuschezeichnung sind vielleicht nicht ganz geeignet für zarte Studien wie diese. Verdünnen Sie deshalb die Tusche, bevor Sie mit der Arbeit beginnen, und bauen Sie die Zeichnung langsam mit sehr hellen Strichen auf. Verstärken Sie den Ton nach und nach und verbinden Sie die schraffierten Flächen. Diese zarte Technik ist gut geeignet für die gekrümmte, fast embryonale Haltung dieser Figur.

Stahlfeder

Schwarze Tusche

Lebhafte Aquarellfarben
Wasserfarbenstifte können eine saubere Linie zeichnen, was nützlich ist, wenn man Konturen wie die des Pullovers umreißen will. Mit Wasser vermischt, lassen sie sich gut für dickere Striche wie die Haarsträhnen des Kindes verwenden. Betrachten Sie die Konturen der Hose: Die Falten schmiegen sich den darunter verborgenen Formen der Beine an.

Strichzeichnung mit dem schwarzen Contéstift
Diese Zeichnung wurde eilig mit dem Contéstift aufs Papier geworfen, weil eine solche Stellung nicht lange beibehalten werden kann. Das Gewicht des Modells ruht auf dem linken Fuß, deshalb wölbt sich die linke Hüfte nach oben. Der Kopf ist zur Seite gewendet, was den Eindruck einer zur Ruhe gekommenen Bewegung noch unterstreicht. Zylindrische Grundformen kommen im Gürtel und in den Kleidern vor, aber auch in den darunter verborgenen Körperformen. Bemühen Sie sich, die verschiedenen Ellipsen genau zu zeichnen (siehe S. 41).

Schwarzer Contéstift

Wasser

Pinsel Nr. 4

Aquarellstifte

DIE GROSSE ZEICHENSCHULE

Die bekleidete Figur

Das Zeichnen einer bekleideten Figur bringt spezielle Probleme mit sich. Sie müssen die Figur porträtieren und zudem noch die stoffliche Beschaffenheit der Kleidung andeuten. Also müssen Sie fragen: Wie fällt der Stoff am Körper? Wie ordnet er sich in Falten? Leichte Textilien wie Seide oder Baumwolle legen sich in viele dünne Falten, während schwerer Samt oder Tweed steifere, breitere Falten wirft.

Wie Textilien fallen, hängt auch vom Bau des darunter verborgenen Körpers ab. Beginnen Sie, indem Sie die anatomischen Verhältnisse bei Ihrem Modell bedenken. Suchen Sie, wie immer beim Figurenzeichnen, nach geometrischen Grundformen. Studieren Sie, wie die Faltenwürfe die Körperlinien andeuten. Die Kleidung hat allerdings ihre eigene »Anatomie«. Nur wenige Kleidungsstücke liegen so eng an, daß sie jede Körperkontur wiedergeben. Ist der Arm des Modells angewinkelt, dann werden sich um den Ellbogen herum Ärmelfalten bilden, deren Form weitgehend von dem Gewicht und der Art des Stoffes abhängt.

Um das Auge für den Fall der Stoffbahnen zu schärfen, sucht man am besten ein Muster aus, das sich wiederholt, Punkte oder Striche, die man abzählen und in genau der gleichen Anzahl auf die Zeichnung übertragen kann. Ist das Muster in Reihen angeordnet, so zeichnen Sie parallele Linien, um diese Reihen anzudeuten. Dann erkennt man gleich, in welcher Richtung die Linien verlaufen, wenn der Stoff sich den Körperformen anpaßt und Falten wirft.

Stift HB

»Purpurgewand und Anemonen« von Henri Matisse
Dieses Bild ist ein hervorragendes Beispiel dafür, wie Stoff den Körperkonturen folgt. Die Streifen ändern die Richtung, wenn sich das Kleid über den Armen und Beinen in Falten legt.

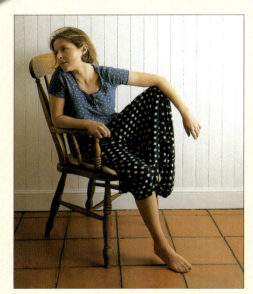

Die Pose
In dieser angespannten Haltung kontrastieren die Kopfdrehung, das ausgestreckte rechte Bein und der linke Arm mit den parallelen Linien der Wand und des Bodens. Die Schatten sind wichtig.

1 *Skizzieren Sie die Situation mit einem Bleistift HB. Stellen Sie sich Lotlinien von den Augenwinkeln abwärts vor, um festzustellen, wo Schnittpunkte mit anderen Bezugslinien entstehen. Beginnen Sie, die Falten um die Taille einzuzeichnen.*

2 *Arbeiten Sie an der Figur entlang und achten Sie darauf, daß die Linien jeweils im richtigen Winkel zu denen des Stuhls stehen. Zeichnen Sie die Falten über dem Knie so, daß sie auch die Körperform wiedergeben.*

THEMEN UND MOTIVE

3 *Die rohe Skizze, mit Schatten auf der rechten Seite (von der Figur aus gesehen), ist weitgehend fertig. Fügen Sie Details ein, wie die Tupfen auf dem Rock, und zeichnen Sie Führungslinien, um die Reihen des Musters anzudeuten. Mit Punkten markieren Sie den Faltenverlauf.*

4 *Die Führungslinien zeigen Ihnen, wie der Stoff über dem Knie liegt. Wo er sich über dem Körper faltet, erscheinen die Tupfen als verzerrte Kreise und Ellipsen. Zählen Sie die Tupfen in jedem Teilbereich und fügen Sie ebenso viele in Ihrer Zeichnung ein.*

5 *Verstärken Sie die Schattierung, wo es nötig ist. Betonen Sie die Schatten an den Stellen, wo der Stoff über dem Bein Falten wirft. Dunkle Linien verleihen tiefen Falten Plastizität, während helle Linien die leichten Falten auf Oberschenkel und Knie andeuten.*

Die Nase liegt im Licht und hebt sich hell von der dunklen Gesichtsfläche ab.

Die Falten der Bluse lassen die Schwellung der Brüste ahnen.

Die Hände bilden ein kontrastierendes Element: Die rechte Hand umklammert angespannt die Stuhllehne, während die linke schlaff herabhängt.

Schattierungen an den Stellen, wo die Glieder angewinkelt sind, beleben Flächen, die andernfalls nur leer und langweilig wirken würden.

Die fertige Zeichnung

Die entspannte Körperhaltung des Mädchens steht im Gegensatz zu den stabilen Konstruktionsteilen des Stuhls. Beachten Sie, wie die Stuhlbeine der ganzen Komposition Standfestigkeit verleihen. Alle einzelnen Elemente – von der Kopflehne des Stuhls bis zu den Füßen des Modells – werden von einem breiten Schattenstreifen zusammengehalten, der an der rechten Seite des Modells entlangläuft. Dieser dunkel getönte Streifen ist auch am Stuhl erkennbar – hier kräftig ausgeprägt mit sehr dunklen Tönen, um den Gegensatz zwischen der Härte des Holzes und der Sanftheit von Stoff und Körper zur Geltung zu bringen.

DIE GROSSE ZEICHENSCHULE

Hände

ände sind äußerst ausdrucksvoll und können eine Menge über Ihr Modell verraten. Denken Sie an eine zornig geballte Faust, an zum Gebet gefaltete Hände oder an die ausgestreckte Hand eines Bettlers. Betrachten Sie Ihre eigenen Hände. Legen Sie eine Hand mit ausgestreckten Fingern vor sich auf den Tisch. Die Hand strahlt vom Handgelenk fächerförmig aus. Sehen Sie sich die Stellen an, wo die Finger aus dem Handteller ragen. Beim kleinen Finger liegt diese Stelle deutlich tiefer – und tatsächlich beginnt und endet jeder Finger auf einer anderen Höhe. Unsere Finger bestehen aus je drei kleinen Zylindern. An den Scharniergelenken sind die Finger breiter. Hier setzen die Sehnen an, und die Haut bildet kleine Wülste und Falten. Der Daumen unterscheidet sich dadurch, daß er nur zwei Glieder hat und den Fingern gegenübergestellt ist. Schauen Sie sich auch die Falten auf der Innenseite der Handfläche und der Gelenke an, ebenso um die Handwurzel herum. Alle diese Falten vertiefen sich, je weiter Sie die Hand schließen.

Ballen Sie die Hand zur Faust. Sie werden erkennen, daß eine geballte Hand, grob gesehen, eine Würfelform darstellt. Die Haut spannt sich dabei straff über die Knochen, und die Knöchel bilden einen harten, welligen Kamm auf dem Handrücken. Achten Sie auf die Knöchel! Sie werden Ihnen helfen, Knochen und Fleisch überzeugend darzustellen.

»Studie zu Ham in der Sixtinischen Kapelle« von Michelangelo
Diese Handzeichnung Michelangelos ist eine Vorstudie zu den Fresken in der Sixtinischen Kapelle in Rom und zeigt den Künstler auf der Höhe seiner Meisterschaft als Zeichner. Solche Zeichnungen stellen Menschen aus Fleisch und Blut dar.

Roter Contéstift

Der Aufbau der Hand

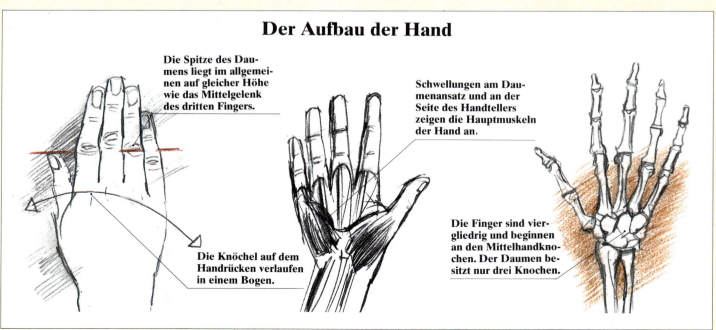

Die Spitze des Daumens liegt im allgemeinen auf gleicher Höhe wie das Mittelgelenk des dritten Fingers.

Die Knöchel auf dem Handrücken verlaufen in einem Bogen.

Schwellungen am Daumenansatz und an der Seite des Handtellers zeigen die Hauptmuskeln der Hand an.

Die Finger sind viergliedrig und beginnen an den Mittelhandknochen. Der Daumen besitzt nur drei Knochen.

THEMEN UND MOTIVE

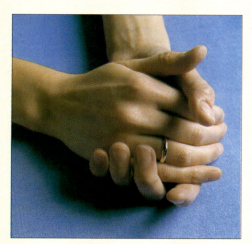

Handstudie
Die Lichtquelle muß stark genug sein, um deutliche Kontraste zwischen Licht und Schatten zu liefern und Ihnen so die Darstellung der entspannt ruhenden Hände zu erleichtern.

1 *Skizzieren Sie die Grundformen mit einem roten Contéstift und zeichnen Sie die Linien zwischen den Fingern besonders kräftig. Verwenden Sie Sorgfalt auf die Konturen und geben Sie jede Änderung der Verlaufsrichtung oder Stärke einer Linie genau wieder.*

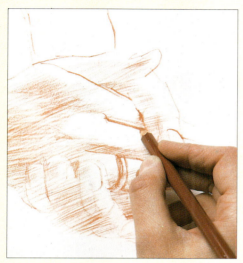

2 *Mit lockeren Schraffuren (siehe S. 44/45) bringen Sie auf dem Handrücken und auf den lichtabgewandten Seiten der Finger Ton auf. Für sehr dunkle Töne zeichnen Sie dichte Schraffuren. Damit sie nicht allzu gleichförmig aussehen, wählt man verschiedene Strichrichtungen.*

3 *Arbeiten Sie jetzt die zylindrische Grundform der Finger stärker aus. Am Ende sollen sie elegant in die Fingerspitzen auslaufen. Beachten Sie, wie das reflektierte Licht auf den Fingern der umfassenden Hand liegt, was wesentlich zur rundplastischen Wirkung der Zeichnung beiträgt.*

Die fertige Zeichnung
Licht und Schatten spielen bei dieser Studie eine ganz wesentliche Rolle: Alle zylindrischen Formen weisen helle, mittlere und dunkle Töne auf, und die Schattierungen und die an- und abschwellenden Linien der Finger erzeugen den Eindruck der Räumlichkeit. Die Reduktion der Bildelemente auf einfache Formen ist von großem Vorteil. Wichtig ist auch, in welchem Winkel die Finger zueinander und das Handgelenk im Verhältnis zur Hand stehen. Beachten Sie den fast ringförmigen Schatten, den der Daumen der linken Hand auf die darunterliegenden Finger wirft. Auch das verstärkt den rundplastischen Eindruck.

DIE GROSSE ZEICHENSCHULE

Vögel

Vögel sind reizvolle und interessante Tiere. Überlegen Sie sich, was das Charakteristikum des Vogels ist, den Sie zeichnen wollen. Ein Kolibri zum Beispiel hat einen langen Schnabel, mit dem er Nektar aus den Blüten holt, wobei er schwirrend über dem Blütenkelch schwebt. Bei einem Pfau sind es die schillernden Augenflecken des Schwanzgefieders, die Aufmerksamkeit erregen. Raubvögel haben stark ausgeprägte Schnäbel und Krallen. Auf solche Blickfänge können Sie sich beim Zeichnen konzentrieren; spezielles Wissen über die Anatomie der Vögel brauchen Sie dabei nicht.

Es empfiehlt sich, mit Zeichnungen von ausgestopften Vögeln zu beginnen. Während es kaum möglich ist, von einem fliegenden Vogel mehr als einen flüchtigen Eindruck zu erhaschen, können Sie ein Präparat im Museum so lange studieren, wie Sie wollen. Sorgen Sie dafür, daß Ihre Ausrüstung leicht zu tragen und möglichst bescheiden ist. Große Staffeleien und zahllose Farbnäpfe verbieten sich von selbst.

Ideal sind ein Skizzenbuch und eine kleine Schachtel mit Kreiden. Contékreiden, wie sie bei dieser Demonstration verwendet wurden, haben viele Vorteile: Es gibt sie in vielen Farben, und sie krümeln und schmieren weniger als Pastellfarben oder Kreiden, lassen sich gut führen und können auch kräftige Linien zeichnen. Außerdem kann man die Farben mischen, indem man sie mit dem Finger leicht verreibt. Sie müssen allerdings die Zeichnung fixieren oder zumindest zeitweilig ein Blatt Pauspapier darüberlegen, um den Auftrag nicht zu verwischen.

Federn

Das Federkleid ist für drei Funktionen ausgelegt: Flug, Wärmeisolation und Balzgehabe. Denken Sie beim Zeichnen auch an die verschiedenen Lagen und Aufgaben des Gefieders. Wenn Sie sich auf das Zeichnen von Vögeln spezialisieren wollen, ist es ratsam, sich ein Grundwissen über die Anatomie der Vögel anzueignen. Außerdem kommt es darauf an, wie bei allem, was Sie zeichnen, wie gut Sie beobachten können.

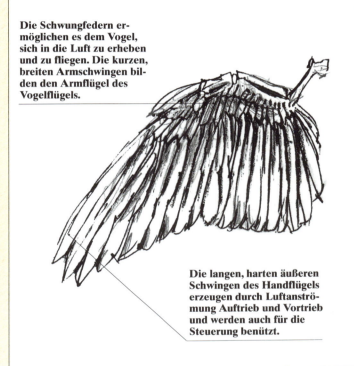

Die Schwungfedern ermöglichen es dem Vogel, sich in die Luft zu erheben und zu fliegen. Die kurzen, breiten Armschwingen bilden den Armflügel des Vogelflügels.

Die langen, harten äußeren Schwingen des Handflügels erzeugen durch Luftanströmung Auftrieb und Vortrieb und werden auch für die Steuerung benützt.

Bleistift HB

Contékreiden

Die Wahl des Blickpunkts
Machen Sie ein paar Skizzen aus verschiedenen Blickwinkeln, um herauszufinden, welches der beste ist. Der starke, geschwungene Schnabel und die durchbohrenden Blicke des Vogels bringen seinen individuellen Charakter zum Ausdruck. Im Profil hebt sich der Schnabel gegen den einfachen Hintergrund ab. Die Darstellung nur eines Auges verstärkt den finsteren, unheimlichen Eindruck.

THEMEN UND MOTIVE

1 Skizzieren Sie die Umrisse leicht. Fügen Sie mit blauer, grüner und purpurfarbener Contékreide Farbnuancen an Umrißlinien und charakteristischen Stellen hinzu.

2 Verschmieren Sie jetzt die Kreidestriche mit dem Finger, um die Farben zu vermischen. Passen Sie auf, daß Sie nicht über die Umrisse hinauswischen.

3 Zeichnen Sie jetzt Kopf, Flügel und Schnabel zu Ende. Gehen Sie mit der Breitseite der sienabraunen Kreide über die Zeichnung.

4 Tragen Sie verschiedene Arten von Grün auf: dunkleres Grün für die Schattenpartien und außerdem Gelbgrün; so entsteht Plastizität.

5 Ziehen Sie mit den Spitzen der Kreide die einzelnen Partien kräftig nach. Zeichnen Sie mit grüner Kreide den Verlauf der Federn nach.

6 Nun bearbeiten Sie noch Form und Detail. Legen Sie Gelb auf das Grün, wo Sie die Federn heller haben möchten. Zu grelle Farbe verreiben Sie sie etwas.

7 Wenn Sie noch Gelb und Orange auf den Holzstumpf auftragen, kommt ein voller, warmer Ton ins Bild. Etwas weiße Contékreide um die Flügelspitzen herum belebt die Konturen.

Die fertige Zeichnung

Die Haltung ist typisch für diesen Papagei aus dem Amazonasgebiet. Ein Flügel ist ausgestreckt, der Schnabel berührt schon fast die obere Wölbung der Schwinge, als wolle er das Gefieder putzen. Ein angriffslustiges Auge ist fest auf den Betrachter gerichtet. Die Behandlung des Holzstumpfes wurde auf ein Minimum reduziert, um die Aufmerksamkeit nicht vom Vogel abzulenken.

DIE GROSSE ZEICHENSCHULE

Tiere

Nur wenige Tiere werden Ihnen so lange Modell sitzen, daß Sie in aller Ruhe ein Konterfei von ihnen anfertigen können. Doch es gibt ein paar hilfreiche Regeln. Die Geschicklichkeit in blindem Konturenzeichnen – das Sie bereits erlernt haben (siehe S. 32/33) – wird Ihnen dabei gute Dienste leisten.

Studieren Sie Ihr Modell erst eine Weile, bevor Sie zu zeichnen beginnen. Beobachten Sie seine Bewegungen. Hebt es bei einem behenden Sprung alle vier Beine gleichzeitig vom Boden ab? Setzt es den Schwanz ein, um im Gleichgewicht zu bleiben? Tiere im Käfig pendeln oft in einem bestimmten Bewegungsrhythmus hin und her, den Sie vorherberechnen können. Sie brauchen wiederum keine gründlichen anatomischen Kenntnisse – obwohl es genügend Bücher darüber gibt. Schnelle Tiere wie der Leopard haben große, kräftig ausgebildete Hinterbeine, mit denen sie sich vorwärts stoßen. Der Wolf und andere Jäger besitzen eine starke Kiefermuskulatur und scharfe Zähne, um die Beute zu reißen. Überlegen Sie, welche Charakteristika welchem Tier eigen sind, und heben Sie diese in Ihrer Zeichnung deutlich hervor.

Wie die menschliche Figur, so läßt sich auch die Anatomie der Tiere in geometrische Grundformen umsetzen. Würfel, Kugel, Zylinder, Kegel (siehe S. 46/47). Nutzen Sie auch den Lichteinfall, um rundplastische Formen darzustellen.

Falls Sie nicht leicht an lebende Tiere herankommen, können Sie sie auch nach Fernseh- oder Videoaufnahmen zeichnen. Aber machen Sie keinen Gebrauch von der Möglichkeit, das Bild anzuhalten: Ihre Zeichnung würde allzu statisch aussehen. Es ist sehr viel besser, schnell nach dem Leben zu zeichnen und so etwas von der Vitalität des Tieres einzufangen.

Katze – weiße Contékreide und Kohle
Mit Zeichenkohle kann man rasch große Flächen bedecken. Die helleren Töne entstehen dadurch, daß man die aufgetragene Kohle wieder mit dem Knetgummi entfernt. Die Glanzlichter in den Katzenaugen werden mit weißer Contékreide gesetzt.

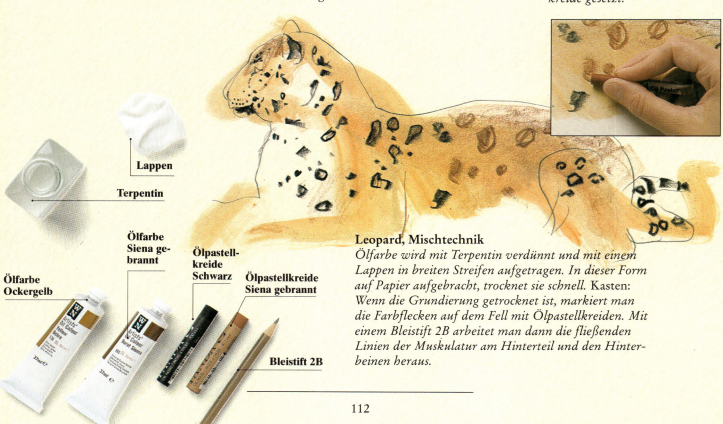

Leopard, Mischtechnik
Ölfarbe wird mit Terpentin verdünnt und mit einem Lappen in breiten Streifen aufgetragen. In dieser Form auf Papier aufgebracht, trocknet sie schnell. Kasten: Wenn die Grundierung getrocknet ist, markiert man die Farbflecken auf dem Fell mit Ölpastellkreiden. Mit einem Bleistift 2B arbeitet man dann die fließenden Linien der Muskulatur am Hinterteil und den Hinterbeinen heraus.

THEMEN UND MOTIVE

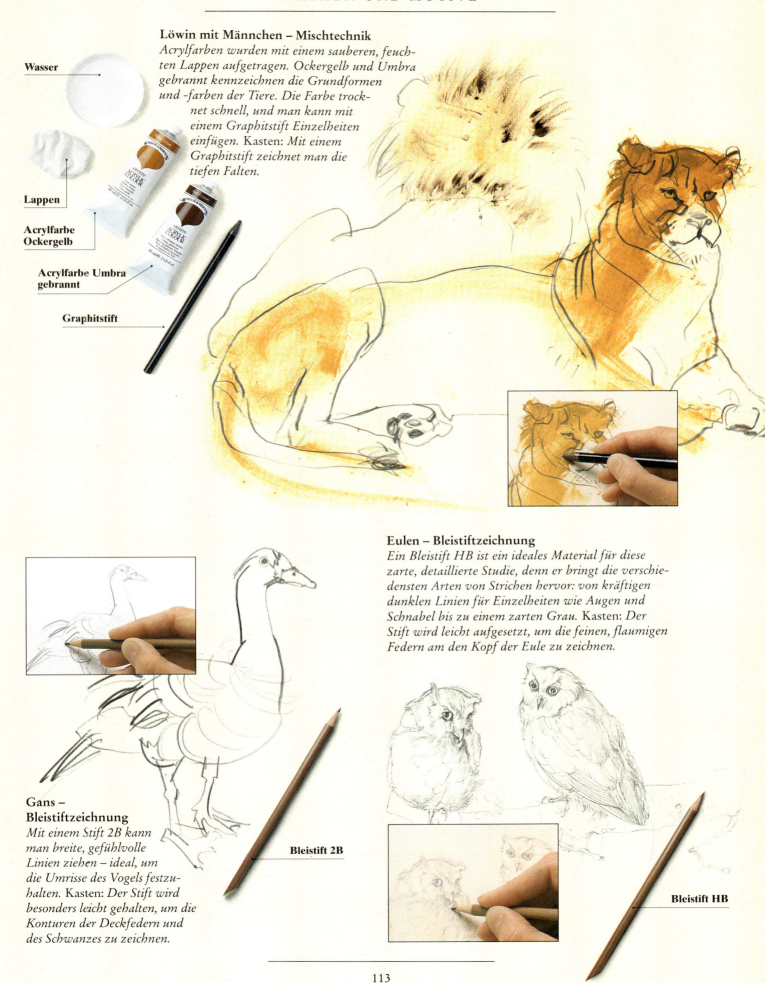

Löwin mit Männchen – Mischtechnik
Acrylfarben wurden mit einem sauberen, feuchten Lappen aufgetragen. Ockergelb und Umbra gebrannt kennzeichnen die Grundformen und -farben der Tiere. Die Farbe trocknet schnell, und man kann mit einem Graphitstift Einzelheiten einfügen. Kasten: Mit einem Graphitstift zeichnet man die tiefen Falten.

Wasser
Lappen
Acrylfarbe Ockergelb
Acrylfarbe Umbra gebrannt
Graphitstift

Eulen – Bleistiftzeichnung
Ein Bleistift HB ist ein ideales Material für diese zarte, detaillierte Studie, denn er bringt die verschiedensten Arten von Strichen hervor: von kräftigen dunklen Linien für Einzelheiten wie Augen und Schnabel bis zu einem zarten Grau. Kasten: Der Stift wird leicht aufgesetzt, um die feinen, flaumigen Federn am den Kopf der Eule zu zeichnen.

Gans – Bleistiftzeichnung
Mit einem Stift 2B kann man breite, gefühlvolle Linien ziehen – ideal, um die Umrisse des Vogels festzuhalten. Kasten: Der Stift wird besonders leicht gehalten, um die Konturen der Deckfedern und des Schwanzes zu zeichnen.

Bleistift 2B

Bleistift HB

DIE GROSSE ZEICHENSCHULE

Insekten

Wissenschaftler, die das Reich der Tiere studieren, sind auf zuverlässige bildliche Darstellungen angewiesen. Vor der Erfindung der Fotografie waren naturgetreue Zeichnungen und Gemälde der einzige Weg, diese Informationen zu vermitteln. Zoologen und Künstler gleichermaßen kultivierten die hierfür erforderlichen Fähigkeiten. Im 18. Jahrhundert nahmen Künstler an vielen Expeditionen teil, um Flora und Fauna der neuentdeckten Gebiete aufzuzeichnen. Auch Charles Darwin, der später die Theorie von der Evolution des Lebens entwarf, war ein hervorragender Künstler, der viele Zeichnungen von seiner Reise an Bord der »Beagle« mitbrachte. Sogar heute noch verwendet man häufig detaillierte und genaue Strichzeichnungen für Illustrationen in Fachzeitschriften und Lehrbüchern.

Die Vielfalt der Insektenarten ist größer als die irgendeiner anderen Tierart auf der Erde. Etwa eine Million Arten sind bekannt; das sind drei Viertel aller Tierarten überhaupt. Ihre Vielfalt ist erstaunlich: Sie reicht von Fruchtfliegen, die so

Aquarellstifte

Pinsel Nr. 6

Destilliertes Wasser

Schwarze Tusche

Stahlfeder

Braune Tusche

Mischtechnik
Benutzen Sie verschiedene Materialien, damit Ihr Werk anschaulich und eindringlich wird. Hier wurde eine dünne Schicht von Pastellstaub in den in schwarzer Tusche ausgeführten Rumpf des Käfers eingerieben, um den irisierenden Glanz wiederzugeben, der für Insektenflügel charakteristisch ist.

Käfer
Minuziöse Einzelheiten innerhalb der Gesamtform und die Tarnfarbe machen den Käfer zu einem aufregenden und spannenden Zeichenobjekt. Die große Körpermasse und der Flügelpanzer kontrastieren mit den zarten, oft spitzen Beinchen und den Fühlern. Mit einer Reihe von Aquarellstiften in Verbindung mit brauner Tusche kann man diese beiden Kontraste gut darstellen.

Filzstift

Filzstifte
Manche Filzstifte haben eine sehr feine und feste Spitze, mit der sich dünne Linien zeichnen lassen. Die reichlich aufgetragene Tinte, die in das Papier eingezogen ist, ergibt die tiefdunkle Farbe des Panzers.

Bleistift 2B

Bleistift
Mit einem Stift 2B wird eine lineare Abbildung gezeichnet. Das Papier spielt dabei eine ganz wichtige Rolle: Ein rauhes Blatt verleiht dem Werk einen dunkleren, intensiveren Charakter, während eine glatte Oberfläche feine Details zur Geltung bringt.

THEMEN UND MOTIVE

winzig sind, daß man sie mit bloßem Auge kaum erkennen kann, bis zu Vogelfaltern von der Größe von Suppenschüsseln. Dazwischen liegen alle nur erdenklichen Größen, Formen und Farben in den verschiedensten Kombinationen. Insekten bieten die Gelegenheit, sich den optischen Gegensatz zwischen dem kompakten Körper und den zarten Gliedern und Fühlern sowie die unglaublichen Farbnuancen künstlerisch zunutze zu machen.

Abgesehen von größeren Motten und Schmetterlingen sind die meisten Insekten ziemlich klein. Das zwingt zu genauem Hinsehen, oft mit Hilfe eines Vergrößerungsglases, um sicher zu sein, daß man alle komplizierten Einzelheiten der Anatomie erfaßt: die Art und Weise, wie die Flügel am Körper anliegen, die verschiedenen Segmente der Flügelpartien, die Länge der Beine im Verhältnis zum übrigen Körper.

Die Wahl Ihres Materials wird, wie immer, davon abhängen, was Sie zum Ausdruck bringen wollen. Zweifellos rangiert die Körperform an erster Stelle, doch sollten Sie auch andere Qualitäten beachten. Wollen Sie ein Insekt zeichnen, das sich schnell bewegt und aggressiv aussieht, zum Beispiel einen Hirschkäfer? Dafür wäre eine Tuschezeichnung mit harten Konturen das passende Ausdrucksmittel. Oder ist es ein zartes, zerbrechlich wirkendes Insekt mit Flügeln fein wie Spinnweben und schillernden Farben, etwa eine Libelle? Hier wäre eine Kombination aus leichten Federstrichen mit einer Spur von Aquarellstift angebracht. Dünne, spitze Federn, feine Pinsel, Filzstifte und Bleistifte sind für eine solche Arbeit geeignet. Starre Regeln gibt es nicht. Experimentieren Sie mit allen Mitteln und Techniken, über die Sie verfügen, und lassen Sie sich überraschen von den Fähigkeiten und Möglichkeiten, die Sie dabei entdecken.

Vergrößerungsglas
Dieses Hilfsmittel lohnt die Anschaffungskosten. Oft werden interessante ästhetische Details übersehen, die mit einer Lupe viel besser zu erkennen – und zu studieren – sind. Achten Sie aber darauf, daß jedes komplexe Detail nur mit Blick auf die Gesamtform hervorgehoben und nicht auf Kosten des übrigen Bildes überbetont werden sollte.

Federhalter mit Stahlfeder

Tusche und Feder
Unterschiede in der Feinheit der Linie werden durch Änderung des Drucks auf den Federhalter bewirkt. Auf diese Weise können Sie die zarten, samtig-dunklen Feinheiten der Schmetterlingsflügel zeichnen.

Schwarze Tusche

Vergrößerungsglas

Farbstifte
Farbstifte gibt es in großer Vielfalt, und sie bieten eine Fülle von Ausdrucksmöglichkeiten. Man kann einen Farbtupfer neben den anderen auf einen Schmetterlingsflügel setzen und es dem Auge überlassen, sie miteinander zu vermischen. Sie brauchen sich dabei nicht auf zwei Farben zu beschränken. Drei Farbtöne oder mehr ergeben hauchzarte Schatten.

Farbstifte

Schmetterlinge
In dieser Studie sind Leichtigkeit und Zartheit der Schmetterlinge mit viel Einfühlungsvermögen festgehalten. Farbstifte sind dafür ideal. Sie lassen das weiße Papier durchscheinen und geben die Eleganz und Farbigkeit der Insekten wieder.

DIE GROSSE ZEICHENSCHULE

Einfache Mechanismen

Jeder Gegenstand mit beweglichen Teilen stellt eine zeichnerische Aufgabe dar. Suchen Sie sich für den Anfang einen einfachen Apparat aus, an dem Sie Ihr Auge schulen, das Zusammenspiel der einzelnen Teile zu entziffern. Unser Beispiel ist ein Flugzeugmodell aus Draht. Ziemlich grob aus gebogenem und gedrehtem dickem Draht zusammengesetzt, vermittelt es – besser als manches besser ausgearbeitete Modell – ein Gefühl von Energie und Bewegung.

Dieses Flugzeug ist in gewisser Weise ein dreidimensionales Linienmodell. Zum Zeichnen nehmen wir am besten eine einfache Feder, mit der wir die Stärke der Linie gut bestimmen und die Konturen locker zeichnen können. Mit der feinen Federspitze läßt sich auch die Richtung der Linien jederzeit ändern und jede Drehung und Krümmung des Drahtes nachvollziehen.

Auch wenn die Darstellung sehr luftig wirkt, braucht die Zeichnung eine feste Grundstruktur. Beginnen Sie mit einer maßstabgetreuen Skizze, die Form und Aufbau des Flugzeugs wiedergibt. Diese Praxis empfiehlt sich ebenso für Figuren, Landschaften und Stilleben.

Schwarze Tusche

Stahlfeder

Bleistift HB

Die Wahl der Zeichentechnik
Ein Modellflugzeug kann auf dem Papier streng wirken, eben mechanisch. Man sollte bei der Wahl von Zeichenwerkzeug und Zeichentechnik nicht von dem ausgehen, was man über Flugzeugkonstruktion weiß, sondern von der optischen Dimension des Gegenstandes. Unser Modell hat spitz auslaufende, unregelmäßige Formen und vermittelt den Eindruck gebändigter Energie. Feder und Tusche sind hier das ideale Medium.

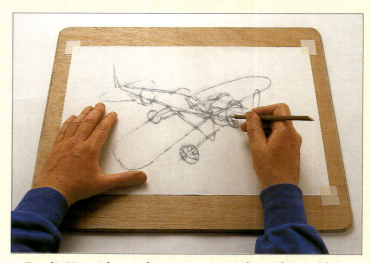

1 *Für die Vorzeichnung fassen Sie einen Stift HB fest und kurz, und zeichnen Sie den Aufbau des Modellflugzeugs in seinen Grundzügen. Treten Sie etwas zurück und überprüfen Sie Maßstab und Proportionen.*

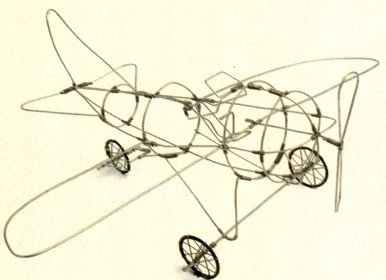

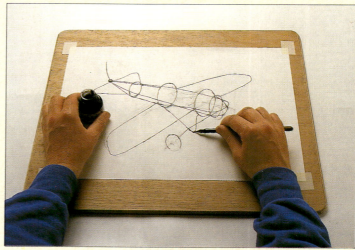

2 *Wenn Sie die Vorzeichnung beendet haben, beginnen Sie mit der Federzeichnung. Fassen Sie den Federhalter jetzt locker, damit die Feder den Bleistiftstrichen gut folgen kann. Ein zu fester Griff ergibt eine streng wirkende Zeichnung.*

THEMEN UND MOTIVE

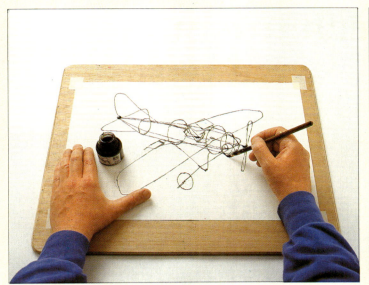

3 Wenn Sie so weiterarbeiten, nimmt das Liniennetz langsam die Gestalt unseres Gegenstandes an. Üben Sie bei den Linien im Vordergrund etwas mehr Druck auf die Feder aus, damit sie stärker werden – das begünstigt die Tiefenwirkung.

4 Nach der Fertigstellung der Form des Flugzeugs gehen Sie nun an die Einzelheiten. Achten Sie darauf, daß alle Ellipsen korrekt gezeichnet sind (siehe S. 41) und der fließende Charakter der Tuschelinien zur Geltung kommt.

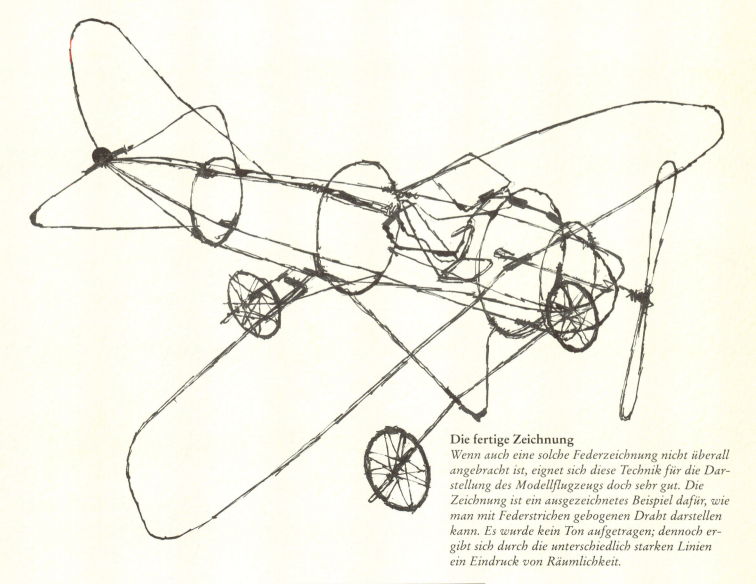

Die fertige Zeichnung
Wenn auch eine solche Federzeichnung nicht überall angebracht ist, eignet sich diese Technik für die Darstellung des Modellflugzeugs doch sehr gut. Die Zeichnung ist ein ausgezeichnetes Beispiel dafür, wie man mit Federstrichen gebogenen Draht darstellen kann. Es wurde kein Ton aufgetragen; dennoch ergibt sich durch die unterschiedlich starken Linien ein Eindruck von Räumlichkeit.

DIE GROSSE ZEICHENSCHULE
Komplizierte Mechanismen

Nun können Sie sich auch zutrauen, kompliziertere mechanische Geräte zu zeichnen. Das ist eine faszinierende Aufgabe, die schon zu jeder Zeit Künstler angezogen hat. Die Skizzenbücher von Leonardo da Vinci beispielsweise sind voll mit Studien von Erfindungen und Maschinen, die ganz genau die Einzelteile der Apparate und alle Einzelheiten ihrer Konstruktion zeigen.

Mechanisches Gerät wie das hier gezeigte ist mit großer Präzision angefertigt; Aufbau und Funktion sind bis ins letzte Detail durchgearbeitet. Ihre Zeichnung muß ein Gefühl dieser Präzision und Exaktheit vermitteln. Gehen Sie mit Disziplin und analytischem Verstand an die Arbeit.

Zunächst müssen Sie sich ansehen, wie der Apparat funktioniert. Es ist eine nützliche Übung, Haushaltsgegenstände wie den Korkenzieher und den Handquirl in die Hand zu nehmen und auszuprobieren, wie die einzelnen Teile bewegt werden und welches die wichtigsten Funktionselemente sind. Als nächstes sollten Sie sich die Form der einzelnen Konstruktionsteile ansehen. Wie greifen Sie ineinander? Wo überlagern sie sich?

Probieren Sie dann verschiedene Anordnungen aus. Geben Sie acht, daß alle wichtigen Funktionselemente gut sichtbar sind. Auch wenn Sie den formalen, mechanischen Charakter Ihres Gegenstands hervorheben wollen, können Sie doch eine ästhetisch befriedigende Zeichnung erstellen. Suchen Sie einen Blickpunkt aus, der Ihnen auch Gelegenheit gibt, Schattierung anzubringen, so daß die Gegenstände plastisch werden.

Machen Sie sich Gedanken darüber, welche Qualitäten vermittelt werden sollen: scharfe Kanten, glänzende metallene Oberflächen, ineinandergreifende Zahnräder, und welches Material und welche Technik Sie dafür einsetzen wollen.

Sehr gut eignet sich für die Darstellung mechanischer Gegenstände ein getönter Grund (siehe S. 64/65), auf dem die Glanzlichter gut zur Geltung kommen. Zeichnen Sie auf weißem Grund, so können Sie Lichter nur anbringen, indem Sie Zeichengrund frei lassen – Sie können nicht weiß auf weiß malen. Haben Sie getöntes Papier, dann können Sie mit weißer Kreide oder Pastellfarbe überall dort Aufhellungen anbringen, wo es nötig ist.

Plastikradierer

Schwarzer Lithographiestift

Weißer Contéstift

Bleistift HB

Weiße Contékreide

Zeichenkohle

Formen und Schatten
Der Korkenzieher und der Handquirl werden auf einen weißen Untergrund gelegt, wo nichts von ihrer Form ablenkt und alle wichtigen Teile gut sichtbar sind. Obwohl diese Anordnung einfach aussieht, ist sie doch wohlüberlegt. Eine oben links aufgestellte Tischlampe erzeugt deutliche Schatten der Gegenstände, ohne sie jedoch exakt nachzuzeichnen. In dieser Beleuchtung wirken die Objekte plastisch. Die Schatten hingegen erscheinen wie »Geisterbilder«, viel weniger körperlich als die Gegenstände selbst.

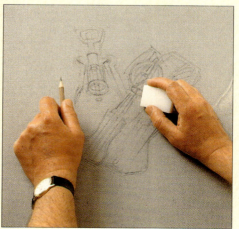

1 *Skizzieren Sie auf graugetöntem Papier die Objekte und ihre Schatten. Fehler entfernen Sie mit dem Plastikradierer. Zeichnen Sie zuerst nur die tragenden Konstruktionsteile ein und radieren Sie sie später weg, wenn sie sicher sind, daß die Ellipsen korrekt verbunden sind.*

2 *Verstärken Sie jetzt mit einem schwarzen Lithographiestift und Kohle die Töne und geben Sie noch etwas Schwarz auf den Hülsenrand des Korkenziehers. Tragen Sie ebenfalls mit dem Stift die dunklen Töne am Schlagbesen des Handquirls auf.*

THEMEN UND MOTIVE

3 Beginnen Sie jetzt, mit weißer Contékreide den »negativen« Hintergrund anzudeuten, gegen den sich die Silhouetten von Korkenzieher und Handquirl abheben. Mit dem Daumen verreiben Sie das Weiß bis an die Ränder der beiden Gegenstände.

4 Fügen Sie feinere Details mit einem gut gespitzten weißen Contéstift ein, so etwa die Räume zwischen den einzelnen Metallstreifen des Schlagbesens. Die Tonskala reicht jetzt von dunklem über mittleres bis zu hellem Grau.

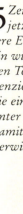

5 Zeichnen Sie jetzt noch weitere Einzelheiten ein wie die schwarzen Teile des Korkenziehers. Legen Sie ein Blatt Papier unter Ihre Hand, damit Sie nichts verwischen.

6 Nehmen Sie wieder den weißen Contéstift und setzen Sie weitere Glanzlichter auf, zeichnen Sie auch noch einmal mit dem schwarzen Lithographiestift Einzelheiten nach. Auf diese Weise bekommen die Gegenstände eine spröde, metallisch wirkende Oberfläche.

Die fertige Zeichnung

Die fertige Zeichnung gibt die materielle Beschaffenheit des Korkenziehers und des Handquirls als feste Gefüge vor den weicheren Schatten wieder. Indem man die weißen Hintergrundflächen bis knapp an die Ränder der Gegenstände heranführt, erzielt man einen einfachen, aber starken räumlichen Effekt.

THEMEN UND MOTIVE

Fortgeschrittene Techniken

DIE ABKLATSCHTECHNIK 122

SPIEGELUNGEN 124

ZEICHNEN AUF GETÖNTEM GRUND 126

TILGEN IN KOHLEZEICHNUNGEN 128

BEWEGUNG FESTHALTEN 130

DAS LINIENZEICHNEN 134

DIE EINFACHE MONOTYPIE 136

DIE ANSPRUCHSVOLLE MONOTYPIE 138

BEARBEITUNG DER PAPIEROBERFLÄCHE 140

DAS WACHSABDECKVERFAHREN 142

ANGERAUHTES PAPIER 144

DIE PERSPEKTIVISCHE VERKÜRZUNG 146

MISSGLÜCKTES RETTEN 148

DAS RICHTIGE FINISH 152

DIE GROSSE ZEICHENSCHULE

Die Abklatschtechnik

Obgleich die Beschäftigung mit der Kunst Aufmerksamkeit und großes Geschick erfordert, kann man auch Vergnügen dabei haben, und es gibt viele Möglichkeiten, die Phantasie spielen zu lassen.
Eine davon ist die Abklatschtechnik. Man bringt mehr oder minder formlos Tusche oder Farbe auf ein Blatt Papier, das man dann auf ein anderes Papier aufdrückt. Man kann auch das Blatt zusammenfalten und die beiden Hälften aufeinanderpressen, um ein Spiegelbild zu bekommen. Das Motiv wird durch den entstandenen Farbklecks bestimmt. Man kann ihn mit Tusche und Feder, Pinsel oder Schwamm zu einem Bild entwickeln. Sehen Sie sich den Druck aus verschiedenen Blickwinkeln an, von der Seite oder auf den Kopf gestellt, bevor Sie zu zeichnen anfangen. Unterschiedliche Betrachtungsweisen können zu ganz unterschiedlichen Ideen führen.
Es macht viel Spaß zu entdecken, wie verschieden Farbe und Tusche reagieren. Dicke, »klebrige« Farbe läßt ein kräftiges Bild auf Ihrem Zeichenpapier entstehen. Oft sind die Strukturen auf solchen Drucken besonders satt und vielfältig, wie man es auf der gegenüberliegenden Seite im Blumenbild sieht. Wenn man jedoch die Farbe stark verdünnt, wird der Druck schwächer und geht über die Ränder der ursprünglichen Form hinaus.
Benutzen Sie in einem Bild sowohl Tusche als auch Farbe. Sie haben unterschiedliche Konsistenzen und bewirken interessante Kontraste. Experimentien Sie auch mit Farben. Ungewöhnliche Kombinationen ergeben oft überraschende Ergebnisse, die Sie auf neue Gedanken bringen.
Auch die Papiersorte trägt dazu bei, wie das Bild ausfällt. Eine glatte Oberfläche läßt alle Details innerhalb des Farbflecks erkennen, während sie auf einer rauheren Oberfläche wie kaltgepreßtem Aquarellpapier (siehe S. 22/23) eher unauffällig bleiben. Nehmen Sie Papier in verschiedenen Stärken, aufgerauhtes Papier oder gewöhnliches braunes Packpapier. Fangen Sie einfach an zu experimentieren. Reagieren Sie auf das, was auf dem Papier passiert, und lassen Sie Ihrer Phantasie freien Lauf!

Spaß mit Tieren
Zwei phantastische Tiergestalten tauchen auf, die sich genausogut in eine Landschaft oder in Kreaturen aus dem Weltall hätten verwandeln können. Man muß etwas Selbstvertrauen und Vorstellungskraft besitzen, um aus Tuscheformen Bilder zu entwickeln. Lassen Sie sich von ihren eigenen Einfällen überraschen!

Wie man einen Druck herstellt
Streichen Sie Aquarellfarbe Grüne Erde direkt aus der Tube auf das Papier. Verdünnen Sie etwas Paynesgrau und tragen Sie es mit einem Pinsel Nr. 4 oberhalb des grünen Kleckses auf. Dann legen Sie ein anderes Blatt Papier auf die Farbflecke und verreiben sie mit den Fingern. Durch die verschiedenen Konsistenzen der beiden Farbflecke entstehen deutliche Unterschiede in der Struktur. Kasten: Heben Sie das obere Papier mit einem Ruck ab, so daß nichts verschmiert wird. Lassen Sie den Druck auf sich wirken, um weitere Anregungen zu bekommen. Nehmen Sie irgendein anderes Zeichenmaterial zur Hand – weiße Gouache, rote Ölkreide, Filzstift – und verformen Sie die Kleckse zu Gestalten nach Ihrer Wahl.

FORTGESCHRITTENE TECHNIKEN

Eine Landschaft in Abklatschtechnik

1 Vermischen Sie scharze Tusche und Aquarellfarbe Grüne Erde mit ein wenig weißer Gouache und Wasser. Mit einem Pinsel Nr. 4 zeichnen Sie die Form einer Landspitze, und zwar mit kreisenden Bewegungen, um Strukturen zu erhalten.

2 Falten Sie das Papier zur Hälfte entlang dem unteren Rand des Farbklecksess und verreiben Sie ihn, damit eine »Reflexion« entsteht. Mit einem Pinsel Nr. 4 und Tusche zeichnen Sie das Boot – und ebenfalls dessen Spiegelbild – ein.

3 Mit einem kleinen, in Tusche getauchten Stück Pappe zeichnen Sie die Angel (einschließlich Spiegelbild). Mit dem Pinsel bringen Sie noch letzte Details an, wie die leichten Wellen am Bug des Ruderboots.

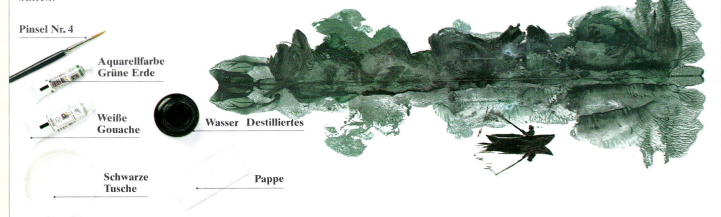

Pinsel Nr. 4 — Aquarellfarbe Grüne Erde — Weiße Gouache — Schwarze Tusche — Wasser Destilliertes — Pappe

Blumen-»Abklatsch«

Das Papier, das Sie aussuchen, ist für die Qualität des Bildes von großer Bedeutung. Hier wurde glattes, glänzendes Papier verwendet. Beim Abheben des Blatts wird viel Tusche mitgenommen, was zusätzlich Struktur ins Bild bringt.

Schwarze Tusche — Braune Tusche — Stahlfeder

1 Machen Sie mit brauner Tusche einen Klecks. Legen Sie das Blatt mit der Oberseite nach unten auf ein größeres Papier der gleichen Qualität. Drücken Sie es fest an. Heben Sie das obere Papier vorsichtig an.

2 Geben Sie noch einmal etwas Tusche auf den ersten Fleck und machen Sie einen weiteren Abdruck. Mit Stahlfeder und schwarzer Tusche können Sie nun Stiele und Blätter einzeichnen und die Blume noch etwas ausarbeiten.

DIE GROSSE ZEICHENSCHULE

Spiegelungen

Wenn Sie eine Spiegelung Ihres Motivs in Ihr Bild einbeziehen oder sogar zum Bildmittelpunkt machen, ergeben sich unendlich viele interessante Kompositionsmöglichkeiten. Da gibt es das Modell »Doppelt gemoppelt«, bei dem man das Objekt zweimal sieht, das eine Mal spiegelverkehrt; oder man sieht die Vorder- und die Rückseite oder die Vorderseite und eine Seitenansicht – je nachdem, wo die reflektierende Fläche aufgestellt ist. Ein Spiegel ist die gängigste reflektierende Fläche, aber keineswegs die einzige. In einer Stadtlandschaft läßt sich mit Glasfronten experimentieren, auf dem Land mit der stillen Fläche eines Sees. Und zu Hause kann man ein Stilleben auf einem Edelstahltablett oder vor einem silbernen Bilderrahmen aufbauen.

Natürlich reflektieren nicht alle Oberflächen gleich stark. Eine verspiegelte Glasscheibe reflektiert am besten und ist ideal, wenn man in beidem, dem Objekt und seiner Reflexion, klare, scharfe Details erhalten will. Eine Reflexion kann in einem See von kleinen Wellen gestört werden oder auf glattem Metall, wie zum Beispiel Kupfer, langweilig erscheinen. All das kann man sich für sein Bild zunutze machen.

Es gibt gewisse Faktoren, die beim Zeichnen von Spiegelungen – unabhängig von der Art der reflektierenden Oberfläche und dem Objekt – eine Rolle spielen. Weil der Gegenstand und die reflektierende Fläche sich nicht an ein und derselben Stelle befinden, sieht man Gegenstand und Reflexion in unterschiedlichem Blickwinkel. Auch der Maßstab ist geringfügig, aber doch anders. Es ist ganz wichtig, diese veränderten Proportionen genau auf die Zeichnung zu übertragen (siehe S. 40–43 und 58/59). Doch das Allerwichtigste ist, daß der dargestellte Gegenstand und seine Reflexion zusammen eine überzeugende Komposition ergeben.

Sie können auch versuchen, nur das Spiegelbild darzustellen. Man sollte aber grundsätzlich wenigstens ein paar Hinweise auf die Wirklichkeit geben und, etwa mit Hilfe eines Flußufers oder eines Baumstamms am Bildrand, die Reflexion in einen Zusammenhang stellen. Ein Spiegelbild allein kann abstrakt und surreal wirken. Manchmal ist das ein guter Ansatz. Sie können es versuchen.

Die Pose
Das Modell steht in der Mitte des Bildes, aber der Bildmittelpunkt (die Reflexion im Spiegel) liegt rechts, fast im ersten Drittel (siehe S. 34/35). Der Blick des Betrachters wird entlang der linken Schulter am Kopf vorbei zum Spiegelbild hingeführt.

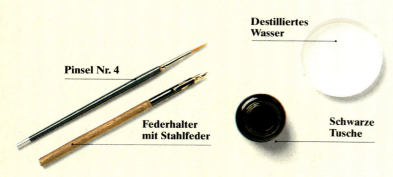

1 *Mit einer Stahlfeder und verdünnter schwarzer Tusche deutet man leicht die Hauptelemente der Zeichnung an: Rücken, Hinterkopf und den Teil des Gesichts, der im Spiegel reflektiert wird.*

2 *Man hält den Federhalter mit festem Griff möglichst weit unten, so daß man ihn gut führen kann, und baut die Vorzeichnung auf, indem man die Linien verstärkt.*

3 *Mit etwas stärker konzentrierter Tusche zeichnet man die Schulter und die Falten des Pullovers am Oberarm und verstärkt den Umriß des Profils des Spiegelbildes.*

FORTGESCHRITTENE TECHNIKEN

4 *Mit einem Pinsel Nr. 4, der in Wasser getaucht wurde, wird die Form des Pullovers angedeutet. Ein Tuschetropfen, auf die feuchte Fläche aufgetragen, breitet sich bis an die Ränder aus.*

5 *Noch einmal wird ein etwas kräftigerer Tuschetropfen aufgebracht, der sich ebenfalls bis an die Ränder der befeuchteten Fläche ausbreitet.*

6 *Lavieren Sie das Haar in der unter 4 und 5 beschriebenen Weise. Mit der Pinselspitze zeichnen Sie Falten und Kniffe auf die Rückseite des Pullovers.*

7 *Mit einem Fön auf kleinster Stufe wird die Lavierung getrocknet. Sollte Sie sich zu weit ausgebreitet haben, so können Sie sie mit dem Fön etwas zurückblasen.*

8 *Mit verdünnter schwarzer Tusche wird der äußere Rand des linken Arms und des Ellbogens dunkel nachgezeichnet.*

9 *Nehmen Sie noch einmal die Stahlfeder und zeichnen Sie das Haar nach, das aus dem Gesicht gekämmt und seitlich am Kopf zusammengebunden ist.*

Die fertige Zeichnung

Durch das Einbeziehen des Spiegelbildes ist es möglich, den gleichen Kopf aus zwei verschiedenen Perspektiven zu zeichnen. Die beiden »Hälften« des Bildes überlappen sich gerade so viel, daß eine Verbindung zwischen ihnen hergestellt ist, während doch jedes Teil gut sichtbar bleibt. Es gibt reichlich Kontraste und wiederkehrende Formen: Die Rundungen von Kopf, Ellbogen, Schultern kontrastieren mit dem harten Rechteck des Spiegelrahmens, während das Dreieck aus linker Hand und linkem Arm des Modells sich in der rechten Hand und dem rechten Arm des Spiegelbildes wiederholt. Der Betrachter wird in einer strengen diagonalen Linie vom linken Ellbogen des Modells zum Bildmittelpunkt, den Augen im Spiegelbild, geführt.

125

DIE GROSSE ZEICHENSCHULE

Zeichnen auf getöntem Grund

Das Papier, auf dem Sie zeichnen, muß kein einfaches weißes Blatt sein. Den Untergrund einzufärben ist eine altbekannte Technik (siehe S. 64/65). Giorgio Vasari, der das Leben und die Techniken der Renaissancemaler beschrieben hat, weist auf diese Vorbereitungen hin.

Es gibt viele gute Gründe, die für einen getönten Zeichengrund sprechen. Farbe ruft Stimmungen hervor – Blau ist kalt, Pink ist warm – und ist Ausdruck Ihrer persönlichen Vorstellungen. Doch müssen Sie auf jeden Fall einen mittleren Tonwert nehmen, der gut mit Weiß und verschiedenen Grautönen von Mittelgrau über Dunkelgrau bis Schwarz kontrastiert. Tonpapier gibt es fast überall zu kaufen, aber es befriedigt mehr, das Papier selbst einzufärben.

Ein getönter Zeichengrund beeinflußt die Farbe Schwarz. Rottöne lassen sie kräftiger, dunkle Blautöne blasser erscheinen. Dunkle Striche und farbige Flächen können mit Kohle oder weichen Bleistiften gezeichnet werden. Lichter werden gesetzt, indem man die entsprechenden Stellen mit einem Radierer ausradiert (siehe S. 50/51) oder mit weißer Kreide oder weißem Contéstift auflichtet. Weiß wird dazu verwendet, Details hervorzuheben oder Licht zu beschreiben, und läßt sich blaß oder kräftig auftragen, je nachdem, wieviel Druck man auf die Kreide oder Wachsmalkreide ausübt. Weiße Gouache ist das Mittel der Wahl für einen mit Aquarellfarben vorbereiteten Zeichengrund. Sie kann verdünnt oder unverdünnt benutzt werden, je nach der Zartheit der zu setzenden Glanzlichter. Übertreiben Sie nichts, besonders nicht am Anfang, denn ein harter weißer Pinselstrich läßt sich nachträglich schlecht entfernen.

- Weißer Contéstift
- Zeichenkohle
- Graphitpulver
- Knetgummi
- Pinsel Nr. 3
- Weiße Gouache

1 Spannen Sie das Papier auf und überziehen Sie es mit Hilfe eines Schwammes mit einer dünnen, kobaltblauen Aquarellavierung (siehe S. 64/65). Verreiben Sie Graphitpulver auf der Oberfläche. Mit Kohle werden die Formen von Kopf und Hut sowie die Gesichtszüge skizziert.

- Der Lichteinfall kommt von der Fensterscheibe her.
- Gestreutes Licht liegt über Knie und Oberschenkel.
- Die holzverkleidete Wand ist in einem mittleren Tonwert gehalten.
- Unter dem Stuhl und dem Rock des Modells liegen tiefe Schatten.

Die Tonwertskala
Beginnen Sie auf der Grundlage eines mittleren Tonwerts, hellen Sie auf bis zu Weiß und geben Sie Ton hinzu für die Schatten.

2 Verreiben Sie das Graphitpulver mit dem Finger, beziehen Sie noch größere Flächen mit ein. Arbeiten Sie über die gesamte Oberfläche hinweg und vermeiden Sie es, sich nur auf einzelne Stellen zu konzentrieren. Behalten Sie das Thema und den Hintergrund ständig im Auge.

FORTGESCHRITTENE TECHNIKEN

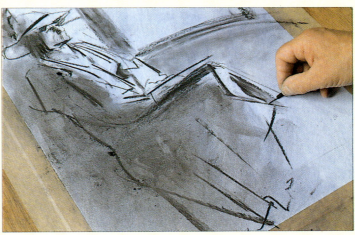

3 Für hellere Töne benutzen Sie einen Knetgummi, mit dem Sie die Kohlearbeit korrigieren und verwischen können (siehe S. 50/51). Kasten: Mit großzügig verteiltem Graphit bekommen Sie eine kräftige Tonfläche vom Knie bis zum Boden.

4 Benutzen Sie sowohl Linie als auch Ton, um zu zeigen, wie schwer der Rock fällt. Zeichnen Sie den unteren Rand. Vergewissern Sie sich, daß alles zusammen – Figur und Fenster – wirklich auf das Papier paßt. Lassen Sie Platz für Beine und Füße.

5 Mit einem weißen Contéstift fügen Sie die helleren Töne in der Figur und hinter dem Gesicht ein. Kasten: Bringen Sie weitere Lichter an, betonen Sie gleichzeitig die dunkleren Partien mit einem kräftigeren Ton.

6 Nun tragen Sie mit einem Pinsel Nr. 3 weiße Gouache auf die hellsten Flächen auf, also die Fensterscheiben und den Oberkörper der Frau. So wird die dreidimensionale Illusion verstärkt.

Die fertige Zeichnung
Das von hinten beleuchtete Halbprofil und die hellen Flächen der Fenster ergänzen sich gut. Auf einem Zeichengrund mit mittlerem Tonwert vermeidet man allzu harte farbliche Kontraste.

DIE GROSSE ZEICHENSCHULE

Tilgen in Kohlezeichnungen

Holzkohle ist ein sehr altes und sehr vielseitiges Zeichenmaterial. Schon in ganz früher Zeit zeichneten Höhlenbewohner mit verkohlten Stöckchen auf die Wände ihrer Höhlen – wie einfach! Doch dieses offensichtlich elementare Zeichenwerkzeug ist nicht zu unterschätzen; dank hochentwickelter Herstellungsverfahren ist es außerordentlich vielseitig verwendungsfähig.

Kohle ist ein monochromes Instrument, doch man kann mit ihr ungefähr das gleiche erreichen wie mit Farbe, von tiefschwarzen, samtigen Flächen bis zu ganz feinen Linien. Man kann großflächig Struktur und Ton auftragen und sie auch wieder mit einem Tuch, dem Finger oder dem Knetgummi aufhellen oder beseitigen. Eine Alternative zum Knetgummi ist ein Stück frisches Weißbrot. Mit solchen Hilfsmitteln kann man durch einfaches Wegwischen einen Lichteinfall hervorheben oder Glanzlichter auf dunkle Flächen setzen. Mit einem Tuch läßt sich Kohle vom Papier abstauben, so daß man Änderungen anbringen oder ganz von vorn anfangen kann. Das ist besonders günstig, wenn man eine anspruchsvollere Komposition plant. Pablo Picasso hat Vorzeichnungen mit Kohle ausgeführt, ebenso John Constable und Henri Matisse.

Experimentieren Sie mit verschiedenen Farben und unterschiedlich harter Zeichenkohle. Manchmal ist es angebracht, die bräunliche Kohle des Rebholzes mit der kräftigeren des Buchenholzes zu kombinieren, die schwärzere und sattere Valeurs hat. Ganz allgemein gilt: Je weicher die Kohle, desto kräftiger und dunkler der Strich.

In dem hier gezeigten Beispiel beherrscht die Kohlegrundierung die Bildoberfläche. Der getönte Grund, die mittel- bis dunkelgrauen Linien und ganze Tonblöcke verbinden sich mit hellen Flächen und Glanzlichtern zu einem Eindruck von Einheitlichkeit und Vollständigkeit.

Zeichenkohle

Knetgummi

Die Anordnung
Es ist durchaus sinnvoll, ein Kunstwerk aus ganz gewöhnlichen Gegenständen zusammenzustellen – vorausgesetzt, man hat Einfälle und verfügt über entsprechendes Können.

1 *Dieses dicke Zeichenpapier wurde mit der Längsseite eines Kohlestückchens getönt (siehe S. 64/65). Benutzen Sie zunächst tiefes Schwarz, um die Schatten zwischen den Mänteln zu bezeichnen, arbeiten Sie dabei sowohl mit der breiten Seite wie mit dem spitzen Ende der Kohle. Bauen Sie weiter Ton – und damit Form – auf. Kneifen Sie die Lider ein wenig zusammen, um die Tonwerte besser zu erkennen.*

2 *Zeichnen Sie entlang den getönten Partien mit einfachen Linien die Grundformen ein. Eine kräftige horizontale Linie ergibt das Brett mit den Kleiderhaken, das den Kontrast zu den dominierenden vertikalen Falten bildet. Lassen Sie Hand und Blicke ständig über das Papier gleiten.*

FORTGESCHRITTENE TECHNIKEN

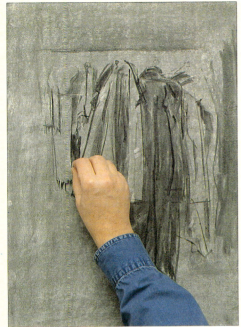

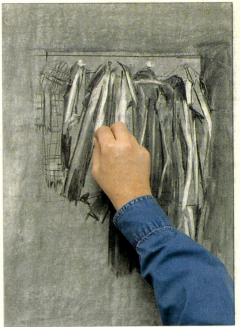

3 Arbeiten Sie weiter an den Schatten, behalten Sie die horizontalen und vertikalen Bezüge im Auge! Benutzen Sie die verschiedenen Längen der Kleidungsstücke als belebendes Moment.

4 Nun zeichnen Sie das Karomuster des Schals mit feinen Strichen. Gehen Sie vorsichtig zu Werke, damit die Rundungen des hängenden Stoffs trotz des geradlinigen Musters erhalten bleiben.

5 Mit einem Stück Knetgummi lichten Sie die graugetönte Bildoberfläche auf. Das sieht vielleicht etwas grob aus, läßt sich aber vorsichtig verfeinern, sobald die Führungslinien erkennbar sind.

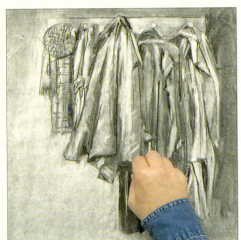

6 Gesamteindruck auf sich wirken. Das Muster der Stoffmütze und des Schals setzt einen eigenen Akzent. Bearbeiten Sie die Oberfläche noch etwas, indem Sie mehr Licht und mehr Zwischentöne aus dem dunklen Untergrund herauswischen.

7 Verwischen Sie die Flächen hinter den Mänteln mit der Fingerspitze, so daß sie heller werden. Lichten Sie noch mehr auf. Als letztes müssen Sie Ihr Bild noch fixieren, um es vor dem Verschmieren zu bewahren.

DIE GROSSE ZEICHENSCHULE

Bewegung festhalten

Das Studium der Bewegungsabläufe von Mensch und Tier ist relativ neu. Sieht man sich Bilder an, die vor der zweiten Hälfte des 19. Jahrhunderts entstanden sind, so stellt man fest, daß die dargestellten Bewegungen manchmal merkwürdig, wenn nicht anatomisch gesehen unmöglich sind. Auf Drucken von Pferderennen oder Kriegsszenen aus dem 18. Jahrhundert sieht man beispielsweise Pferde, die mit fast waagerecht ausgestreckten Vorder- und Hinterbeinen über einen Zaun springen. Erst mit der Erfindung der Fotografie wurde es möglich, im Fluß befindliche Bewegung festzuhalten und damit komplizierte Bewegungsabläufe im Detail zu studieren. Der Fotograf Edward Muybridge (1830–1904) war in dieser Hinsicht ein Pionier: Seine Fotografien galoppierender Pferde bewiesen überzeugend, daß ein Pferd die Beine nicht gleichzeitig, sondern in einer bestimmten Abfolge nacheinander vom Boden abhebt. Heutzutage sehen wir ständig Fotografien von Menschen und Tieren in Bewegung. Dank dieser Bilder und der Zeitlupen- und Zeitraffersequenzen im Fernsehen weiß der Durchschnittsmensch mehr über Mechanik und Bewegung, als ihm klar ist. Es bedarf nur der Kenntnis einiger Fakten und einer genauen Beobachtung, um uns dieses Wissen bewußt zu machen.

Wie wir beim Figurenzeichnen (siehe S. 102–105) gesehen haben, spielt das Gleichgewicht eine große Rolle. Menschen und Tiere korrigieren es instinktiv, wenn sie sich bewegen, um nicht umzufallen. Gewöhnlich reagieren die entsprechenden Gliedmaßen der einen Körperhälfte in entgegengesetzter Richtung zu der Bewegung der anderen. Was man beachten muß, ist der Winkel, den Kopf und Schultern oder Schultern und Hüfte jeweils bilden. Diese Winkel geben Aufschluß über die Kraft und die Geschwindigkeit, die in einer Bewegung zum Ausdruck kommen. Um es auf einen Nenner zu bringen: Je weiter eine Figur sich vorbeugt, desto schneller und intensiver ist die Bewegung. Stellen Sie sich einen Läufer

»Ballettprobe auf der Bühne« von Edgar Degas
Die starken Diagonalen der Komposition signalisieren äußerste Energie und Vitalität. Die Tänzer scheinen zu schweben, für den Bruchteil einer Sekunde ist eine fließende Bewegung angehalten worden.

Vor dem Fernseher zeichnen
Ein Sportereignis im Fernsehen nachzuzeichnen, ist eine gute Übung. Beobachten Sie die Handlung eine Zeitlang, bevor Sie zu zeichnen anfangen; versuchen Sie sich den Rhythmus einzuprägen. Beobachten Sie, wie sich die Lage der einzelnen Körperteile während des Bewegungsablaufs verändert.

Die Stellung von Schulter und Hüfte ändert sich, wenn das Gewicht von einem Bein aufs andere verlagert wird.

Die Zeichnung wirkt dreidimensional, wenn man das rückwärtige Bein dunkel tönt, während man das vordere, auf das das Licht fällt, hell läßt.

Kohlestift

FORTGESCHRITTENE TECHNIKEN

1 Versuchen Sie eine Linie zu finden, in der sich die Spannung der laufenden Figur – in diesem Fall von der linken Brustseite über den Oberschenkel zum Unterschenkel – abzeichnet. Zeichnen Sie diese Tendenzlinie und verstärken Sie den Druck, damit der Strich dicker wird und die Muskelpartien betont.

2 Zeichnen Sie zwei Hilfslinien ein, um sich die Lage des Schultergürtels und der Hüftknochen zu vergegenwärtigen. Zeichnen Sie die rechte Seite des Torsos von der Schulter zum Knie, deuten Sie die Falten am rechten Ärmel an. Für die Innenseite des linken Oberschenkels brauchen Sie einen kräftigen Strich.

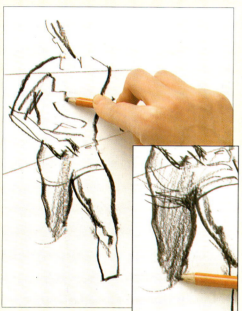

3 Zeichnen Sie unter Beachtung der Kopfhaltung die rechte Seite des Kopfes und anschließend den rechten Arm und die rechte Hand. Setzen Sie die Falten der Shorts und des T-Shirts ein, unter denen sich die angespannten Muskeln abzeichnen. Kasten: Legen Sie die Innenseite des Oberschenkels dunkler an, damit die Figur körperlich wirkt.

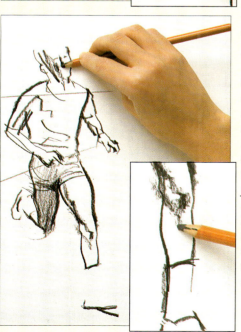

4 Mit leichtem Strich zeichnen Sie jetzt den rechten Unterschenkel, den rechten Fuß und den linken Arm. Achten Sie auch hierbei auf die Körperhaltung. Legen Sie die Position des linken Fußes und seines Schattens fest. Zeichnen Sie das Gesicht fertig. Kasten: Vervollständigen Sie die Figur, indem Sie gegebenenfalls die Strukturen verstärken.

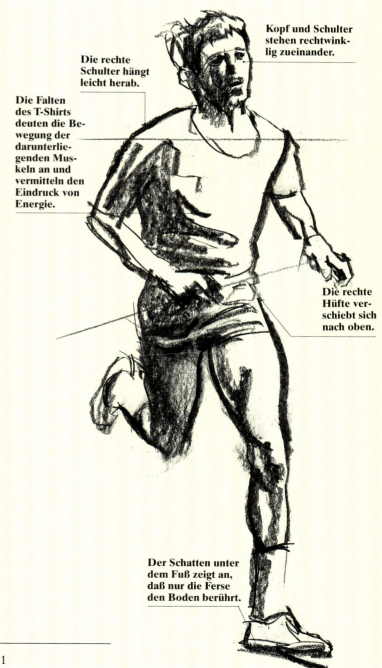

Kopf und Schulter stehen rechtwinklig zueinander.

Die rechte Schulter hängt leicht herab.

Die Falten des T-Shirts deuten die Bewegung der darunterliegenden Muskeln an und vermitteln den Eindruck von Energie.

Die rechte Hüfte verschiebt sich nach oben.

Der Schatten unter dem Fuß zeigt an, daß nur die Ferse den Boden berührt.

DIE GROSSE ZEICHENSCHULE

vor, der aus den Startblöcken hochschnellt. Zöge man eine vertikale Linie von seinen Fersen aus in die Höhe und eine diagonale Linie von den Fersen zur Stirn, so entstünde zwischen beiden Linien ein Winkel mit ziemlich weiter Öffnung. Bei einer aufrechten, bewegungslosen Figur wäre die Winkelöffnung ganz schmal. Alle Bewegungsabläufe bestehen aus einer Reihe vieler einzelner aufeinanderfolgender Bewegungen, und oftmals wird dieser Ablauf immerzu wiederholt. Ein Läufer zum Beispiel behält den ursprünglichen Rhythmus während des ganzen Rennens bei. Sogar beim Mannschaftssport kehren die gleichen Abläufe regelmäßig wieder. Wollen Sie zum Beispiel einen Basketballspieler zeichnen, der gerade den Ball ins Netz wirft, so sollten Sie sich nicht allein auf den Augenblick des Sprunges konzentrieren, sondern aufmerksam das ganze Spiel verfolgen und versuchen, den Bewegungsrhythmus vor Ihrem geistigen Auge festzuhalten. Sehr hilfreich ist es auch, ein sportliches Ereignis am Fernseher zu verfolgen, und zwar von einem Videoband, weil man die gleichen kurzen Sequenzen immer wieder abspielen kann, bis man sich den Rhythmus der Bewegungen gemerkt hat. Halten Sie aber das Bild nicht an. Man zeichnet ja eine fließende Bewegung nicht der Pose wegen, sondern um das Wesentliche einzufangen: die Muskelanspannung des springenden Athleten, die Körperhaltung einer pirouettendrehenden Tänzerin, die kraftvollen Schläge des Boxers. Es muß aussehen, als sei die Bewegung noch im Fluß.

Natürlich ist beim Zeichnen von Bewegung die Geschwindigkeit ganz wichtig. Hier kann Ihnen das Augentraining (siehe S. 32/33) einen guten Dienst erweisen. Wählen Sie ein Zeichenwerkzeug, mit dem man schnell arbeiten kann, zum Beispiel Kohle, sehr weiche Bleistifte, Tusche über einer Lavierung.

Die Muskeln sind die Kraftspeicher des Körpers, von dort kommen alle Bewegungen. Professionelle Sportler haben meist sehr ausgeprägte Muskeln; bei Läufern und Tänzern sind es die Oberschenkelmuskeln, bei Gewichthebern und Schwimmern die Oberarmmuskeln.

Mit diesen Muskeln läßt sich sehr gut eine rundplastische Wirkung hervorrufen. Prüfen Sie auch, wie die Kleidung fällt (siehe S. 106/107), achten Sie auf Falten, wo sich Muskeln unter dem Stoff abzeichnen.

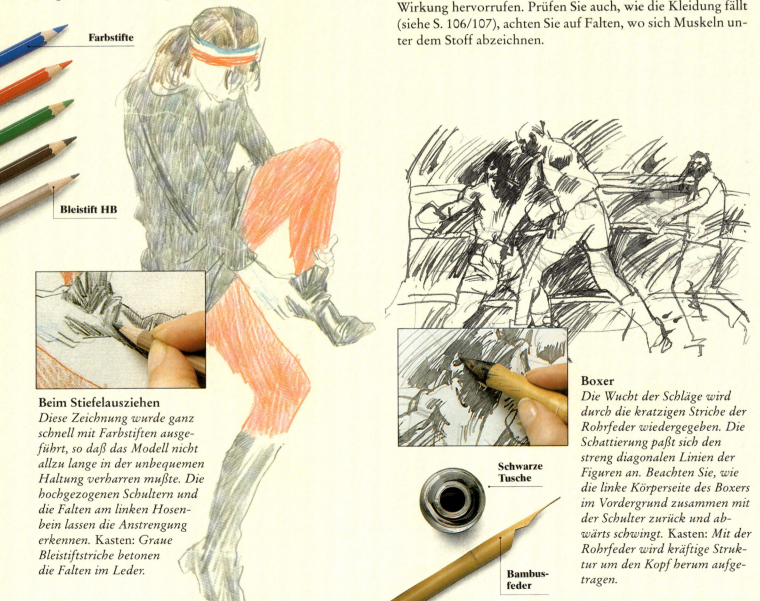

Farbstifte

Bleistift HB

Beim Stiefelausziehen
Diese Zeichnung wurde ganz schnell mit Farbstiften ausgeführt, so daß das Modell nicht allzu lange in der unbequemen Haltung verharren mußte. Die hochgezogenen Schultern und die Falten am linken Hosenbein lassen die Anstrengung erkennen. Kasten: Graue Bleistiftstriche betonen die Falten im Leder.

Schwarze Tusche

Bambusfeder

Boxer
Die Wucht der Schläge wird durch die kratzigen Striche der Rohrfeder wiedergegeben. Die Schattierung paßt sich den streng diagonalen Linien der Figuren an. Beachten Sie, wie die linke Körperseite des Boxers im Vordergrund zusammen mit der Schulter zurück und abwärts schwingt. Kasten: Mit der Rohrfeder wird kräftige Struktur um den Kopf herum aufgetragen.

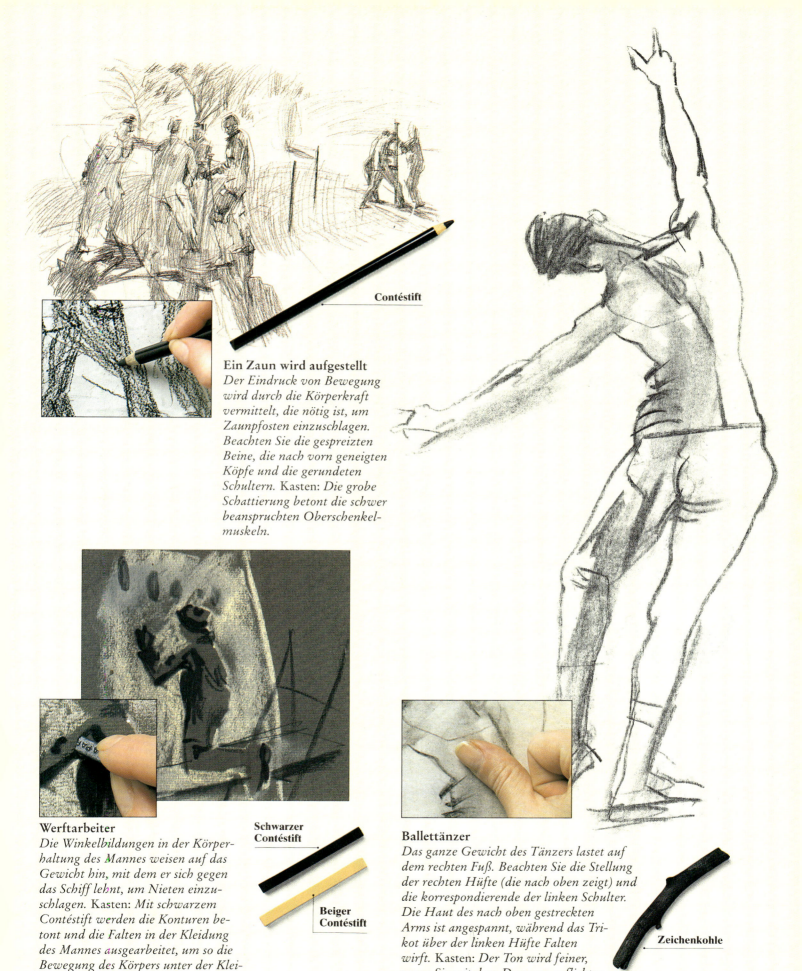

Contéstift

Ein Zaun wird aufgestellt
Der Eindruck von Bewegung wird durch die Körperkraft vermittelt, die nötig ist, um Zaunpfosten einzuschlagen. Beachten Sie die gespreizten Beine, die nach vorn geneigten Köpfe und die gerundeten Schultern. Kasten: *Die grobe Schattierung betont die schwer beanspruchten Oberschenkelmuskeln.*

Werftarbeiter
Die Winkelbildungen in der Körperhaltung des Mannes weisen auf das Gewicht hin, mit dem er sich gegen das Schiff lehnt, um Nieten einzuschlagen. Kasten: *Mit schwarzem Contéstift werden die Konturen betont und die Falten in der Kleidung des Mannes ausgearbeitet, um so die Bewegung des Körpers unter der Kleidung anzudeuten.*

Schwarzer Contéstift

Beiger Contéstift

Ballettänzer
Das ganze Gewicht des Tänzers lastet auf dem rechten Fuß. Beachten Sie die Stellung der rechten Hüfte (die nach oben zeigt) und die korrespondierende der linken Schulter. Die Haut des nach oben gestreckten Arms ist angespannt, während das Trikot über der linken Hüfte Falten wirft. Kasten: *Der Ton wird feiner, wenn Sie mit dem Daumen auflichten.*

Zeichenkohle

DIE GROSSE ZEICHENSCHULE

Das Linienzeichnen

Eine der anspruchsvollsten Sparten der bildenden Künste ist das Linienzeichnen – nicht zu verwechseln mit dem Umrißzeichnen (siehe S. 48/49). Mit Umrißlinien läßt sich zwar eine geschlossene Form darstellen, nicht aber das Stoffliche dieser Form. Linienzeichnen hingegen beschreibt Umrisse und Materie und kann räumliche und körperhafte Wirkungen hervorbringen. Es ist eine Fertigkeit mit einer langen Geschichte, die bis auf die alten Griechen und Ägypter zurückgeht und von Künstlern unserer Tage wie Edgar Degas und John Ruskin zur Perfektion gebracht wurde. Ziel des Linienzeichnens ist es, einen greifbaren Gegenstand mit Feder, Bleistift, Pinsel oder Kreide zu beschreiben. Das ist nicht schwer, aber man muß den Gegenstand sehr genau betrachten und die einzelnen Teile sorgfältig abmessen. Eine an- und abschwellende Linie kann die rhythmische Energie eines Ballettänzers einfangen, eine gleichmäßige Linie die Schönheiten der Natur schildern. Was auch immer beabsichtigt sein mag – die Linie muß einfühlsam gezeichnet werden. Sie muß der Kontur folgen, jenem Rand, der sich in Biegungen um die Form schlängelt. Das einfache Nachzeichnen eines Körpers würde flach wirken, da es ihm an Kraft und Körperlichkeit mangeln würde. Versuchen Sie, Linien unterschiedlicher Stärke zu bekommen, indem Sie verschieden harte Bleistifte verwenden oder unterschiedlichen Druck auf die Feder ausüben. Stellen Sie sich den Gegenstand als Ganzes vor und versuchen Sie anzudeuten, was auf der Rückseite ist. Machen Sie sich Einzelheiten wie zum Beispiel Falten zunutze, die sich quer über oder rund um die Form des Gegenstandes ziehen, und ebenso das Ineinandergreifen und die Überschneidungen von Sekundärformen.

Mit Linien Form vermitteln
Der Hummer ist ein sehr brauchbares Demonstrationsobjekt. Er kann optisch auf eine zusammengesetzte Röhre reduziert werden, deren einzelne Segmente übereinandergreifen. An die Hauptform ist ein Komplex von gegliederten Füßen angefügt, wieder eine Reihe von Zylindern, die miteinander und mit der Hauptröhre verbunden sind. Die Feder eignet sich gut zum Linienzeichnen, aber manche Künstler arbeiten lieber mit dem Pinsel. Ihre Wahl kann sowohl vom Gegenstand als auch vom gewünschten Effekt abhängen.

Bleistift 3B

Die Darstellung der körperlichen Form
Üblicherweise werden dreidimensionale Gebilde – wie in dieser lavierten Linienzeichnung – durch Tonabstufungen dargestellt. Diese dreidimensionale Qualität muß jede Linienzeichnung eines Körpers aufweisen.

1 Skizzieren Sie den Gegenstand leicht mit einem Stift 3B. Schätzen Sie die Größe des Objekts im Vergleich zu Ihrem Zeichenpapier ab.

134

FORTGESCHRITTENE TECHNIKEN

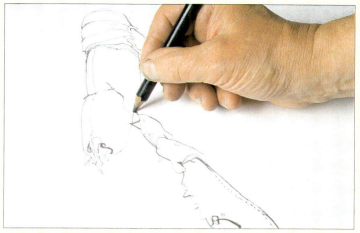

2 Stellen Sie sich das einfachste geometrische Äquivalent zu den einzelnen Teilen des Hummers vor – der Rumpf ist zylindrisch und plastisch – und fügen Sie die einzelnen Segmente aneinander. Verstärken Sie den Druck von Hell zu Dunkel.

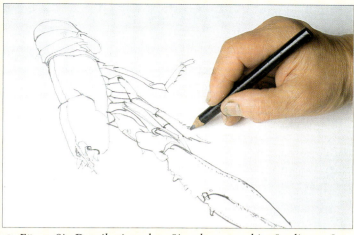

3 Fügen Sie Details ein, sehen Sie sehr genau hin. In diesem Stadium umreißt die Linie die Beine und beschreibt die Körperlichkeit des Tieres. Es soll aussehen, als ob das Krustentier vom Papier abstünde.

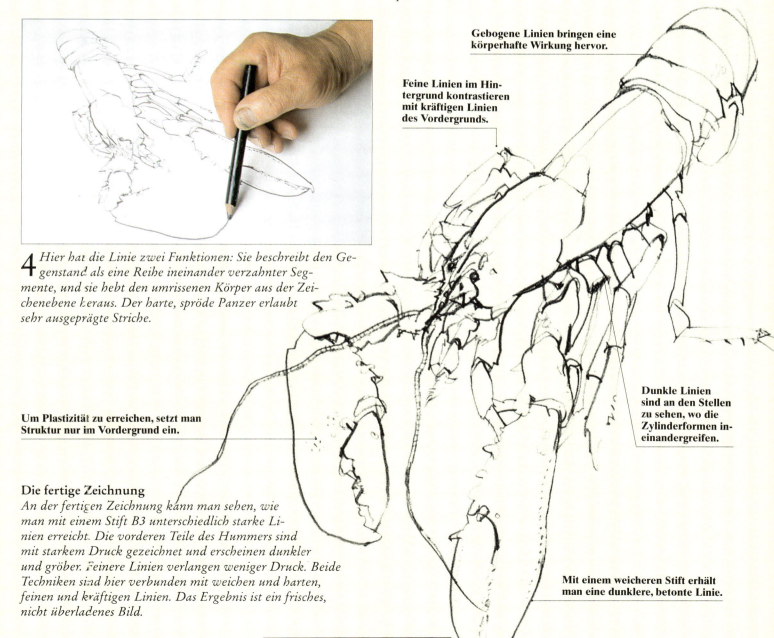

4 Hier hat die Linie zwei Funktionen: Sie beschreibt den Gegenstand als eine Reihe ineinander verzahnter Segmente, und sie hebt den umrissenen Körper aus der Zeichenebene heraus. Der harte, spröde Panzer erlaubt sehr ausgeprägte Striche.

Gebogene Linien bringen eine körperhafte Wirkung hervor.

Feine Linien im Hintergrund kontrastieren mit kräftigen Linien des Vordergrunds.

Dunkle Linien sind an den Stellen zu sehen, wo die Zylinderformen ineinandergreifen.

Um Plastizität zu erreichen, setzt man Struktur nur im Vordergrund ein.

Mit einem weicheren Stift erhält man eine dunklere, betonte Linie.

Die fertige Zeichnung
An der fertigen Zeichnung kann man sehen, wie man mit einem Stift B3 unterschiedlich starke Linien erreicht. Die vorderen Teile des Hummers sind mit starkem Druck gezeichnet und erscheinen dunkler und gröber. Feinere Linien verlangen weniger Druck. Beide Techniken sind hier verbunden mit weichen und harten, feinen und kräftigen Linien. Das Ergebnis ist ein frisches, nicht überladenes Bild.

DIE GROSSE ZEICHENSCHULE

Die einfache Monotypie

Wie schon der Name besagt, wird bei diesem Verfahren ein einziger (Mono-)Druck von einer Zeichnung hergestellt. Es gibt verschiedene Vorgehensweisen (siehe S. 138/139), einen Druck oder einen Abzug (Offset) von einer Zeichnung zu machen. Im allgemeinen wird dafür schwarze Tusche auf Ölbasis verwendet, aber Sie können es auch mit farbiger Tusche versuchen. Das Reizvolle an der Monotypie ist die Veränderung, die die Übertragung auf eine andere Fläche bewirkt – da werden neue Strukturen und Qualitäten sichtbar, etwa verschwommene und gebrochene Linien, die man mit der herkömmlichen Zeichentechnik nicht hervorbringt.

Die einfachste Form der Monotypie ähnelt der Anwendung von Kohlepapier. Reiben Sie ein Blatt Papier mit Contékreide ein (es kann auch Graphitpuder oder Kreide sein, allein auf die pulverige Beschaffenheit kommt es an). Legen Sie dieses Blatt, mit der eingefärbten Seite nach unten, auf ein sauberes Blatt Papier und zeichnen Sie Ihr Bild auf die nun obenauf liegende Rückseite. Durch den Druck des Stiftes oder der Feder wird die Farbe auf das neue Papier übertragen. Heben Sie das eingefärbte Papier ab, werfen Sie es weg. Die Linien des neuen Bildes sind die gleichen wie die des alten, aber von weicherer Qualität.

Bei der zweiten Methode, die unser Beispiel schildert, sind die Unterschiede zwischen dem Original und dem Offsetdruck noch größer, weil der Druck seitenverkehrt ist. Man braucht dafür eine glatte, harte Oberfläche, es kann eine Glasscheibe oder eine beschichtete Plastikunterlage sein. Tragen Sie mit einem Roller gleichmäßig Öltusche auf. (Man verwendet Tusche auf Öl- statt auf Wasserbasis, weil sie länger braucht, um zu trocknen, und man nicht so schnell arbeiten muß. Obendrein dringt Öltusche nicht so tief ins Papier ein und ergibt mit ihrer klebrigen Beschaffenheit wunderschöne Strukturen.) Legen Sie ein Blatt Papier auf die tuschegetränkte Oberfläche und zeichnen Sie auf seine Rückseite, und zwar mit einer scharfen Spitze, zum Beispiel einem gutgespitzten Bleistift oder einem Kugelschreiber. Diesen relativ harten Linien können Sie weichere, tonige Flächen hinzufügen, indem Sie mit einem weichen Gegenstand oder dem Finger über das Papier reiben. Heben Sie das Papier zügig ab, damit nichts verschmiert wird.

Man kann selten vorhersagen, wie eine Monotypie ausfällt, aber genau darin liegt der Reiz. Vielleicht werden Tintenschmierer sichtbar oder Fingerspuren, die Sie beim Zeichnen hinterlassen haben. Holen Sie aus dem, was wie ein Mißgeschick aussehen mag, das Beste heraus!

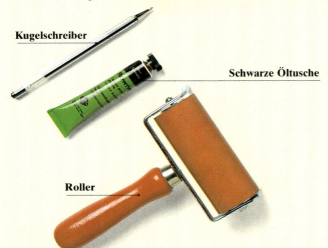

Schimpanse
Der Schimpanse verzehrt seine Mahlzeit, eine Banane. Er ist ganz bei der Sache und hält so lange still, wie Sie für eine Zeichnung brauchen. Die Technik ist im Prinzip die gleiche wie bei den Löwenskizzen (siehe S. 112/113), nur wurde hier noch etwas mit der Feder nachgezeichnet, um ein paar Details auszuarbeiten und die körperliche Wirkung zu verstärken.

1 *Verstreichen Sie ein großzügig bemessenes Quantum Öltusche auf der Plastikplatte, bis sie mit einem gleichmäßigen Belag überzogen ist. Führen Sie den Roller im Kreuzgang über die Platte.*

2 *Legen Sie vorsichtig und mit einer einzigen Bewegung, um nichts zu verwischen, ein Blatt Papier darauf. Es soll ganz glatt anliegen.*

FORTGESCHRITTENE TECHNIKEN

3 Mit einem Kugelschreiber kopieren Sie Ihre Skizze. Drücken Sie nicht stärker auf als nötig, um unabsichtliche Abdrücke zu vermeiden.

4 Arbeiten Sie die Zeichnung aus, halten Sie den Kugelschreiber dabei steil, damit Ihre Finger das Papier nicht berühren und Sie keine Spuren hinterlassen.

5 Treten Sie zurück und prüfen Sie, ob noch etwas fehlt. Überladen Sie die Zeichnung nicht – der Offsetdruck wird sehr viel farbintensiver.

6 Wenn Sie nichts mehr ändern wollen, ziehen Sie das Papier von der Plastikplatte ab. Die mit Tinte überzogene Oberfläche darf nicht verschmiert werden.

Die flott hingeworfenen Striche des Drahtkäfigs vermitteln die gleiche Frische wie die restliche Zeichnung.

Die Fingerabdrücke, die hier zu sehen sind, geben der Oberfläche eine weichere Struktur – auch Zufälligkeiten können einem Bild guttun. Allzu kräftige Abdrücke freilich hätten das Konterfei des Schimpansen beeinträchtigt.

Der fertige Druck
Was diesen Druck auszeichnet, ist die satte, verschwommene Qualität der Linien. Wegen seiner dichtstrukturierten Oberfläche wirkt das Bild lebhaft, man meint, der Schimpanse würde sich jeden Moment bewegen. Beachten Sie die Vielfalt der Linien und die Struktur, die durch die unbeabsichtigten Fingerabdrücke entstanden ist. Auch wenn so etwas interessant aussieht, sollte man es besser vermeiden; es kann ein Bild auch verderben.

137

DIE GROSSE ZEICHENSCHULE

Die anspruchsvolle Monotypie

Komplizierter ist der Vorgang, wenn nicht auf die Rückseite des Papiers, sondern auf die eingefärbte Oberfläche gezeichnet wird. Anstatt einen dunklen Strich auf einem hellen oder leicht getönten Grund zu ziehen, geht man von einem dunklen Malgrund aus, von dem man Tusche wegwischt, um Grau oder Weiß herauszuholen.

Der Ausgangspunkt ist in beiden Fällen der gleiche. Überziehen Sie also eine glatte, harte Fläche mit Öltusche. Und dann »zeichnen« Sie Ihr Bild, indem Sie die Tusche wegwischen und weiße Flächen zum Vorschein bringen, auf denen Sie Tusche überall dort stehenlassen, wo Sie auf dem Druck schwarze Linien haben wollen. Sie müssen die Tusche nicht ganz entfernen, sondern können sie teilweise belassen, so daß beim Druck dann hellere Stellen entstehen. Interessante Effekte treten auf, wenn Sie verschiedenes Werkzeug benutzen. Mit einem Stück Stoff oder einem Schwamm können Sie Tupfen aus der Oberfläche hervorholen und mit einem Plastikmesser weiße Flächen herausschaben. Sie müssen schnell arbeiten, denn mit angetrockneter Tusche kann man nicht mehr drucken. Wählen Sie also eine entsprechende Technik aus.

Wenn Ihre Zeichnung fertig ist, legen Sie vorsichtig ein Blatt Papier auf die mit Tusche überzogene Fläche und fahren mit dem Roller darüber, um das Bild auf das Papier zu übertragen. Wie in dem vorhin erwähnten Beispiel ist auch hier der Druck seitenverkehrt.

Ohne Frage ist die Monotypie, mehr als andere Zeichenarten, unberechenbar, aber gerade deswegen ist sie so spannend. Viele Künstler haben Monotypien gemacht, und Edgar Degas (1834–1917) hat diese Technik zur großen Kunst entwickelt. Sollten Sie immer noch nicht überzeugt sein, so müssen Sie sich nur seine Werke ansehen.

Nach einer Fotokopie arbeiten
Hier haben Sie die Fotokopie eines Urlaubsfotos (Kasten) mit einem weltberühmten Schauplatz, der Rialtobrücke in Venedig. Da die Fotokopie schwarzweiß ist, sind die Flächen von Hell und Dunkel schon klar definiert. Bei der Monotypie entsteht ein seitenverkehrtes Bild, man sollte sie also bei bekannten Wahrzeichen wie diesem nicht anwenden. Es gibt aber eine einfache Lösung für dieses Problem. Zeichnen Sie das Bild auf, übertragen Sie es auf die Plastikplatte. Der Abzug ist seitenverkehrt, und jede davon gemachte Monotypie ergibt das wahre Bild.

1 *Kleben Sie Abdeckband auf eine weiße Kunststoffplatte, so daß es ein Rechteck bildet. Das Band hält das Bild in seinen Grenzen und den Rand sauber. Die Ecken müssen wirklich rechtwinklig sein.*

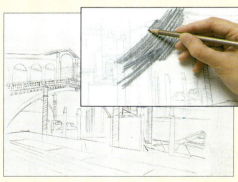

2 *Zeichnen Sie das Bild und legen Sie es, Oberseite nach unten, in das vorbereitete Rechteck. Kasten: Reiben Sie mit einem Bleistift 2H kräftig über das Papier, um die Linien zu übertragen.*

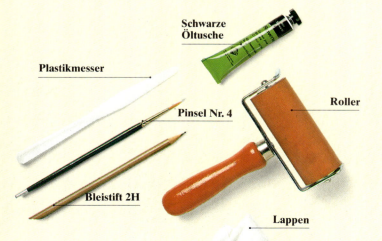

3 *Entfernen Sie das Papier und tragen Sie vorsichtig mit schwarzer Öltusche und einem Pinsel Nr. 4 die erforderliche Farbmenge auf.*

FORTGESCHRITTENE TECHNIKEN

4 Mit einem Stück Stoff wischen Sie, wo nötig, Tusche weg, zum Beispiel an der Brüstung der Brücke. Arbeiten Sie flott, die Tusche darf nicht trocknen.

5 Mit dem Plastikmesser kratzen Sie einige Flächen frei und zeichnen Struktur auf die Wasseroberfläche. Kasten: Nehmen Sie dazu die flache Seite und die Spitze des Messers für verschiedenartige Schraffuren.

6 Noch immer mit dem Messer kratzen Sie die Fenster in das Gebäude jenseits des Kanals. Beachten Sie, wie ein satter Farbkomplex im Original zu einem dünnen Umriß in der Monotypie wird.

7 Die verschiedenen Strukturen und Tonflächen und die kräftigen Linien wirken zusammen und ergeben das Bild. Die Tusche muß noch klebrig sein, damit man den Druck abziehen kann.

8 Legen Sie ein Blatt Zeichenpapier von guter Qualität auf die mit Band umklebte Fläche. Führen Sie den Roller mit festem und gleichmäßigem Druck darüber.

9 Heben Sie das Papier vorsichtig an und ziehen Sie es von unten nach oben ab.

Der fertige Druck
Der Druck ist von einer erstaunlichen Frische und Unmittelbarkeit, weil er in einem einzigen Arbeitsgang, bevor die Tinte trocknen konnte, gemacht wurde. Die kräftigen schwarzen Flächen haben gebrochene Ränder, bewahren aber trotzdem die Formen des Originals. Die verschiedenen Grautöne sind entweder durch Ausschaben oder durch das Aussparen weißer Flächen entstanden. Durch den Gebrauch von Pinsel, Stoff und Plastikmesser hat das Bild an Tiefe und Struktur gewonnen. Das Ergebnis ist eher eine neue Interpretation des Themas als eine bloße Kopie der ursprünglichen Fotografie.

DIE GROSSE ZEICHENSCHULE

Bearbeitung der Papieroberfläche

Die Papieroberfläche zu verändern ist ein alter Trick der Aquarellmaler und Zeichner. Andere Oberflächen ergeben neue Qualitäten, und die Textur des Papiers beeinflußt ein Bild ganz entscheidend. Ein gebräuchliches Verfahren ist es, das Papier aufzurauhen. Die meisten Papier- und Kartonsorten sind mit Leim versiegelt, um sie weniger durchlässig zu machen. Wenn man die versiegelte Oberfläche aufbricht, bekommt das Papier andere Eigenschaften. Ob man das ganze Blatt oder nur einzelne Stellen bearbeitet – in jedem Fall sieht man sich vor neue Aufgaben gestellt, für die man alle möglichen Lösungen finden kann.

Durchaus gebräuchlich ist es, die Papieroberfläche mit Sandpapier oder Bimsstein aufzurauhen, so daß Lavierungen und Feder- oder Pinselstriche eindringen können. Sie werden es bald im Griff haben, nur bestimmte Flächen zu behandeln und andere, des Kontrastes wegen, auszusparen. Auch mit dem Schneidemesser lassen sich erstaunliche, sozusagen »knusprige« Oberflächen herstellen. Eine solche Behandlung kommt nur für sehr gutes Papier und sehr guten Karton in Frage; minderwertiges Material würde das kaum überstehen. Eine andere Art der Oberflächenbehandlung ist das Abdecken. Auf einzelne Flächen wird ein Abdeckmittel aufgebracht, so daß sie unberührt bleiben, wenn das gesamte Blatt mit einer Lavierung oder Ton überarbeitet wird. Mit Gummilösung und Zeichenpapier erhält man sehr klar umgrenzte Abdeckungen; am gebräuchlichsten ist aber Abdeckband, dessen Ränder man etwas einreißen kann, damit sie nicht so schnurgerade wirken. Flüssige Abdeckmittel werden mit dem Pinsel aufgetragen und können, wenn sie getrocknet sind, wieder abgerieben werden. Nehmen Sie einen alten Pinsel; selbst wenn Sie ihn sofort ausspülen, leiden die Haare darunter.

»Die beiden Schutzsuchenden« von Henry Moore
Henry Moore arbeitete bei dieser Zeichnung mit dem Wachsabdeckverfahren. Tusche oder Farbe, die er auftrug, liefen von den eingewachsten Stellen herunter und färbten das übrige Papier.

Die gebräuchlichsten Abdeckmittel

Flüssige Abdeckmittel werden mit Pinsel oder Feder aufgetragen; man benützt sie gern für feine Detailarbeiten oder um Glanzlichter auszusparen. Sie müssen bald entfernt werden, weil sie das Papier verfärben. Ölkreiden sind ein sehr gutes Abdeckmittel und haben den Vorteil, farbig zu sein. Kerzenwachs hinterläßt eine brüchige Oberfläche.

Abdeckflüssigkeit

Ölkreiden

Abdeckband

Kerzenwachs

FORTGESCHRITTENE TECHNIKEN

Wie man eine Oberfläche aufbricht

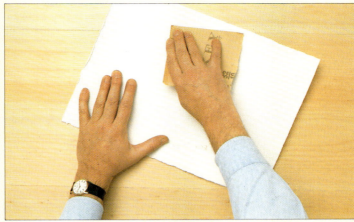

1 Reiben Sie mit grobem Sandpapier leicht über die Oberfläche von Zeichen- oder Aquarellpapier. Wenn Sie nun eine feuchte Lavierung auf die so aufgebrochene Oberfläche auftragen, wird sie vom Papier aufgesogen. Hier wurde nur ein Teil des Papiers aufgebrochen.

2 Kratzen Sie mit der Messerklinge über die Oberfläche. Die Schneideklingen sind so beschaffen, daß man sich die Finger nicht verletzen kann. Es gibt eine ganze Reihe von Klingen, mit denen man eine solche Wirkung erzielen kann.

3 Nehmen Sie verdünnte Aquarellfarbe und einen Dreiviertel-Zoll-Flachpinsel, legen Sie über der aufgebrochenen Fläche eine Lavierung an. Die vom Messer verursachten Schraffuren nehmen die Farbe auf, und es entsteht eine kräftige Struktur.

4 Rauhen Sie das Papier mit Sandpapier auf. Tragen sie mit der Zahnbürste in kreisenden Bewegungen Farbe auf. Alte Zahnbürsten kann man für Strukturen, für Spritzeffekte oder zum Auftragen verdünnter Farbe oder Tusche benutzen.

5 Mehrere unterschiedliche Wirkungen kommen auf diesem Blatt Papier zur Geltung. Probieren Sie selbst etwas aus, kombinieren Sie verschiedene Techniken. Die Ergebnisse werden Sie überraschen und belohnen.

DIE GROSSE ZEICHENSCHULE

Das Wachsabdeckverfahren

Seit Jahrhunderten wird darüber nachgedacht, wie man die Welt möglichst interessant bildlich darstellen kann. Dabei geht es um mehr, als mit Pinsel, Kohle, Kreide und Bleistift Spuren zu hinterlassen. Eine einfache, jedoch besonders wirkungsvolle Technik ist der Gebrauch eines Abdeckmittels. Darunter versteht man im weitesten Sinn alles, was das Papier vor dem Medium, mit dem Sie arbeiten, schützen kann. Durch das Wachsabdeckverfahren bekommt die Oberfläche eine so reiche Textur, wie man sie mit keinem anderen Mittel erreichen kann.

Das Wachsabdeckverfahren – bei dem eine dünne Schicht Kerzenwachs auf das Papier gerieben wird – ist eine altbekannte Technik, die von J. M. W. Turner und anderen Aquarellmalern häufig angewandt wurde. Weil Wachs und Wasser sich gegenseitig abstoßen, perlen Tusche oder in Wasser gelöste Farbe ab, wo Wachs aufgetragen wurde.

Um diese Technik erfolgreich anzuwenden, muß man lernen, »negativ« zu denken. Meistens zeichnet man zuerst die dunklen Umrisse. Beim Abdeckverfahren jedoch muß man zuerst entscheiden, welche Stellen vom Licht hervorgehoben werden sollen, und sie mit Wachs anlegen.

Gewöhnlich wird dafür weißes Kerzenwachs benutzt, doch mitunter kann farbiges Wachs interessante Anregungen bringen. Je ausgeprägter die Struktur oder je heller die Lichteffekte sein sollen, desto mehr Druck muß man auf die Kerze ausüben. Vergessen Sie aber nicht, genügend Fläche frei zu lassen, auf der sich Tusche oder Farbe ausbreiten können.

1 *Wenn Sie Ihr Material so zurechtgelegt haben, wie es Ihnen gefällt, greifen Sie zu Feder und Tusche und zeichnen mit leichter Hand die Umrisse von Obst und Gemüse.*

2 *Dann bringen Sie das Kerzenwachs auf, wobei Sie im negativen Sinn die Stellen bearbeiten, die Sie später durch Licht oder Struktur hervorheben wollen.*

Schwarze Tusche
Stahlfeder
Weiße Kerze
Flachpinsel Nr. 6
Pinsel Nr. 3
Destilliertes Wasser

Das Arrangement
Der Zweck unserer Übung ist weniger, Gegenstände zueinander in Beziehung zu setzen, als vielmehr optische Gegensätze aufzubauen. Wählen Sie exotische Früchte und Gemüsesorten; sie bieten Kontraste in Form, Farbe und Struktur.

FORTGESCHRITTENE TECHNIKEN

3 *Mit einem Flachpinsel Nr. 6 verteilen Sie die Tusche auf der gewachsten Fläche und noch etwas darüber hinaus, um die Umrisse des Broccoli zu beschreiben. Die Tusche perlt vom Wachs ab.*

4 *Verstreichen Sie verdünnte Tusche über die restliche Zeichenfläche. Für Schatten nehmen Sie etwas dunklere Tusche. Arbeiten Sie nie an einem Gegenstand allein, sondern immer an allen gleichzeitig.*

5 *Wenn Sie noch mit Tusche und einem Pinsel Nr. 3 hier und da Schatten und Ton nachbessern, sind Farbe und Struktur fast vollständig. Sollten Sie jetzt doch Tusche auf gewachste Stellen auftragen wollen, mischen Sie der Tusche eine milde flüssige Seife bei.*

6 *Mit Feder und Tusche verstärken Sie die Konturen und definieren die Ränder. Fügen Sie noch ergänzende Striche ein, zum Beispiel an der Sternfrucht. Weiße Linien oder Flächen bekommen Sie, wenn Sie durch die Tusche ins Wachs kratzen.*

Die fertige Zeichnung

Den kontrastierenden Strukturen der verschiedenen Gegenstände kommt nicht weniger Bedeutung zu als der einfachen visuellen Beschreibung. Sehen Sie sich an, wie durch die Schatten unter dem Obst und dem Gemüse ersichtlich wird, daß alles auf der gleichen Oberfläche liegt. Die Intensität der Farbe – wie auch der Schatten – wird durch mehr oder weniger verdünnte Tusche vermittelt, und ebenso ergeben die Vorder- und die Rückseite der Feder oder stärkerer und schwächerer Federdruck hellere und dunklere Töne.

DIE GROSSE ZEICHENSCHULE

Angerauhtes Papier

Es gibt verschiedene Möglichkeiten, Papier aufzurauhen, um mit Struktur und Ton zu experimentieren. Man kann dazu Radiergummis, Stahlwolle, Sandpapier oder eine Messerklinge nehmen (siehe S. 140/141). Man kann auch das Papier zerknüllen und dadurch die Oberfläche aufbrechen, so daß es an den Knitterfalten mehr Farbe aufnimmt. Allerdings ist das ein etwas willkürliches Verfahren und das Ergebnis nicht vorhersehbar. Wenn Sie wollen, können Sie ein solches zerknülltes Papier tönen und sich von den entstehenden Farben und Strukturen inspirieren lassen.

Am besten eignet sich dünnes Papier. Knüllen Sie es zu einem Ball zusammen, den Sie in ein Farbbad tauchen. Das Papier darf nicht zu dünn sein, sonst zerreißt es. Heben Sie es sehr vorsichtig heraus; das nasse Papier kann durch sein eigenes Gewicht reißen. Legen Sie es auf ein saugfähiges Papier und streichen Sie es glatt, um überschüssige Farbe zu entfernen. Legen Sie es auf ein Zeichenbrett oder eine andere feste Oberfläche, kleben Sie es mit Klebestreifen fest, so wie es beim Aufspannen des Zeichenpapiers beschrieben wurde (siehe S. 22/23), und lassen Sie es trocknen. (Nehmen Sie gummiertes Klebeband, nicht Abdeckband, damit es auf der feuchten Oberfläche des Papiers haftenbleibt.) Sollten Sie das Papier irgendwie beschädigt haben, so ist das kein Grund zum Verzweifeln. Wenn es trocken ist, kann man es auf stärkeres Papier oder Pappe aufziehen und ganz normal weiterarbeiten – die Risse sind nicht mehr zu sehen.

Sie können gleichzeitig mehrere Farben benutzen, wie auf der gegenüberliegenden Seite gezeigt wird. Geben Sie mehrere Tropfen verschiedener Aquarellfarben in eine große, mit Wasser gefüllte Schüssel. Die Schüssel wird ein wenig hin und her gedreht, damit die Farben an den Rändern verfließen. Vermischen Sie sich zu stark, so entsteht eine bräunliche, verschwommene Farbe. Je mehr Erfahrung Sie haben, desto besser können Sie beurteilen, wo und wie Sie das Papier aufrauhen sollen. Es ist ganz gut, mehrere Blätter Papier verschiedener Stärken und Typen gleichzeitig aufzurauhen und einzufärben, um mehr Spielraum zu haben.

Eine durchgeschnittene Melone

Stahlfeder
Pinsel Nr. 6
Weiße Gouache

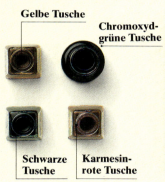

Gelbe Tusche
Chromoxydgrüne Tusche
Schwarze Tusche
Karmesinrote Tusche

Das Papier
Zerknüllen Sie das Papier leicht und legen Sie es in Aquarellfarbe Siena natur. Die orangebraune Farbe und die knittrige Papieroberfläche lassen an die Schale einer Melone denken.

Zeichnen Sie die Formen der Melonenhälften mit Feder und schwarzer Tusche. Verteilen Sie gelbe und chromoxydgrüne Tusche über das Papier bis an die Ränder der Melonenhälften; dabei dürfen die Knitterfalten sich nicht mit Farbe vollsaugen. Zeichnen Sie die Schnittfläche der Melone mit der Feder und schwarzer Tusche. Um Schatten und einen rundplastischen Effekt zu erhalten, tragen Sie mit dem Pinsel karmesinrote, gelbe und schwarze Tusche auf, bis nahe an die Ränder der Frucht. Für die Schnittfläche der Melone vermischen Sie die Tuschen mit weißer Gouache; es wirkt matt schimmernd und ergibt einen belebenden Kontrast in der Struktur.

144

FORTGESCHRITTENE TECHNIKEN

Impressionistische Entdeckung

Chinesische Stangentusche

Chinesischer Pinsel

Tusche Kadmiumorange

Das Papier
Zerknittern Sie das Papier und tauchen Sie es in Wasser. Geben Sie etwas Aquarellfarbe dazu und bewegen Sie die Schüssel langsam hin und her.

1 *Legen Sie Löschpapier auf das knittrige Papier, damit Ihre Hand nicht beim Malen darüberfährt und die Farben verwischt. Zeichnen Sie mit Chinatusche die Umrisse einer Ente auf die hellste Fläche.*

2 *Halten Sie den Pinsel senkrecht und berühren Sie das Papier nicht, während Sie das Spiegelbild der Ente zeichnen. Es geht vielleicht einfacher, wenn Sie das Papier um 90° drehen.*

3 *Drehen Sie das Papier wieder richtig herum und fügen Sie noch eine Gruppe von Vögeln in der linken oberen Ecke hinzu, um ein Gleichgewicht in der Komposition herzustellen.*

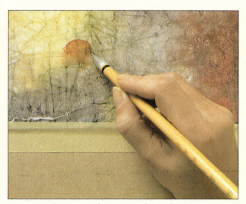

4 *Tauchen Sie den Pinsel in die orangefarbene Tusche und zeichnen Sie den untergehenden Sonnenball mit seinem Spiegelbild.*

Das fertige Bild
Die ganze Szene ist durch die typischen Merkmale des aufgebrochenen Papiers bestimmt durch satte Farben, die den warmen Glanz des Abendlichts wiedergeben, und den transparenten Schimmer der Aquarellfarben, mit denen das Papier getönt wurde.

145

DIE GROSSE ZEICHENSCHULE

Die perspektivische Verkürzung

Der wahre Zauber einer guten Zeichnung liegt darin, daß sie die Illusion der Realität in überzeugender Weise vermittelt. Mit perspektivischem Zeichnen erweckt man solch eine Illusion, indem man dem Auge vorgaukelt, ein Teil der Zeichnung sei ihm näher als die restliche Zeichnung oder die Darstellung auf dem Papier sei nicht zwei-, sondern dreidimensional. Das geschieht mit Hilfe der perspektivischen Verkürzung, die, geschickt angewandt, sehr wirkungsvoll sein kann. Wenn man sie beherrscht, sind die kompositorischen Möglichkeiten unbegrenzt.

Wichtig ist vor allem, daß man sich auf die Maße verläßt, die man nachgemessen hat, und nicht auf die, die man zu kennen meint. Viele Menschen glauben einfach nicht, was sie sehen, selbst wenn sie die altbewährte Meßmethode mit dem auf Armeslänge vor das Auge gehaltenen Bleistift angewendet und die Proportionen der einzelnen Gegenstände innerhalb ihrer Komposition oder auf dem Quadratgitter nachgeprüft haben (siehe S. 36–39). Verwenden Sie dunklere Töne für den Vordergrund und hellere für den Hintergrund. Der dunkelste Ton muß auf den Gegenständen liegen, die dem Auge am nächsten sind. Auch Schattierungen helfen optische Illusionen hervorzurufen. Während feingezeichnete Details im Vordergrund das Auge reizen und unterhalten, trägt die vereinfachte Darstellung von zurückweichenden Gegenständen ebenfalls zum gewünschten Effekt bei. Farbe schafft zusätzlich Dramatik.

»Christus in Emmaus«
In dieser dichten Komposition wendet Caravaggio in beispielhafter Weise die Methode der Verkürzung an, um ein dramatisches Ereignis darzustellen.

Relative Größe
Der Gegenstand, der dem Betrachter am nächsten ist, wird immer größer erscheinen als die restlichen Gegenstände auf einem Bild. In der Fotografie (unten) ragt die Hand im Vordergrund dem Betrachter riesig entgegen, wie disproportioniert im Vergleich zum Kopf und der anderen Hand.
Bleistift HB

1 *Stellen Sie die Relationen zwischen den Teilen der Zeichnung fest. Wenn Sie durch einen beliebigen Ausgangspunkt eine horizontale Linie ziehen, sehen Sie, welche Punkte der anderen Gesichtshälfte davon berührt werden.*

2 *Zeichnen Sie einige vertikale Linien ein. Das Maßgitter (siehe S. 38/39) ist ein einfaches Mittel, um relative Größen zu bestimmen. Tragen Sie die wesentlichen Formen ein. Legen Sie den Maßstab fest.*

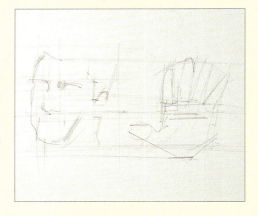

FORTGESCHRITTENE TECHNIKEN

3 Bauen Sie Flächen mit Ton auf, um die Illusion von Körperlichkeit zu schaffen. Benutzen Sie das Gittersystem, damit die dunkleren und mittleren Töne an die richtige Stelle kommen.

4 Die Technik sollte nicht das Wichtigste sein. Ihre Persönlichkeit prägt die Zeichnung. Der Ton, zarte Linien und starke Striche geben der Zeichnung langsam eine individuelle Qualität.

5 Skizzieren Sie die Hand und den Arm im Vordergrund mit festerem Strich. Das verstärkt die rundplastische Wirkung.

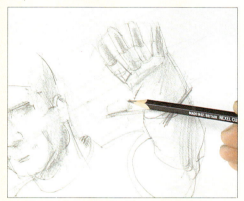 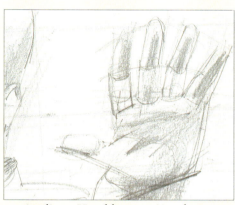 

6 Verstärken Sie die Töne, so daß die Teile im Vordergrund kräftig und kontrastreich sind. Das Licht kommt hauptsächlich von oben, die Schatten liegen unter den Augen und dem Kinn.

7 An dieser Hand können Sie sehen, wie natürliche Formen sich als geometrische Formen einordnen lassen – hier haben wir eine Anzahl von Zylindern.

8 Halten Sie einen Spiegel über das Bild, so sehen Sie es seitenverkehrt. Tun Sie das häufig, um zu überprüfen, ob die Formen richtig herauskommen.

Die fertige Zeichnung

Die Skizze ist fertig. Die Augenpartie ist als dunkle Fläche wiedergegeben. Die Falten des T-Shirts lassen die darunterliegende Körperform erkennen.

Eine hellere Linienführung läßt die Hand entfernter erscheinen.

Mit einfachen mittleren Tonwerten ist die Rundung des Kopfes dargestellt.

Reduzieren Sie die Form der Finger auf Zylinder.

Ein kräftiger, gleichmäßiger Ton verstärkt die räumliche Wirkung.

Der Blick wandert auf dem Pfeil von der Hand im Vordergrund zur Hand im Hintergrund.

DIE GROSSE ZEICHENSCHULE

Mißglücktes retten

Eine gute Zeichnung macht viel Arbeit, und es ist ärgerlich, wenn etwas schiefgeht. Oft kann man es gleich ausbessern. Aber auch wenn das nicht möglich ist, brauchen Sie nicht gleich nach einem neuen Blatt Papier zu greifen. Versuchen Sie es mit einer anderen Technik. Vielleicht können Sie die Problemzone mit einer Tusche- oder Aquarellasierung oder auch mit einer Schicht Acrylfarbe abdecken und dann neu übermalen. Man muß flexibel sein.

Sie sind wahrscheinlich mit einer besonderen Vorstellung an Ihre Zeichnung herangegangen, aber es gibt keinen Grund, warum man beharrlich daran festhalten müßte, wenn nichts vorangeht. Sollte etwas falsch laufen, gehen Sie Ihre Möglichkeiten durch und suchen Sie nach Alternativen. Oft erweist es sich als Vorteil, wenn man andere Wege einschlagen muß, als man geplant hatte.

Häufig macht man den Fehler zu glauben, die Zeichnung würde auf dem Papier nicht Platz haben, sei es, daß man zu nahe am Rand angefangen hat, sei es, daß man die Proportionen nicht abgeschätzt und die Gegenstände nicht skizziert hat. Zuwenig Platz scheint ein unüberwindliches Problem zu sein, aber tatsächlich ist nichts dabei, ein neues Blatt Papier anzufügen und weiterzuzeichnen (siehe unten). Sollten Sie sich dafür entscheiden, so arbeiten Sie zügig weiter, damit die Kontinuität der Linie erhalten bleibt.

Manchmal werden Zeichnungen beim Transport oder während der Lagerung beschädigt. Wenn Sie nicht sofort Fixativ auftragen (siehe S. 152), verwischen beispielsweise Bleistift oder Kohle. Dann können Sie mit einem Radiergummi die

Abdeckband

Schneidemesser

Wie man Papier verlängert

Das Problem
Diese Zeichnung sollte ein Torsoporträt werden, aber es wäre schade, auf den langen, fließenden Rock zu verzichten. Leider ist das Papier zu kurz.

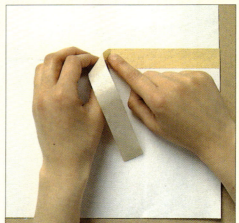

1 *Legen Sie die Zeichnung mit der Oberseite nach unten auf ein Zeichenbrett. Kleben Sie ein Blatt des gleichen Papiers daran, die Ränder müssen genau aneinanderstoßen.*

2 *Drehen Sie das Papier wieder um und befestigen Sie es gut auf dem Zeichenbrett. Nun haben Sie genügend Platz. Zeichnen Sie sofort weiter, damit die Kontinuität der Linie nicht unterbrochen wird.*

Die fertige Zeichnung
Aus einer abgeschnitten, unausgeglichen wirkenden Zeichnung ist ein gutes Blatt geworden. Der kleine Stoß zwischen den aneinandergeklebten Teilen beeinträchtigt den Gesamteffekt nicht und ist so gut wie unsichtbar, wenn das Bild aufgezogen und gerahmt wird.

FORTGESCHRITTENE TECHNIKEN

Wie man eine zerrissene Zeichnung repariert

Das Problem
Beim Transport wurde das Papier arg beschädigt. Es ist rechts oberhalb des Kopfes des Modells eingerissen. Glücklicherweise reicht der Riß nicht bis in die Zeichnung.

1 *Befestigen Sie ein gleiches Blatt Papier auf dem Schneidebrett, es muß ganz glatt aufliegen. Kleben Sie Ihre Zeichnung fest darauf.*

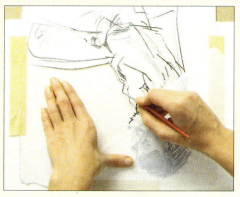

2 *Mit einem Schneidemesser oder einer scharfen Klinge schneiden Sie vorsichtig an den Umrissen Ihrer Zeichnung entlang, und zwar durch das Zeichenpapier und das darunterliegende Papier hindurch.*

3 *Heben Sie die beiden ausgeschnittenen Stücke vorsichtig ab. Setzen Sie nun Ihre ausgeschnittene Zeichnung in das untere Blatt ein, wie bei einem Puzzle.*

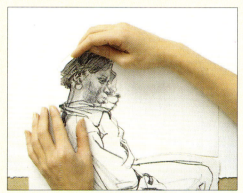

4 *Drehen Sie das Papier um und befestigen Sie die Zeichnung mit Klebeband, oder kleben Sie das ganze Blatt auf einen mit Kleister bestrichenen Bogen.*

Das fertige Bild
Jetzt kann die Zeichnung auf Karton aufgezogen und gerahmt werden. Diese Technik ist natürlich am besten für deutliche Umrisse geeignet, an denen man entlangschneiden kann. Man kann sie aber auch anwenden, wenn man ein leeres Stück Papier einsetzen möchte, um Partien, mit denen man nicht zufrieden ist, noch einmal zu zeichnen (siehe S. 151).

schlimmsten Flecken beseitigen. Aber es gibt auch wirksamere Mittel, um das Papier in seinen ursprünglichen makellosen Zustand zu versetzen (siehe S. 149). Manchmal bedeutet das, daß man das Bild teilweise neu zeichnen muß, nachdem die unliebsamen Flecken entfernt sind. Für diesen Fall empfehle ich, das Original vorher abzuzeichnen, damit Sie es möglichst originalgetreu nachzeichnen können. Auch eine Fotokopie könnte da gute Dienste tun.

Oft sind die Umstände, die eine Zeichnung inspiriert haben – ein Urlaub, ein ungewöhnliches Erlebnis, Kinder in einer bestimmten Entwicklungsphase–, unwiederbringlich. Stößt einem solchen Bild etwas zu, so ist man untröstlich. Aber gewöhnlich läßt sich der Schaden beheben oder doch verschleiern. Auf Seite 149 wird erklärt, wie man einen Riß unsichtbar macht. Die gleiche Technik könnte man auch für verknitterte Zeichnungen anwenden.

Und was ist, wenn Ihnen nur ein kleiner Teil der Zeichnung Kummer macht, an dem Sie nicht radieren können? Ganz einfach: Schneiden Sie die entsprechende Stelle heraus und ersetzen Sie sie durch ein Stück Papier der genau gleichen Art; dann zeichnen Sie die fehlende Partie nach. Dazu brauchen Sie deutliche Umrisse, an denen Sie entlangschneiden können, starke Nerven und eine sichere Hand. Das mag aufwendig klingen. Doch wenn nur ein einzelnes Element eine ansonsten befriedigende Zeichnung verdirbt – warum sollte man es nicht versuchen? Falls Sie Ehrgeiz verspüren, können Sie diese Technik auch anwenden, um Elemente aus verschiedenen Bildern zu einer Collage zu verbinden.

Manche Menschen halten solche Vorgehensweisen für Augenwischerei. Nichts könnte der Wahrheit ferner liegen! Alle professionellen Künstler, auch die großen Meister, haben irgendwann mit solchen Techniken gearbeitet; Sie befinden sich also in bester Gesellschaft. Auch wenn Sie der Ansicht sind, das wäre nichts für Sie – überlegen Sie, wenn Probleme auftauchen, ob Ihre Zeichnung nicht wenigstens den Versuch wert ist, gerettet zu werden.

Das Säubern einer nicht fixierten Zeichnung

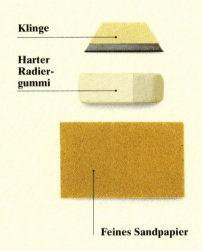

Klinge

Harter Radiergummi

Feines Sandpapier

Das Problem
Die Kohlezeichnung wurde nicht fixiert; sie ist verwischt. Es gibt mehrere Lösungen: Benutzen Sie eine der folgenden Methoden.

1 Benutzen Sie einen harten Radiergummi, um den Himmel zu säubern. Radieren Sie ohne Druck und blasen oder schütteln Sie den Abrieb vom Blatt.

2 Mit feinem Sandpapier reiben Sie leicht über die Oberfläche, damit das Papier wieder weiß wird. Reiben Sie etwas weiter hinaus als nötig, damit es keine harten Ränder gibt.

3 Mit der Klinge eines Cutters schaben Sie leicht über die Papieroberfläche, um die obere Schicht abzukratzen und mit ihr alle unerwünschten Flecke. Kleben Sie ein Stück Klebeband über die Klinge.

Die fertige Zeichnung
Die radierten Stellen wurden noch einmal neu gezeichnet. Nach Beseitigung der Verschmutzung des Papiers sehen die Silhouetten wieder frisch und sauber aus.

FORTGESCHRITTENE TECHNIKEN

Wie man störende Elemente entfernt

Das Problem
Im unteren Teil des Bildes wurde mit zu vielen Details und zuviel Farbe gearbeitet. Das satte Braun des Tisches und die kleine blaue Schale beherrschen das Bild und lenken die Blicke von den helleren Farben ab.

1 *Mit einem Schneidemesser schneiden Sie um den Rand des Hauptgegenstandes herum und entfernen den mißlungenen unteren Teil des Bildes.*

2 *Streichen Sie Tapetenkleister auf die Rückseite Ihrer Zeichnung (Abb. oben). Legen Sie ein genau gleiches Blatt Papier darauf, das Sie zum Schutz mit einem weiteren, dünnen Papier bedecken. Streichen Sie alle Blasen oder Falten aus.*

3 *Wenn der Kleister trocken ist, drehen Sie die Zeichnung um. Auf dem neuen Papier können Sie den abgeschnittenen unteren Teil nochmals zeichnen.*

Die fertige Zeichnung
Der Tisch, der mit einem Bleistift 2B, Tusche und Feder nochmals gezeichnet wurde, bietet nun eine feste Grundlage. Er ist jetzt hell genug, um die Aufmerksamkeit nicht vom Hauptthema abzulenken.

Schneidemesser · Tapetenkleister · Tapetenpinsel

DIE GROSSE ZEICHENSCHULE

Das richtige Finish

Es kostet so viel Anstrengung, eine gute Zeichnung zu machen, daß man die Zeit und Mühe nicht scheuen sollte, sie gut zu verwahren.
Wenn Sie ein kreidiges oder pulveriges Zeichenmittel verwendet haben – also Kohle, Contéstift, Graphitpuder, Graphitstifte, Farbstifte –, sollten Sie die Zeichnung so bald wie möglich fixieren, damit nichts verschmiert wird. Fixative gibt es in Spraydosen (achten Sie auf Umweltverträglichkeit) oder in einem Fläschchen mit Zerstäuber. Sprühen Sie aus einem Abstand von 30 bis 45 cm. Falls Sie zu nahe kommen, wird das Papier zu naß. Fangen Sie links oben an und sprühen Sie, ohne abzusetzen, hin und her bis nach rechts unten. Es soll ein gleichmäßiger, feiner Nebel sein. Dennoch können bei manchen Materialien die Linien verlaufen und verschmieren. Es ist besser, zwei oder drei dünne Schichten aufzutragen statt einer dicken; allerdings muß das Fixativ immer erst trocken sein.
Auch nach dem Fixieren gibt es noch Probleme. Setzen Sie Zeichnungen nie direkter Sonnenbestrahlung aus, sie würden verblassen. Lagern Sie sie immer flach, damit sie nicht geknickt werden oder sich wellen.
Eine große Genugtuung ist es, wenn einem Zeichnungen so gut gelingen, daß sie ausgestellt werden können. Dazu ist eine gute Präsentation nötig. Viele Geschäfte für Künstlerbedarf und viele Rahmenhandlungen haben eine große Auswahl an Passepartouts und Rahmen, und man wird Sie auch beraten.

Fixieren und Lagern

Fixieren
Überziehen Sie Ihre Zeichnung mit einem feinen Sprühregen, sprühen Sie mit gleichmäßigen Hin- und Herbewegungen von links oben nach rechts unten. Es ist besser, zwei oder drei dünne Schichten aufzutragen, als eine dicke. Lassen Sie das Fixativ zwischen den einzelnen Arbeitsgängen trocknen.

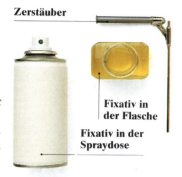

Zerstäuber
Fixativ in der Flasche
Fixativ in der Spraydose

Lagern
Lagern Sie Ihre Bilder immer flach, damit sie sich nicht wellen oder geknickt werden. Falls Sie Mappenschrank oder Zeichenmappen nicht haben, können Sie Ihre Zeichnungen auf dem Kleiderschrank oder unter dem Bett lagern. Legen Sie zum Schutz dünnes Papier, am besten Seidenpapier, zwischen die einzelnen Blätter.

Die Wahl des Rahmens
Bilderrahmen schmücken und schützen ein Bild. Wählen Sie einen Rahmen, der zu Ihrem Bild paßt: Ein feiner Federstrich braucht einen schmalen Rahmen, eine Kohlezeichnung kann einen etwas schwereren vertragen. Auch die Farbe ist zu bedenken. Ein Rahmen mit zu kräftiger Farbe kann eine Bleistiftskizze erschlagen. Am besten nehmen Sie die Zeichnung mit, wenn Sie das Passepartout oder den Rahmen kaufen. Man kann sich dann besser vorstellen, wie das, was man aussucht, im Endergebnis aussehen wird.

Verschiedene Rahmen

Lackierter Rahmen

Naturholzrahmen

Farbiger Holzrahmen

Vergoldeter Rahmen

FORTGESCHRITTENE TECHNIKEN

Passepartouts

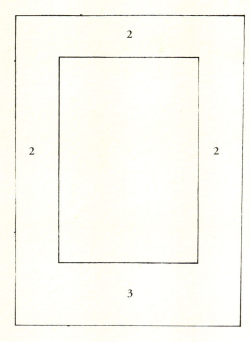

Proportionen
Es ist üblich, bei einem Passepartout unten einen breiteren Rand zu lassen als oben, weil so das Bild besser ausgewogen erscheint. Wären die Abstände gleich, so würde es aufgrund einer optischen Täuschung aussehen, als säße das Bild zu weit oben.

Normalerweise ist das Verhältnis der Ränder zueinander 1:2 oder 2:3, das heißt, oben und an den Seiten eins zu zwei unten beziehungsweise oben und an den Seiten zwei zu drei unten.

Farbige Passepartouts
Passepartoutkarton gibt es in einer großen Anzahl von Farben. Richten Sie sich nach den Farben, die Sie in Ihrer Zeichnung verwendet haben. Zu einer Zeichnung auf brillant weißem Papier sieht ein Passepartout in gebrochenem Weiß nicht optimal aus.

Schwarz
Weiß
Gebrochenes Weiß
Mattgelb
Chamois
Grau

Fensterpassepartouts
Fensterpassepartouts können entweder mit geraden oder mit abgeschrägen Innenrändern geschnitten werden. Gerade Ränder sind natürlich einfacher zu schneiden. Markieren Sie die vier Ecken des Ausschnitts und zeichnen Sie mit leichten Strichen das Rechteck an, das Sie ausschneiden wollen. (Nehmen Sie dazu die Reißschiene, damit Sie an den Ecken wirklich rechte Winkel bekommen.) Drücken Sie mit einem Reißnagel ein Loch in jede Ecke. Legen Sie das Metallineal an und ziehen Sie ein scharfes Schneidemesser an den Bleistiftlinien entlang. Geben Sie acht, daß Sie nicht über das Loch vom Reißnagel hinausschneiden. Für abgeschrägte Ausschnitte brauchen Sie einen Spezialcutter, mit dem nicht einfach umzugehen ist. Üben Sie es zuerst an altem Karton. Passepartouts mit geradem Schnitt und mit Schrägschnitt gibt es auch fertig zu kaufen.

Französische Fensterpassepartouts
Fensterpassepartouts, deren Ausschnitte mit einer oder mehreren Linien in verschiedenen Stärken und Farben eingefaßt sind, können sehr wirkungsvoll sein. Sie können fertig gekauft oder von einem Rahmenmacher nach Ihren Wünschen angefertigt werden. Wenn Sie es selbst ausprobieren wollen, folgen Sie den Hinweisen oben. Wählen Sie Farben aus, die zu Ihrer Zeichnung und Ihrem Passepartout passen, und überlegen Sie genau, wie dick oder dünn Sie die Linien ziehen wollen. Eine sehr kräftige Linie zum Beispiel könnte eine zarte Tuschezeichnung beeinträchtigen. Ziehen Sie die Linien nahe an den Ausschnitträndern.

Mit Tiefenwirkung: eine dünne Linie in brauner Tusche und eine dickere Linie in verdünnter schwarzer Tusche; blasse graue Aquarelllavierung; dünne Linie in schwarzer Tusche und eine dickere Linie in brauner Tusche.

Mit Tiefenwirkung: dünne Linie in schwarzer Tusche; zwei dünne Linien in schwarzer Tusche, dazwischen Gold (wird auch als selbstklebender Streifen verkauft).

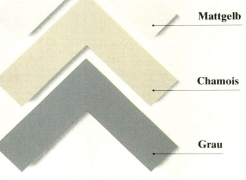

Eine einzige Linie aus verdünnter schwarzer Tusche

Mit Tiefenwirkung: eine dicke Linie in schwarzer Tusche zwischen zwei dünnen Linien in brauner Tusche; zwei dünne braune Linien in verschiedenen Stärken

DIE GROSSE ZEICHENSCHULE

Glossar

Abdeckmittel: Ein Material, mit dem man einzelne Bildflächen abdeckt, um sie auszusparen und zu verhindern, daß das Mal- oder Zeichenmittel mit dem darunterliegenden Papier in Berührung kommt.

Acrylfarbe: Schnelltrocknende, matte, oft als Alternative zur Ölfarbe verwendete Farbe, die – mit Wasser oder anderen Bindemitteln – bis zur Konsistenz von Aquarellfarbe verdünnt werden kann. Die kurze Trockenzeit läßt sich durch trocknungshemmende Mittel verlängern. Bestehend aus einer Pigmentsuspension in synthetischem Harz, gewöhnlich Polyvinylacetat (PVA), und in Wasser emulgiert.

Auflichten: Die Verwendung eines Radiergummis oder eines zurechtgekneteten Stückchens Brot als Zeichenmittel, um dunkle Flächen aufzuhellen und Tonabstufungen und Lichter herauszuholen.

Aufrauhen: Die Bearbeitung des Zeichenpapiers, um interessante Strukturen oder Tönungen zu bekommen, z. B. durch Reiben mit einem Radiergummi oder Schmirgelpapierr, durch Schaben mit einer scharfen Klinge oder durch Zerknittern des Papiers.

Augenhöhe: Sie bestimmt die Wirkung eines Bildes. Die »normale« Augenhöhe (eines Menschen normaler Größe) ist für ruhige, beschreibende Bilder geeignet. Beim Blick von oben erscheinen die einzelnen Bildelemente voneinander abgesetzt, beim Blick von unten ineinander verschoben.

Bildebene: Die flache, ebene Oberfläche des Bildes.

Blickpunkt: Der vom Künstler gewählte Standpunkt oder Blickwinkel, von dem aus er eine Szene oder einen Gegenstand zeichnet. Wird diese Position verändert, so ergibt sich eine ganze Reihe anderer Kompositionsmöglichkeiten.

Conté: Ein hartes Zeichenmittel, das aus Ton und Graphit besteht. Es ist als Stift oder Kreide erhältlich und nach einem französischen Chemiker des 18. Jahrhunderts, N. J. Conté, benannt.

Ellipse: Ein geschlossener Kegelschnitt von der Form eines abgeflachten Kreises. Ein perspektivisch gezeichneter Kreis wird eine Ellipse.

Fensterpassepartout: Ein Stück Karton, in das ein Fenster eingeschnitten wurde und das man oft über Zeichnungen legt, bevor man sie rahmt. Die Ränder des Fensters können schräg oder gerade geschnitten sein.

Geometrische Formen: Die meisten Gegenstände lassen sich auf Grundformen wie Zylinder, Kugel oder Kegel zurückführen. Mit ihrer Hilfe wird es einfacher zu beurteilen, wie das Licht auf einen Gegenstand fällt und wie man ihn dreidimensional darstellt.

Gittersystem: Eines der vielen Hilfsmittel, um Proportionen und Perspektive maßstabgerecht wiedergeben zu können.

Gitterrahmen: Ein aus horizontalen und vertikalen Linien bestehendes Gitter wird über einen Rahmen gespannt, hinter dem das Modell sitzt. Die Linien des Gitters dienen dem Künstler als Orientierungspunkte, um die relative Größe und die Position der einzelnen Bildelemente festzulegen.

– **Maßgitter:** Ein Raster wird über das Zeichenpapier gelegt, den der Künstler, während er zeichnet, in seiner Vorstellung über den Zeichengegenstand legt.

Glanzlicht: Eine helle Fläche, die entweder durch Freilassen oder durch Wegnehmen der Farbe mit dem Radierer entsteht.

Gouache: Eine deckende Wasserfarbe.

Graphit: Eine Form von kristallinem, gemahlenem Kohlenstoff, den man mit gemahlenem Ton und Wasser vermischt, zu Stäben formt und im Brennofen brennt. Wird anschließend mit Wachs ummantelt und mit einer hölzernen Hülle verleimt. Die Anteile an Kohlenstoff und Ton sind maßgebend für den Härtegrad des Bleistifts.

Graphitpuder: Nebenprodukt des Graphits, das man verwendet, um den Zeichengrund oder einzelne Flächen zu tönen.

Kohle: Ein schwarzes Zeichenmaterial, das durch Erhitzen organischen Materials unter Ausschluß von Luft gewonnen wird.

Komposition: Die gewöhnlich ausgeglichene und harmonische Anordnung der einzelnen Bildelemente.

Kontur: Die meist geschwungene Begrenzungslinie einer Masse, etwa eines Landes oder einer Figur.

Konturzeichnung: Die Abbildung dreidimensionaler Gegenstände durch Linien, ohne Schattierung. Die Linien werden oft über das Objekt hinweg- und darum herumgeführt, um es plastisch erscheinen zu lassen. Sie stellen sowohl die inneren wie auch die äußeren Ränder des Gegenstandes dar.

– **Blindes Konturenzeichnen:** Man zeichnet, ohne dabei aufs Papier zu schauen. Das Auge bleibt auf den Gegenstand gerichtet, während die Hand dessen Umrisse zu Papier bringt.

Licht, reflektiertes: Manchmal fällt das Licht von der Hauptlichtquelle aus über das Zeichenobjekt hinaus, wird zurückgeworfen und erzeugt einen hellen Schein auf der lichtabgewandten Seite des Gegenstandes.

Linienzeichnen: Eine Technik, mit bloßen Linien die Umrisse und Formen von Gegenständen zu schattieren und damit eine dreidimensionale Wirkung zu erzielen.

Maßnehmen mit dem Bleistift: Der Bleistift wird auf Armeslänge vor das Auge gehalten, um die Länge der Gegenstände und ihre Distanz zueinander zu messen. Die Maße werden mit

GLOSSAR

dem Daumennagel auf dem Bleistift festgehalten und auf das Papier übertragen.

Maßstab: Die genaue Wiedergabe aller Elemente einer Zeichnung im richtigen Größenverhältnis zueinander.

Modellieren: Die Verwendung von Ton und Farbe, um Licht und Schatten hervorzuheben und den Eindruck der Plastizität zu vermitteln.

Monochrom: Schwarzweißzeichnung. Kohle z. B. ist ein monochromes Zeichenmittel, das über ein ganzes Spektrum von Möglichkeiten verfügt – angefangen von breitangelegtem, samtigem Tiefschwarz bis hin zu ganz feinen Linien.

Monotypie: Eine einfache und sehr direkte Methode, Drucke anzufertigen. Auf eine undurchlässige, harte Oberfläche wird mit Hilfe eines Rollers Tusche oder Farbe aufgetragen, in die man ein Bild einzeichnet. Von diesem Bild nimmt man einen Druck ab, was gewöhnlich nur einmal möglich ist.

Negative Formen: Der leere Raum zwischen den Gegenständen einer Zeichnung. Er deutet oft an, was im Hintergrund geschieht. *Siehe auch:* Positive Formen.

Palette: Eine flache Unterlage aus Holz, Plastik, Pappe usw., auf der man Farben mischt. Der Ausdruck bezieht sich auch auf die Auswahl an Farben für ein einzelnes Kunstwerk oder auf das für einen bestimmten Künstler charakteristische Farbspektrum.

Passepartout: Ein Stück Karton, auf das ein Bild aufgezogen wird, um es zu präsentieren. Üblicherweise läßt man unten einen breiteren Rand als oben, damit es ausgewogener wirkt.

Perspektive: System zur Vermittlung eines Raumgefühls auf einer zweidimensionalen Fläche. Dreierlei ist zu beachten: Gegenstände erscheinen kleiner und heller, je weiter entfernt sie sind; parallele Linien scheinen in dem Maß zu konvergieren, in dem sie in den Bildhintergrund zurückweichen; Formen und Winkel eines Gegenstandes verändern sich in Abhängigkeit vom Betrachter.
- **Luftperspektive:** Wandert der Blick über eine Landschaft hinweg zum Horizont, dann erscheinen die Dinge im Vordergrund dunkel, in mittlerer Entfernung heller und im Hintergrund am blassesten. Auch die Farben variieren von hellen, warmen Tönen im Vordergrund zu stumpfen, kühlen Tönen am Horizont. Das rührt daher, weil Wasserdampf in der Luft entfernte Formen und Farben teilweise verschleiert. Dieses Phänomen wird genutzt, um Raumtiefe zu erzeugen.
- **Einpunktperspektive:** Gegenstände, die parallel zur Bildebene angeordnet sind, erscheinen um so kleiner, je weiter sie entfernt sind. Linien, die parallel zur Bildebene verlaufen, bleiben parallel, während parallele Linien, die im Winkel von 90° zur Bildebene stehen, konvergieren.
- **Zweipunktperspektive:** Können Sie zwei Seiten eines Gegenstandes sehen, dann müssen Sie die Zweipunktperspektive heranziehen. Jede Seite steht in einem anderen Winkel zu Ihnen und hat ihren eigenen Fluchtpunkt. Die parallelen Linien, die auf einen Fluchtpunkt hin konvergieren, bilden auf beiden Seiten verschiedene Winkel.

Positive Formen: Einzelheiten, Gegenstände oder Figuren in einer Zeichnung oder einem Bild, die den Bildinhalt zusammenfassen oder den Bildmittelpunkt bilden. *Siehe auch:* Negative Formen.

Radiergummi: Ein Werkzeug zum Wegnehmen von Spuren eines weichen Zeichenmittels wie Bleistift oder Kohle.
- **Knetgummi:** Ein weicher Radiergummi, der sich beliebig verformen läßt, z. B. zu Spitzen, mit denen der Künstler minuziöse Veränderungen vornehmen kann, ohne die Papieroberfläche oder die umgebende Zeichnung zu beschädigen.
- **Plastikradierer:** Ein harter Radierer, der sich eignet, um saubere Umrisse zu bekommen oder Glanzlichter herauszuarbeiten.

Schattierung: Diese Zeichentechnik macht es möglich, den Eindruck von Körperlichkeit zu vermitteln. Am einfachsten ist es, den Druck auf Bleistift oder Kohle zu verändern und so die entstehenden Striche an- und abschwellen zu lassen.
- **Die klassische Schattierung:** Parallele Linien werden im Winkel von 45° über die zu schattiernde Fläche gelegt. Je enger die Linien aneinanderliegen, desto dichter wird die Schattierung. Eine von Renaissancekünstlern wie Leonardo da Vinci und Michelangelo viel benutzte Methode.
- **Die Kreuzschraffur:** Kreuz und quer übereinanderliegende Linien.
- **Die Schraffur:** Eine Serie paralleler Linien, in beliebigem Winkel angelegt, zur Bezeichnung schattiger Flächen. Durch Veränderung der Länge, der Stärke, des Verlaufs oder des Abstands der Linien läßt sich eine Fülle verschiedener Schattierungseffekte erzielen.

Sichtgrößenzeichnen: Der Künstler nimmt direkt am Modell Maß und zeichnet die Lage aller wichtigen Punkte – Augen, Nase, Mund, Haaransatz – auf dem Papier ein. So bekommt die Zeichnung die richtigen Proportionen.

Ton: Die Gesamtwirkung der Farbwerte und der Abstufungen von Hell und Dunkel in einem Bild.

Tusche: Sie wird traditionell mit der Stahlfeder aufgetragen und zeigt nach dem Trocknen einen leichten Glanz. Tusche kann mit Wasser verdünnt werden und ist dann weniger farbintensiv.

Umrißzeichnung: Nicht zu verwechseln mit Linienzeichnung. Die Umrißzeichnung ist eine knappe Wiedergabe der wesentlichen Elemente eines Bildes, ohne ein Raumgefühl zu vermitteln.

Verkürzung: Die infolge der Perspektive sich verändernde Form eines Gegenstandes, dessen Proportionen größer oder kleiner werden, je nachdem, ob er sich dem Blickpunkt des Künstlers nähert oder sich entfernt.

Zeichengrund: Die präparierte Papieroberfläche, auf die gezeichnet wird.

DIE GROSSE ZEICHENSCHULE

Register

A

Abdeckband 24
 Abdeckverfahren 140
 Monotypie 138
Abdeckmittel
 Abdeckverfahren 140
 Wolken und Himmel 83
Abdeckverfahren
 Abdeckband 140
 getönter Grund 126
 flüssiges Abdeckmittel 140
 komplizierte mechanische
 Objekte 118
 Stilleben 73
 Wachs 140, 142–143
 Zeichnen mit dem Radierer
 50–51
Abklatschdruck 122–123
Acrylfarben 20, 21, 113
Aktzeichnen 102
Architektur 90, 91
 Details 92–93
 Perspektive 42–43
 Stadtansichten 88–89
Asymmetrie, Komposition
 34, 35
Aufbewahren von Zeichnungen 152
Aufgerauhte Oberflächen
 140, 141, 144–145
Augen, Porträts 60–61, 63
Augenhöhe 58–59
 architektonische Details 92
 architektonische Zeichnungen 90
 Pflanzen und Blumenzeichnen 76
 Stadtansichten 88
 Wolken und Himmel 82
Ausrüstung 14–27

B

Bambusfeder 19, 132
Beobachtung 32–33
Bewegung 130–133
 Seestücke 84
Bildeinteilung, Komposition 35
Bildmittelpunkt
 Komposition 34
 Spiegelungen 124, 125
Bimssteinpulver 140
Bleistift

architektonische Details
 92–93
Architekturzeichnungen
 90–91
B. und Papieroberfläche 22
Figurenzeichnen 57, 104
Fixieren 152
Halten des B. 30
Insekten 114
Interieurs 86–87
Landschaften 80
Linienzeichnen 134–135
Maßnehmen 36, 37
Papierarten 14–17
Pflanzen und Blumen 74, 77
Porträts 98–99
Schattieren 30, 45
Seestücke 84
Skala der Bleistiftzeichen 48–49
Skizzen 26
Stadtansichten 88
Stilleben 72
Tierzeichnungen 113
Wolken und Himmel 83
Zeichnen mit dem Radierer 50, 51
Blindes Konturenzeichnen 32
Blumen 74–77
Boticelli, Sandro 14
Breughel, Pieter 58
Bristolkarton 23
Brot, Entfernen von Kohlespuren 128

C

Canaletto, Antonio, »Canale Grande, Venezia« 88
Caravaggio, »Christus in Emmaus« 146
Cassat, Mary 100
Cézanne, Paul 70
 »Stilleben mit Äpfeln und Krug« 46
Chardin, Jean Baptiste 70
Chiaroscuro 94
Chinapinsel 18
Chinaweiß 21
Clips, Zeichenbrett 24
Collage 150
Constable, John 26, 28,

128
Contéstifte und -Kreiden 14, 15, 17
 auf getöntem Grund 127
 Bewegung 133
 Figuren 105
 Fixieren 152
 komplizierte mechanische Objekte 118
 Landschaften 78, 79
 Licht 50
 Monotypien 136
 Schattierung 44, 45
 Tiere zeichnen 112
 Vögel 110–111

D

Darwin, Charles 114
Degas, Edgar 134, 138
 »Die Ballettprobe auf der Bühne« 130
Diagonale, Komposition 34
Drucke
 Abklatschdrucke 122–123
 anspruchsvolle Monotypien 138–139
 einfache Monotypien 136–137

E

Einpunktperspektive 40
Ellipsen 41
 Komposition 34
Entfernen von Kohle 128–129
Entfernung
 Panoramen 80
 Wolken und Himmel 82
Entwurf, Interieurs 86

F

Fantin-Latour, Henri 70
Farbe 20–21, *siehe auch* Acrylfarben, Ölfarben, Aquarellfarben
 Abklatschdrucke
 aufgerauhte Oberfläche 144–145
 getönter Zeichengrund 126

Kohle 128
Licht 52
Luftperspektive 42
Passepartouts 153
Rahmen 152
Stilleben 70, 71
Tusche 20
Farbige Kreiden 16, 17
Farbstifte 16, 17
 Bewegung 132
 Figuren 57
 Fixieren 152
 Insekten zeichnen 115
Federkiele 19, 31
Federn
 Arten 18–19
 Bambus 19
 Bewegung zeichnen 132
 Federkiel 19
 einen Federkiel zurechtschneiden 19
 einfache bewegliche Objekte 116–117
 F. und Papieroberfläche 22
 Figurenzeichnen 56, 57, 105
 Halten der F. 31
 Insekten 115
 Landschaften 80–81
 Pflanzen und Blumen 74–75
 Seestücke 85
 Skizzen 26
 Stadtansichten 89
 Stilleben 73
 Wolken und Himmel 82
 Vögel zeichnen 110–111
Feldstaffelei 24, 25
Fensterpassepartouts 153
Fernsehen, Bewegung zeichnen 130, 132
Figuren, bekleidete 106–107
Figurenzeichnen 102–105
 bekleidete Figuren 106–107
 Bewegung 130
 Gliederpuppen 54, 56
 Hände 108–109
 Kinder 100–101
 Köpfe 60–63
 Porträts 94–99
 Posen 56–57
 Selbstporträts 94–95
Filzstifte 18, 19
 Insekten zeichnen 114
 Landschaften 78
 Skizzen 26, 27
Fixative 148, 152
Flachpinsel 18, 31

REGISTER

Formen
 Figurenzeichnen 54–55, 102
 geometrische 46–47
 komplizierte mechanische
 Objekte 118
 Köpfe 60
 Linienzeichnen 134–135
 Pflanzen und Blumen
 70–71, 72
 Tierzeichnungen 112
Fotokopien, Monotypie 138
Füllfederhalter 18, 19

G

Gebäude
 Architekturzeichnungen
 90–91
 Details 92–93
 Perspektive 42–43
 Stadtansichten 88–89
Gemälde, nach Zeichnungen
 66
Geometrische Formen 46,
 47
Géricault, Théodore 58
Gesichter 60–63.
 Siehe auch Porträts
Gesichtszüge 60–61
Gitterrahmen 96–97
Gittersystem
 Gitterrahmen 96–97
 Maßnehmen 38–39
 Verkürzung 146, 147
Glanzlichter
Glas
 Monotypie 136
 Spiegelungen 124
Gleichgewicht 34
Gliederpuppen 54, 56
Gouache 20
 auf getöntem Zeichengrund
 126, 127
 Figurenzeichnen 56
 Glanzlichter 50
 Landschaften 79
 Seestücke 85
 Stilleben 73
 Wolken und Himmel
 82
Graphitpulver
 Fixieren 152
 getönter Zeichengrund
 126–127
 Landschaften 79
 Monotypien 136
 Wolken und Himmel 82

Zeichnen mit dem Radierer
 50, 51
Graphitstifte
 Pflanzen und Blumen zeich-
 nen 77
Graphitstifte. *Siehe* Bleistifte
Gruppenporträts 101
Gummilösung, Abdeckver-
 fahren 140

H

Haar 61, 95
Hals 62
Hände 108, 109
Heißgepreßtes Papier 22
Himmel 82–83
 Landschaften 78
Hintergrund, Pflanzen und
 Blumen 74, 76
Holländische Stilleben 70
Hopper, Edward, »High
 Noon« *52*
Horizontlinie 42
 Stadtansichten 88

I

Illusion, Verkürzung 146
Impressionisten 80
Ingrespapier 23
Insekten 114–115
Interieurs 86–87
Intimisten 86

J

Japanpinsel 31

K

Kalligraphie, Pinsel 31
Kaltgepreßtes Papier 22
Kerzenwachs, Abdecktechnik
 72, 140, 142
Kinder 100–101
Klappstuhl 78
Klass. Schattierung 44, 45

Klebeband 144
Kleidung, Figurenzeichnen
 106–107
Klemmen 24
Knetgummi. *Siehe* Radier-
 gummi
Knittern, aufgerauhte Ober-
 fläche 144
Kohle 14, 15
 Bewegung zeichnen 133
 Bleistifte 14, 15
 Entfernen 128–129
 Figurenzeichnen 57, 104
 Fixieren 152
 getönter Zeichengrund 64,
 65, 128
 Halten der K. 30
 mit dem Radiergummi
 zeichnen 50
 Schattierung 30, 44
 Seestücke 84, 85
 Skizzen 26
 Stilleben 72
 Tierzeichnungen 112
 und Papieroberfläche 22
 Verwischen 26, 148, 150
 Wolken und Himmel 82
Kohlepapier, Monoprints
 136
Kohlestifte 14, 15
Komposition 34–35
 Blickpunkte 58–59
 Landschaften 78, 79
 Panoramen 80
 Pflanzen und Blumen
 74–75
 Stilleben 72
 Wolken und Himmel 82
Konturenzeichnen 48–49
Köpfe, Porträts 60–63
Körpersprache, Porträts 98
Kreiden 16, 17. *Siehe auch*
 Contéstifte und -Kreiden
 Figurenzeichnen 56
 Monotypien 136
 Schattierung 44
 und Papieroberfläche 22
Kreis
 Kreuzschraffur 44
 Kugeln 46–47
Kugelschreiber 18, 19
 Landschaften 78
 Monotypien 137
 Porträts 99
 Skizzen 27

L

Landschaften
 Himmel 82–83
 Luftperspektive 52
 Panoramen 78–79
 Wolken 82–83
Lappen 21
 Monotypien 138, 139
Leinöl 20, 21
Leonardo da Vinci 14, 30, 44,
 54, 118
Licht 52–53
 architektonische Details 92
 Architekturzeichnungen 90
 Chiaroscuro 94
 Farbe 52
 geometrische Formen 46
 Hände 109
 komplizierte mechanische
 Objekte 118
 Köpfe 62
 Landschaften 78
 Panoramen 80
 Pflanzen und Blumen 74
 Richtung des L. 52
 Selbstporträts 95
 Stilleben 71, 72
Linearperspektive 40–43
Linienzeichnen 134–135
 blindes Konturenzeichnen
 32
 Komposition 34
 Konturenzeichnen 48–49
 Umrißzeichnen 48, 134
Lithographiestift 118
Luftperspektive 42

M

Männliche Köpfe 61
Maßeinheit, Kopflänge
 Figurenzeichnen 54, 55
Maßstab
 Blickpunkte 59
 Maßsystem 36–39
 Verkürzung 146
Maßsysteme 36–39
 Gitterrahmen 96–97
 Gittersysteme 38
 Sichtgrößenzeichnen 36–37
 Verkürzung 146
Matisse, Henri 128
 »Purpurgewand und Ane-
 monen« *106*
Mechanische Objekte
 einfache 116–117
 komplizierte 118–119

DIE GROSSE ZEICHENSCHULE

Metalloberflächen, reflektiertes Licht 124
Michelangelo 44, 102
»Studie zu Ham in der Sixtinischen Kapelle« *108*
Mischtechnik
Figurenzeichnen 56
Insekten 114
Stilleben 72–73
Tiere zeichnen 112–113
Monotypien
anspruchsvolle 138–139
einfache 136–137
Moore, Henry, »Zwei Schutzsuchende« 140
Morgenlicht 52, 53
Mund 60–61
Muskeln, Bewegung zeichnen 132

N

Nachmittagslicht 52, 53
Nasen, Porträts 60–61
Nicholson, William 70

O

Oberfläche, des Papiers verändern 140–141
Offset, Monotypie 136
Ohren, Porträts 60–61
Ölfarben 20, 21, 112
Ölkreiden 16, 17
Abdeckverfahren 140
Tiere zeichnen 112

P

Panoramen 80–81
Papier
Abklatschdrucke 122, 123
aneinanderfügen 148
aufgeraute Oberfläche 140, 141, 144–145
aufspannen 22, 23
getönter Grund 64
mit dem Radierer zeichnen 50
Oberfläche bearbeiten 140–141

reparieren 149, 150
Skizzenbücher 26
Sorten 22
Parallele Linien, Perspektive 40, 42
Passepartouts 152, 153
Pastellkreiden 14–17
Abdeckverfahren 140
Insekten 114
Tiere zeichnen 112
Verwischen 26
Pastellstifte 16
Perspektive 38
architektonische Details 92, 93
Architekturzeichnungen 90
Figurenzeichnen 102, 104
Köpfe 60
Linearperspektive 40–43
Luftperspektive 42
Spiegelungen 124, 125
Stadtansichten 80, 88
Wolken und Himmel 82
Pflanzen 74–77
Picasso, Pablo 128
Pigmente 20
Pinsel
Arten 18
Halten des P. 31
P. und Papieroberfläche 22
Plastik, Monotypie 136, 137
Plastikradierer 50, 51
Porträts 98–99
Gitterrahmen 96–97
Gruppenporträts 101
Köpfe 60–63
Profile 33
Proportionen 36
Selbstporträts 94–95
Posen
Figuren 56–57, 102–104, 106
Kinder 100
Porträts 98
Kohlepulver 14
Profile, Porträts 33
Proportionen
Figuren 54–55
Kinder 100
Maßsysteme 36–37
Panoramen 80
Wechselrahmen 153

R

Radierer
Entfernen von Kohlespuren 128–129
Ton aufhellen 47
verwischte Stellen entfernen 150
Zeichnen mit dem R. 50–51

Rahmen 152
Suchrahmen 80, 88
Rasterpapier 38
Reflektiertes Licht 46
Rembrandt 94, »Selbstporträt im Alter von 63 Jahren« *94*
Renaissance 36, 40, 44, 54
Retten, mißglückte Zeichnungen 148–151
Rohrfedern 31
Roller, Monotypie 138, 139
Rundpinsel 18
Ruskin, John 134

S

Schaben, Papieroberfläche 141
Schatten
Architekturzeichnungen 90
Bewegung 131
geometrische Formen 46–47
Hände 109
Köpfe 60, 62, 63
Richtung des S. 52, 53
Stilleben 71, 72, 73
Schattierung 44–45
architektonische Details
Bleistift 30
Kohle 30
Seestücke 84
Verkürzung 146
Zeichnen mit dem Radierer 50
Schellack 20
Schmirgelpapier
Flecken entfernen 150
Papieroberfläche 141
Schneidemesser
Flecken entfernen 150
Monotypie 138, 139
Papieroberfläche bearbeiten 140, 141
Teile entfernen 151
Schraffieren
Figurenzeichnen 105
Hände 109
Porträts 98
Schultern 62
Schwämme 21
Monotypien 138
Schwarze Tusche 20
Seestücke 84–85
Selbstporträts 94–95
Senkblei

Figurenzeichnen 104
Gitterrahmen 96–97
Sichtgrößenzeichnen 36
Silberstift 14
Silhouetten 48, 72
Skizzenbücher 26
architektonische Details 92
Interieurs 86
Porträts 99
Stadtansichten 88
Spiegel
Figurenzeichnen 102, 104
reflektiertes Licht 124
Selbstporträts 94–95
Verkürzung 147
Spiegelungen 124–125
Sport, Bewegung zeichnen 130–132
St. Paul's Cathedral, London 90–91
Staffeleien 24–25, 78
Stahlfedern 18, 19, 31
Stilleben 70–71
Einfache Stilleben 32
Konturenzeichnen 48–49
Mischtechnik 72–73
Proportionen 38
Stimmung
Licht und S. 52, 53
Stilleben 72
Symmetrie, Komposition 34

T

Teile, entfernen 151
Terrakottastift, Figurenzeichnen 57
Textur
aufgeraute Oberflächen 144
Papieroberfläche bearbeiten 140–141
Tiere 112–113
Bewegung 130
Tischstaffelei 25
Tusche 20
Abdeckverfahren 143
Abklatschtechnik 122–123
Bewegung zeichnen 132
Figuren 56, 57, 105
Insekten 115
Landschaften 80, 81
Monotypie 136–139
Pflanzen und Blumen 74
Pinsel 31
Schattieren 44
Seestücke 85

REGISTER

Stadtansichten 89
Stilleben 73
Wolken und Himmel 82, 83
Tuschefüller 18, 19, 98
Tuschestein 20

U

Umrißzeichnung 48, 134

V

Vergrößerungsgläser 115
Verkürzung 146–147
Verleimen, Papier 22, 140
Vögel 110–111
Vordergrund, Panoramen 80

W

Weibliche Köpfe 61
Wolken 82–83
Würfel 46–47

Z

Zeichenbrett 24, 25
Zeichenmaterial 14–23
Zeichnen mit dem Radierer
  50–51
Zimmerpflanzen 74–75
Zobelpinsel 18, 31
Zylinder 46–47
  Perspektive 41

Bildnachweise

Die Herausgeber danken den folgenden Personen
und Institutionen für die Genehmigung zur Reproduktion von Illustrationen:

Seite 7 (oben): Chester Dale Collection, National Gallery of Art, Washington.
Seite 46 (unten links): Heremitage, Sankt Petersburg (Bridgeman Art Library).
Seite 52 (oben): The Dayton Art Institute, Ohio.
Seite 66 (oben): Van Gogh Museum, Amsterdam.
Seite 66 (unten): Musée d'Orsay, Paris (Giraudon/Bridgeman Art Library).
Seite 84 (oben): The Tate Gallery London.
Seite 88 (oben links): Christie's, London (Bridgeman Art Library).
Seite 90 (unten links): Andrew Butler.
Seite 94 (oben): National Gallery, London.
Seite 106 (oben): The Baltimore Museum of Art © DACS.
Seite 108 (oben): Taylors Museum, Haarlem.
Seite 130 (oben): Metropolitan Museum of Art, New York (Bridgeman Art Library).
Seite 140 (links): Henry Moore Foundation, Perry Green.
Seite 146 (oben): National Gallery, London.

Das Copyright für alle anderen Illustrationen liegt bei Stan Smith.

Dank

Der Autor bedankt sich bei Kate Gwynn für ihre Mitarbeit
und Nachforschungen, bei Ian Howes für die fotografischen Arbeiten
in den Anfangsstadien des Buches,
bei Patricia Monahan für ihre Hilfe und Recherchen
und bei Jasper Smith für seine Unterstützung.
Besonderer Dank geht an Stuart Stevenson für seinen Rat
und die großzügige Bereitstellung einer großen Auswahl
an Zeichenmaterial sowie an Green and Stone
für die Überlassung der Wechselrahmen,
die auf Seite 153 abgebildet sind.